アジアの
経済統合と保護主義

変わる通商秩序の構図

石川幸一・馬田啓一・清水一史
［編著］

文眞堂

アジアの
経済統合と保護主義
——反グローバリズムの台頭——

石川幸一・馬田啓一・清水一史
[編]

はしがき

　アジアの経済統合は21世紀に入り活発化した。1990年代に世界の経済統合は増加し始めたが，アジア（オセアニアを含む）ではAFTAとCER（豪州・ニュージーランド間のFTA）が締結されていたのみだった。世界の主要経済国・地域でFTAを一つも締結していなかったのは日本，中国，韓国，台湾の4カ国・地域で，北東アジアは「FTAの空白地帯」といわれていた。

　21世紀が始まった2001年1月に締結されたシンガポールとニュージーランドのFTAがアジアFTA時代の幕を開けた。GATT/WTOでの貿易自由化を進める多国間主義を通商政策の基本としてきた日本はFTAも併せて進める重層的通商政策に転換し，経済危機後の韓国，WTO加盟後の中国もFTAに積極的に取り組み始めた。アジアのFTAは現在51を数えるまでに増加している。

　アジアの経済統合の特徴は，ASEANが先導していることだ。1993年にFTA構築を開始したASEANは自由化率が100％近いFTAを実現し，2015年にはサービス貿易，投資，資本，熟練労働者の自由な移動を目指す経済共同体を創設した。ASEANは東アジアの経済統合のハブになっている。ASEANは，2010年までに中国，韓国，日本，インド，豪州・ニュージーランド，2017年に香港とFTAを締結し，ASEAN＋1と呼ばれるFTAネットワークが形成されている。

　2010年以降はメガFTAと呼ばれる広域かつ包括的なFTAが課題となった。その代表がTPPとRCEPである。TPPはアジア太平洋の12カ国が参加しサービス，投資などに加え，電子商取引，国有企業，環境，労働など新たな分野をカバーする21世紀型FTAである。RCEPはASEANが提案したASEAN＋1FTAを統合するFTAで16カ国が参加している。TPPは2016年3月に調印され，参加意思を表明する国も多く，アジア太平洋経済圏（FTAAP）はTPPをベースに形成される見通しが強くなった。

　アジア太平洋の順調な経済統合の流れを一変させ混乱をもたらしたのは

2017年1月に成立した米国トランプ政権である。トランプ政権は就任直後にTPPから離脱し，TPPは発効が不可能となった。TPPによるアジア太平洋の新たな通商秩序の形成は危機に瀕したが，米国を除く11カ国はCPTPPを集中的に交渉，困難を乗り切って2018年3月に調印にこぎつけ，12月に発効した。CPTPPは凍結された一部項目を除き，内容はTPPと変わらず今後のFTAのひな形になるFTAである。一方，RCEPは交渉が長期化しており，2019年の合意が強く期待されている。

トランプ政権は，2018年に入り米通商法301条により中国からの輸入に追加関税を賦課し，中国は報復関税を課すことを発表，米国は2,500億ドル，中国は1,100億ドルに関税を賦課しあう貿易戦争となっている。トランプ政権はファーウェイなど中国製品の政府調達からの排除，サービス，技術を含む輸出管理を強化し，中国の高度産業政策である中国製造2025に狙いを定めており，米中のハイテク産業を巡る覇権争いが始まっている。米中貿易戦争は米中貿易の減少を通じてアジア各国に波及するとともにデカップリングと呼ばれるサプライチェーンの分断をもたらすことが懸念されている。

アジアの経済統合は，各国間の貿易，投資を拡大し，アジアの経済成長を後押ししてきた。日本企業をはじめ，アジアの企業の輸出や投資の環境を整備するとともにサプライチェーン形成と最適化を支援してきた。また，「関税3%は法人税30%に相当」（羽生田慶介氏）といわれるように節税によるコスト削減に貢献してきた。トランプ政権による保護主義，自国優先主義と2国間FTAが拡大しつつある中で，アジアの経済統合，とくにCPTPPとRCEPは，多国間の協力により自由貿易と国際通商ルールを守るという役割がますます重要になっている。アジアの経済統合は保護主義の防波堤となることが期待されているのである。

本書は，第I部「揺らぐアジアの通商秩序」，第II部「多層化するアジアの経済統合」，第III部「変容するアジアの経済相互依存」の3部からなる。

第1部の第1章「トランプ・リスクとアジアの通商秩序—米中対立の危険な構図—」は，1989年のAPEC発足以降のアジアの経済統合の進展を米中対立の構図に焦点を当てながら鳥瞰している。とくにトランプ・リスクに揺らぐアジアの通商秩序の現況と課題を分析し，デカップリングの日本企業への影響に

警鐘を鳴らしている。第2章「「中国製造2025」と米中衝突」は，米中貿易戦争の流れを整理したうえで米中貿易への影響を検証し，貿易戦争の引き金となった中国の産業高度化政策「中国製造2025」の内容を確認し，ハイテク産業を巡る覇権争いが貿易戦争の核心であることを明らかにしている。第3章「米国のアウトソーシングと貿易戦争―懸念されるグローバル調達でのコスト競争力の低下―」は，米国企業のビジネスモデルであるアウトソーシングが製造からサービスまで拡大し，米国企業がすり合わせの要素を取り入れた巧みなアウトソーシングの活用を行っていることを明らかにしている。しかし，トランプ政権の保護主義的通商政策がアウトソーシングを活用した米国企業のグローバルな競争力を削ぐ可能性があることを指摘している。第4章「米韓FTA再交渉と韓国の譲歩」は，トランプ政権の要求により改正された米韓FTAについて何が変わったかを自動車，ISDS，繊維の原産地規則，グローバル革新新薬の薬価優待制度について詳細に検討している。自動車，グローバル革新新薬の薬価優待制度で米国の要求が受け入れられており，米国の要求が全て実現した訳ではないが相対的にみれば韓国が多くの譲歩を行っていると結論づけている。第5章「ASEANと東アジア通商秩序―AECの深化とASEAN中心性―」は，ASEANの経済統合を世界金融危機など世界経済の構造変化の中で論じ，トランプ政権下での保護主義の拡大の中でASEANが経済共同体構築による経済統合を着実に進めてきたことを指摘している。ASEANは経済統合の深化と広域枠組みにおけるイニシアティブ確保（ASEAN中心性）を求められてきたことを論じ，ASEANが主導するRCEPの重要性を指摘している。第6章「米中経済摩擦に対するTPPからの政策的示唆」は，米中貿易戦争の争点となっている知的財産権，国有企業の規律などはTPPに盛り込まれていたことを指摘し，TPP構想と交渉の経緯を概観し，米中摩擦の論点となっている競争政策，国有企業，知的財産についてTPPの規定を検討し，関税を武器とした2国間交渉ではなく多国間のルール作りが望ましいと論じている。

　第II部の第7章「RCEPと日本の東アジア生産ネットワーク」は，人口で世界の半分，GDPで3割を占めるRCEPを主要経済圏と比較し，日本経済と日本企業にとっての重要性を確認し，構想と交渉の経緯を詳細に辿っている。RCEPに対し産業界の期待が高く，原産地規則の完全累積基準の採用が望まれ

ていることを指摘し，早期合意のために「マイナスX」方式と合意分野の先行実施を提言している。第8章「ASEAN経済共同体2025の現況と展望」は，ASEANの次の統合目標であるASEAN経済共同体（AEC）2025の5つの戦略目標を統合戦略的行動計画（CSAP）により詳しく検討し，AEC2015で自由化が進展したため円滑化に重点が移り，イノベーション，規制，包摂など新たな課題に取り組んでいることを明らかにしている。さらに，ASEANサービス貿易協定，ASEAN電子商取引協定が調印され，ASEANシングルウィンドウの運用が5カ国で開始されるなどAEC2025の行動計画は着実に実施されていることを評価している。第9章「アジアの通商秩序とCPTPP」は，CPTPPが多層化・複雑化しつつあるアジアの通商秩序形成の中心に位置づけられると評価し，高水準の自由化とルールを備えているCPTPPは今後アジア地域で締結されるFTAの「ひな形」として制度的基盤形成の土台になると予想している。そして，アジア通商秩序形成におけるCPTPPの意義を確認した上で概要を説明し，拡大の可能性を検討している。第10章「一帯一路建設の現状と課題——アジアの経済統合への示唆——」は，一帯一路構想を世界第2位の経済力を備えるに至った中国が先進国の仲間入りをし，グローバルガバナンスに関与する意図を示すものと捉え，一帯一路構想と経済効果を検証している。さらに，一帯一路構想のかなりの部分を占める対外経済協力の実像を整理したうえで中国経済にとっての意義を確認し，一帯一路構想の課題と日中協力の可能性を論じている。

第Ⅲ部第11章「インドの貿易自由化政策とFTA」は，1991年以降貿易自由化を進め，2000年代に入りアジアを中心にFTAに取り組んできたインドの通商政策を検討している。歴代政権の貿易政策の変遷を外資政策とともに確認し，インドの締結したFTAを検討し，自由化率の低さと厳しい原産地規則を特徴として指摘している。さらに，インドが交渉のブレーキ役となっているRCEP交渉の行方を展望し，ハードルは高いがインドが広域経済圏形成に残れるかの試金石になっていると論じている。第12章「メコン地域における連結性の強化——道路交通インフラ改善と投資機会の拡大——」は，アジア開発銀行が計画を開始して30年を経過したGMS（大メコン圏）開発により陸上越境交通インフラは企業の求めるレベルの物流インフラとして機能し始め，産業立地やサ

プライチェーン構築が始まったと論じている。AECによる連結性強化とGMS計画の協力の進展を確認し，越境協定の見直し，コールドチェーンなど新しい動きをみた上でミャンマーの道路インフラと日系企業の動向を現地調査に基づき報告している。第13章「韓国の対日・対中関係の変容」は，垂直分業から水平分業に移行し相互依存を深めてきた日中韓の経済関係を韓国を軸に分析している。韓国経済では日本の重要性が低下する一方中国の重要性が上昇してきたと論じ，日韓の貿易投資関係の推移と現状を点検している。中韓関係では貿易の水平分業への構造変化と韓国の対中投資の内需獲得への転換，中国の韓国投資の多様化を指摘し，相互補完の面が強い日韓関係に対し，中韓関係は競争の側面が強まったと論じ，中韓企業が強みを活かしたウィンウィン関係を築く必要性を提示している。第14章「日中韓台の相互貿易の発展と日本の対中貿易依存リスク」は，日中韓台の相互貿易を分析し発展の要因として80年代初めのドル高とアジアNIESの台頭，日中，韓中国交正常化，対中投資の開始をあげている。日中韓台の貿易分業構造については，中間財の相互取引の拡大と貿易依存度の高まりを特徴と指摘し，日本の中韓台に対する比較優位と比較劣位を検証している。日中韓の貿易は緊密度を高めているが，日韓の対中依存度が高まり，非対称的な関係に変化しリスクが高まっている。日中間には地政学的リスクが存在するため非対称的な中国依存関係を是正する取り組みが必要と主張している。

　本書の執筆者は，永年にわたりアジアの経済統合を研究してきており，対象国・地域に駐在するなど各国の経済や政策の実態にも豊富な知識と経験を有している。本書がアジア経済，アジアの経済統合，通商政策を学ぶ学生や大学院生およびアジアビジネスに携わる方々の参考になれば幸甚である。
　出版情勢が厳しい中，本書出版の意義を認識され出版を引き受けられた文眞堂の前野隆社長および編集の労をとられた前野眞司氏に心より感謝を申し上げたい。

2019年9月

編者一同

目　次

はしがき ………………………………………………………………………… i

第Ⅰ部
揺らぐアジアの通商秩序

第1章　トランプ・リスクとアジアの通商秩序
　　　　　──米中対立の危険な構図── ……………………………… 3

　はじめに ……………………………………………………………………… 3
　第1節　アジアにおける経済統合の進展 ………………………………… 3
　第2節　FTAAPへの道筋をめぐる米中の角逐 ………………………… 5
　第3節　米国のTPP離脱の衝撃 …………………………………………… 6
　第4節　貿易戦争を仕掛けるトランプ政権：脅しとディールの罠 …… 7
　第5節　米中新冷戦の危険な構図 ………………………………………… 9
　第6節　米中の板挟みに苦慮するASEAN ……………………………… 10
　第7節　APECに何を期待するのか …………………………………… 11
　第8節　デカップリングとサプライチェーンの分断 ………………… 12

第2章　「中国製造2025」と米中衝突 ……………………………… 15

　はじめに …………………………………………………………………… 15
　第1節　米中貿易戦争の動向 …………………………………………… 16
　　1．貿易制限的措置の流れ …………………………………………… 16
　　2．貿易制限措置が米中に与えた影響 ……………………………… 18
　第2節　米中貿易戦争の核心 …………………………………………… 19
　　1．米国の制裁措置発動の狙い ……………………………………… 19
　　2．中国製造2025の戦略目標 ………………………………………… 20

第3節　米中貿易戦争の今後の焦点 ………………………………… 23
　　　1. 米中の技術開発競争 ……………………………………………… 23
　　　2. グローバル経済のブロック化 …………………………………… 24
　　　3. 米国の貿易・投資規制の強化 …………………………………… 26
　　おわりに～米中貿易戦争の長期戦は必至 …………………………… 28

第3章　米国のアウトソーシングと貿易戦争
——懸念されるグローバル調達でのコスト競争力の低下—— … 30

　　はじめに ………………………………………………………………… 30
　　第1節　メガFTAや米中貿易摩擦の進展 …………………………… 31
　　　1. TPP11の発効とNAFTA再交渉の妥結 ………………………… 31
　　　2. 精力的な話し合いが続く米中貿易交渉 ………………………… 32
　　　3. 米国は日本とEUに対し通商交渉を要求 ……………………… 33
　　第2節　製造からサービスの委託までアウトソーシングが進展 …… 34
　　　1. 米国企業の巧みなアウトソーシングの活用 …………………… 34
　　　2. 広がりを見せる海外企業へのアウトソーシング ……………… 35
　　　3. 大きい米国企業のアウトソーシングの割合 …………………… 36
　　　4. サービスの分野まで広がりを見せるアウトソーシング ……… 38
　　第3節　逆風にさらされる米国の製造委託型ビジネスモデル ……… 39
　　　1. 米国のビジネスモデルに組込まれた海外アウトソーシング … 39
　　　2. トランプ大統領は保護主義の手綱を緩めるか ………………… 41
　　　3. 米国の国際ビジネスモデルは変化するか ……………………… 42

第4章　米韓FTA再交渉と韓国の譲歩 …………………………… 44

　　はじめに ………………………………………………………………… 44
　　第1節　自動車 …………………………………………………………… 45
　　第2節　投資家・国家間紛争解決手続き（ISDS）…………………… 47
　　第3節　繊維にかかる原産地規則およびグローバル革新新薬の薬価
　　　　　　優待制度 ……………………………………………………… 50
　　おわりに ………………………………………………………………… 52

第5章　ASEANと東アジア通商秩序
——AECの深化とASEAN中心性—— …………………………… 54

はじめに …………………………………………………………………… 54

第1節　ASEAN経済統合の展開と東アジア …………………………… 55
  1. ASEAN経済統合の展開と東アジア ……………………………… 55
  2. 世界金融危機後のASEANと東アジア …………………………… 57
  3. AECの創設と新たな目標「AEC2025」…………………………… 57

第2節　トランプ大統領就任後の保護主義の拡大 ……………………… 58
  1. トランプ大統領の就任とアメリカのTPP離脱 ………………… 58
  2. 保護主義と米中貿易摩擦の拡大 ………………………………… 59

第3節　保護主義拡大下のAECの深化 ………………………………… 60
  1. 保護主義拡大下のAECの深化 …………………………………… 60
  2. 関税撤廃の完成とベトナムの「政令116号」…………………… 61

第4節　RCEPとASEAN中心性 ………………………………………… 62
  1. 保護主義拡大下の東アジア経済統合とRCEP …………………… 62
  2. 東アジア経済統合におけるASEAN中心性 ……………………… 63

おわりに …………………………………………………………………… 65

第6章　米中経済摩擦に対するTPPからの政策的示唆 ……… 69

はじめに …………………………………………………………………… 69

第1節　TPPの展開 ……………………………………………………… 69
  1. TPP構想とその具体化 …………………………………………… 69
  2. 日本のTPP交渉参加 ……………………………………………… 73
  3. TPP調印とトランプ政権の誕生 ………………………………… 74

第2節　米中経済摩擦の激化 ……………………………………………… 75

第3節　TPPと米中経済摩擦の論点 …………………………………… 76
  1. 競争政策 …………………………………………………………… 78
  2. 国有企業 …………………………………………………………… 78
  3. 知的財産 …………………………………………………………… 80

おわりに ……………………………………………………………………… 81

第Ⅱ部
多層化するアジアの経済統合

第7章　RCEP と日本の東アジア生産ネットワーク …………… 87

はじめに ……………………………………………………………………… 87
第1節　東アジア地域包括的経済連携（RCEP）の位置づけ ………… 87
　1．主要地域経済圏の中での RCEP ……………………………… 87
　2．日本にとっての RCEP ………………………………………… 91
　3．日系現地法人にとっての RCEP ……………………………… 94
第2節　RCEP 形成までの道程 ……………………………………… 98
　1．二つの東アジア経済圏構想 …………………………………… 98
　2．二つの東アジア経済圏構想から RCEP へ ………………… 100
　3．交渉の立ち上げから現在まで ………………………………… 103
　4．CPTPP 発効のインパクトと懸念されるミニ WTO 化 …… 104
第3節　RCEP 実現に対する産業界の期待 ………………………… 105
　1．日本企業の事業活動活性化と RCEP ………………………… 105
　2．RCEP で導入が期待される原産地規則「完全累積基準」 … 107
おわりに：RCEP 実現に向けて ……………………………………… 108

第8章　ASEAN 経済共同体 2025 の現況と展望 ……………… 112

はじめに …………………………………………………………………… 112
第1節　新たな目標となる ASEAN 経済共同体 2025 …………… 112
　1．AEC2015 創設は節目 …………………………………………… 112
　2．AEC ブループリント 2025 と統合戦略的行動計画（CSAP）… 114
第2節　AEC2025 の 5 つの戦略目標と実施評価方法 …………… 116
　1．高度に統合され結束した経済 ………………………………… 116
　2．競争力があり革新的でダイナミックな ASEAN ……………… 118
　3．高度化した連結性と分野別協力 ……………………………… 120

4. 強靭で包摂的，人間本位・人間中心の ASEAN ……………………122
　　5. グローバル ASEAN ……………………………………………………123
　　6. 評価方法の改善 …………………………………………………………124
　第3節　AEC2025 の実施状況 ………………………………………………124
　おわりに ………………………………………………………………………127

第9章　アジアの通商秩序と CPTPP …………………………………130

　はじめに ………………………………………………………………………130
　第1節　アジアの通商秩序形成における CPTPP の意義 …………………132
　第2節　CPTPP の概要 ………………………………………………………134
　　1. CPTPP 協定の構成 ……………………………………………………134
　　2. 凍結項目の概要 …………………………………………………………135
　第3節　CPTPP の拡大 ………………………………………………………138
　おわりに ………………………………………………………………………139

第10章　一帯一路建設の現状と課題
　　　　　——アジアの経済統合への示唆—— …………………………142

　はじめに ………………………………………………………………………142
　第1節　建設段階の構想と経済的効果 ………………………………………143
　　1. 大規模インフラ建設と物流改善 ………………………………………143
　　2. FTA ネットワークの拡大 ……………………………………………145
　　3. 中国の海外直接投資の拡大，本格化 …………………………………146
　　4. 中国標準の浸透 …………………………………………………………147
　第2節　一帯一路構想の実像と中国経済 ……………………………………148
　　1. 中国の対外経済協力の実像 ……………………………………………148
　　2. 構想と中国経済 …………………………………………………………150
　第3節　構想の課題と日中協力の可能性 ……………………………………151
　　1. 構想の直面する課題 ……………………………………………………151
　　2. 新しい発展モデルの模索 ………………………………………………152
　　3. 日中協力の可能性 ………………………………………………………153

おわりに ……………………………………………………………… 154

第Ⅲ部
変容するアジアの経済相互依存

第11章　インドの貿易自由化政策とFTA ……………………… 159
　はじめに ……………………………………………………………… 159
　第1節　インドの貿易・外資自由化政策の変遷 ……………………… 159
　　1．バジパイ，マンモハン・シン政権時代に貿易・外資自由化が加速 … 159
　　2．関税引き上げに転じたモディ政権 ……………………………… 162
　第2節　インドのFTA政策の展開 …………………………………… 163
　　1．インドのFTAネットワークの現状とその特徴 ………………… 163
　　2．発効済みFTAに対する認識 …………………………………… 165
　第3節　RCEPとインド ……………………………………………… 167
　　1．インドにとってのRCEP関税交渉 ……………………………… 167
　　2．今後の展望 ………………………………………………………… 168

第12章　メコン地域における連結性の強化
　　　　　──道路交通インフラ改善と投資機会の拡大── ……… 171
　はじめに ……………………………………………………………… 171
　第1節　ASEANとGMSサブリージョナル・イニシアティブとの協力 … 172
　　1．AEC2025における連結性 ……………………………………… 172
　　2．ASEAN交通円滑化協定の進展 ………………………………… 173
　　3．GMSプログラムと経済回廊ルート見直し …………………… 175
　　4．GMS越境協定の見直しとGMS各国の通関制度・手続き状況 … 178
　　5．コールドチェーン物流に見るASEAN・メコン交通円滑化の新しい
　　　　流れ ……………………………………………………………… 180
　第2節　ミャンマーの道路インフラ整備と日系企業の動向 ………… 181
　　1．ミャンマーの道路インフラ改善と周辺国との連結性強化 …… 181
　　2．ティラワ経済特区に見られる外国投資拡大の兆し …………… 183

第13章　韓国の対日・対中経済関係の変容 …………………… 187

はじめに …………………………………………………………………… 187
第1節　韓国経済における日本の重要性低下と中国の重要性上昇 ……… 188
第2節　日韓経済関係の推移と現状 ……………………………………… 188
　1．2010年代初頭を境に変容した日韓貿易
　　　——対日貿易赤字は拡大局面から転換 ………………………… 188
　2．ブームが終焉した日本の対韓直接投資
　　　——韓国企業向け販売機会の行方がカギ ……………………… 190
　3．狙いが多様化した韓国の対日直接投資 ………………………… 192
第3節　中韓経済関係の推移と現状 ……………………………………… 193
　1．構造変化を迎えた中韓貿易
　　　——今後は楽観視できない対中輸出 …………………………… 193
　2．頭打ちの韓国の対中直接投資
　　　——低コスト生産拠点確保から内需獲得に転換 ……………… 194
　3．存在感が増した中国の対韓直接投資
　　　——進出分野は不動産・観光から多様化 ……………………… 196
おわりに …………………………………………………………………… 197

第14章　日中韓台の相互貿易の発展と日本の対中貿易依存リスク …………………………………………………………… 200

はじめに …………………………………………………………………… 200
第1節　貿易を通じた日中韓台の経済的相互依存関係の始まり ………… 200
　1．日中韓台の相互貿易 ………………………………………………… 200
　2．日中韓台の相互貿易発展の要因 …………………………………… 202
　3．日中韓の貿易依存関係の変容 ……………………………………… 204
第2節　日本の対中・韓・台貿易分業構造の変化 ……………………… 206
第3節　日本の対中貿易依存リスクの顕在化と対応策 ………………… 212

索引 ………………………………………………………………………… 217

第Ⅰ部

揺らぐアジアの通商秩序

第1章

トランプ・リスクとアジアの通商秩序
―― 米中対立の危険な構図 ――

はじめに

　1989年（平成元年），APEC（アジア太平洋経済協力会議）が発足した。それは，貿易自由化の原動力となるアジア太平洋の経済統合の静かな幕開けであった。その後，WTO（世界貿易機関）のドーハ・ラウンド交渉が停滞する中で，APEC域内の貿易自由化の地道な進展とともに，アジアにおいて二国間および広域のFTA（自由貿易協定）締結に向けた動きが活発になっていった。

　しかし，「米国第一」を掲げるトランプ政権の登場で，経済統合の潮目が変わり始めている。反グローバリズムの動きが強まり，自国第一主義と保護主義が広がっている。アジアの通商秩序が米国のTPP離脱に加え，米国が仕掛けた米中貿易戦争によって大きく揺さぶられる中で，グローバル・サプライチェーン（供給網）の分断に晒されている日本企業は，今後どう対応すればよいのか。

　以下，米中対立の構図に焦点を当てながら，トランプ・リスクに揺らぐアジアの通商秩序について鳥瞰する。

第1節　アジアにおける経済統合の進展

　1993年からの4年間は，米国のイニシアティブで1993年にAPEC域内の貿易自由化への取り組みが始まり，1994年に自由化の達成期限を2020年と定めた「ボゴール目標」が採択されるなど，APECの活動が最も高揚した時期だっ

た。しかし，その後1997年に発生したアジア通貨危機の直撃を受けて域内自由化の勢いは衰え，APECへの関心も薄れていった。

　21世紀に入ると東アジアで地域主義の動きが活発となった。1990年代にAFTA（ASEAN自由貿易地域）を構築したASEANは，2010年までに周辺6カ国との間で「ASEAN＋1」FTA網を確立，2015年末にはASEAN経済共同体（AEC）を実現させた。FTA競争に出遅れた日本も，2002年のシンガポールとのFTA締結を皮切りに東アジアを中心にFTA戦略を積極的に展開した。

　東アジア共同体（EAC）構想が現実味を帯びてくると，東アジアからの締め出しを恐れた米国が2006年にFTAAP（アジア太平洋自由貿易圏）構想を打ち出した。APECのFTA化を狙ったものだが，APECにおける早期合意は困難と判断した米国は，2008年にTPP（環太平洋経済連携協定）交渉への参加を表明，TPPの拡大を通じてFTAAPの実現を目指す戦略に転換した。TPPにAPECの先遣隊のような役割を期待したのである。

　一方，日米中の経済関係は中国の台頭によって大きく変容し，米国の貿易相手国としての日本のウェイトは輸出入ともに低下傾向に陥った。2000年には米国の最大の対外貿易赤字国は中国となり，貿易摩擦の重心は完全に日米から米中へシフトし，米国による人民元改革の要求，アンチダンピング税・相殺関税の発動が頻発した。中国の構造改革を狙った米中戦略経済対話も期待したほどの効果はなく，苛立つ米議会によって対中制裁法案の提出が相次いだ。

　このため，米国は二国間から多国間のアプローチに切り替えて，質の高い包括的な21世紀型FTAを目指すTPPを対中戦略の一環として位置づけた。中国をTPP参加に追い込み国家資本主義の放棄を迫るというシナリオを描いたのである。

　他方，対中包囲網を警戒した中国は，TPPの対抗手段として，EAC構想を源流としたASEAN＋6（日中韓印豪NZ）によるRCEP（東アジア地域包括的経済連携）の実現を急いだ。

　こうして，TPPの浮上によって米中の対決色が強くなっていった。TPPとRCEPをめぐる米中の角逐によって，APECの影はすっかり薄くなってしまった。だが，APECの役割は終わらない。APECはインキュベーター（incubator）としてFTAAPを実現する重要な役割を担うことになった。

第 2 節　FTAAP への道筋をめぐる米中の角逐

　APEC は，2010 年の首脳宣言「横浜ビジョン」によって将来的に FTAAP の実現を目指すことで一致しているが，TPP ルートかそれとも RCEP ルートか，FTAAP への具体的な道筋についてはいまだ明らかでない。

　このため，2014 年 11 月の APEC 北京会合では，FTAAP 実現に向けた APEC の貢献のための「北京ロードマップ」策定が主要課題となった。議長国の中国は，FTAAP の主導権を握ろうと考え，FTAAP 実現に向けた具体的な協議を APEC で開始するために，首脳宣言に FTAAP 実現の目標時期を 2025 年と明記し，その具体化に向けた作業部会の設置を盛り込むよう主張した。

　しかし，FTAAP を TPP の延長線上に捉えていた米国が TPP 交渉への影響を懸念し強く反対したため，FTAAP の「可能な限り早期」の実現を目指すと明記するにとどまり，具体的な目標時期の設定は見送られた。また，作業部会についても，FTAAP への望ましい道筋について共同研究を行うことになったが，これも米国の横車により完全に骨抜きにされた。

　ロードマップ策定の提案は中国の焦りの裏返しと見ることができる。TPP 交渉に揺さぶりをかけるのが真の狙いだった。TPP 参加が難しい中国は，TPP 以外の選択肢もあることを示し，ASEAN の「TPP 離れ」を誘うなど TPP を牽制しようとした。

　TPP か RCEP か，FTAAP への道筋をめぐる米中のつばぜり合いが繰り広げられるなか，2015 年 10 月に米国アトランタで TPP 交渉の大筋合意が成立し，16 年 2 月にはニュージーランドで署名が行われた。

　これにより今後の展開は，先行する TPP を軸として FTAAP 実現に向けた動きが一段と加速すると，誰もが予想していた。ところが，「北京ロードマップ」が採択されて 2 年後，トランプの大統領選勝利で「まさか」の事態となった。

第3節　米国のTPP離脱の衝撃

　トランプ政権が2017年1月，米国のTPP離脱を表明したことによって，FTAAPへの道筋についてAPEC内の力学は一変した。TPPの先行きが不透明となる中で，これまでTPPの脇役でしかなかったRCEPの存在感が増したことは否めない。TPPの頓挫をチャンスと見た中国の習近平は，途上国でも参加しやすい低レベルのRCEPルートを軸に据える考えを鮮明に打ち出すなど，米国に代わり中国がFTAAPの実現を主導する構えを見せた。

　トランプはTPPだけでなく，米国が提唱したFTAAP構想にも冷淡になってしまうのか。米国のTPP離脱は，アジアおよびアジア太平洋における経済統合の動きに大きな打撃を与えるだけでなく，米国自らも通商上の利益を失うことになる。

　TPPが，アジアにおける米国の影響力を強める最も重要な手段の1つであることは言うまでもない。中国がアジアの覇権を狙い，米国に取って代わろうと積極的に動いているだけに，米国の離脱によってTPPが頓挫すれば，中国の思う壺である。

　しかし，米国のTPP離脱によって一旦は片足を棺桶に突っ込んだTPPだが，日本の主導で残り11カ国が結束し，18年12月末のTPP11（CPTPP）の発効にこぎつけた。日本が当初は消極的だった米抜きTPP11に舵を切った理由は何か。

　米国への説得工作が不調に終わり，TPPが塩漬けのまま時間が過ぎていくと，TPP11カ国の結束が緩み，TPPからのドミノ離れが生じる恐れがあったからである。このため，TPP11の早期発効に向けた協議を通じてTPPへの求心力を維持しようと考えた。もちろん，多国間よりも二国間の交渉に重点を置くトランプ政権を牽制する狙いもあった。

　さらに，対中戦略（中国の外堀を埋める）というTPPのもつ戦略的な意義へのこだわりもあった。TPPへの参加条件として中国に国家資本主義からの転換を迫るというシナリオは，日本も共有していた。

TPPの頓挫をチャンスと見た中国が，途上国も参加し易い低いレベルのRCEPルートを軸に据える考えを打ち出すなど，APECにおいて中国がFTAAP実現を主導する構えを見せていることに，日本は警戒心を強めた。

TPP11の妥結によってTPPが首の皮一枚残れば，中国の目論見を潰すことができる。これが，TPP11の実現に動いた理由の一つであることは間違いない。

第4節　貿易戦争を仕掛けるトランプ政権：脅しとディールの罠

米国第一主義を掲げて暴走するトランプ政権の通商政策によって，アジアの通商秩序が揺らいでいる。多国間よりも二国間の交渉を重視し，追加関税で相手国を脅してディール（取引）に持ち込み譲歩させるトランプ流の交渉術に，標的とされた国は戦々恐々だ。

トランプ政権の強権的な通商政策の最大の標的は，言うまでもなく中国である。2018年6月，米通商法301条にもとづき中国の知的財産権侵害への制裁措置として，500億ドル相当の中国製品に25％の追加関税を発動すると発表し，まず340億ドル分を7月に発動し，8月に第2弾として残り160億ドル分を発動した。

中国が直ちに同規模の関税リストを発表するなど報復措置に出たため，第3弾として2,000億ドル相当の中国製品に対し10％の追加関税を9月に発動した。だが，中国が600億ドル相当の報復関税を表明すると，19年1月から25％に引き上げると表明するなど対中強硬姿勢は半端でない。

トランプによる強気のディールで，米中は制裁と報復の連鎖につながるチキンレース（我慢比べ）の様相を呈している。激突を避けるために米中のいずれかがブレーキを踏むかハンドルを切らなければ，最悪の結末となる。

このため，2018年12月1日の米中首脳会談で90日間の貿易協議に入ると合意した。この間は10％から25％への引き上げを延期し，期限を2019年3月1日とした。米中とも貿易戦争による国内景気の悪化を避けるために一時休戦で折り合った格好だ。

だが，米中対立の根は深く，落としどころは難しい。トランプ政権は貿易不

均衡だけでなく、中国のハイテク産業育成を目指した「中国製造2025」も攻撃の対象にしている。その重点分野の多くが制裁の対象に含まれている。ハイテク分野での米中の覇権争いが絡んでおり、中国への牽制という狙いもある。

トランプ政権は、中国がハイテク産業の育成のために、中国に進出する米国企業に技術移転を強要したり、中国の国有企業に巨額の補助金を出して公正な競争を歪めていると批判している。また、中国企業による海外M&A（合併・買収）が米国の最先端技術を手に入れることを目的としていると警戒し、中国の対米投資に対して規制を強化する方針を示している。

米中貿易不均衡の是正に向けた取り組みでは中国も歩み寄りの姿勢を見せているが、ハイテク分野での覇権争いでは一歩も引く気はない。「中国製造2025」を潰しにかかるトランプ政権の要求に中国は反発を強めている。

中国に対する米国の憤りと懸念については、日本やEUも共有する部分が多い。だが、ルールを無視して一方的に制裁を振りかざすトランプ流の強引な手法は許されない。中国の不公正な慣行を止めさせるには、日米欧が連携し、WTOのルールに則って解決を図るべきである。

ところが、マルチのアプローチを嫌うトランプ政権は、対中包囲網を目指す日米欧の連携をまるで無視するかのように、国防条項と呼ばれる米通商拡大法232条にもとづく措置の矛先を、米国の同盟国であるはずのG7のメンバーにも向けたのである。

トランプ政権は2018年6月、すでに中国や日本など対米黒字国に3月に発動していた鉄鋼・アルミの追加関税の対象を、一時保留としていたEUやカナダなどにも拡大した。標的とされた国はWTOのルール違反だと反発し、撤回を要求した。

6月にカナダで開かれたG7サミットの焦点は、6カ国の首脳が通商問題でトランプを説得できるかどうかにあったが、説得は不調に終わった。G7は「G6＋1」という対立の構図と化した。

トランプは、米国の労働者など支持層にアピールするため、鉄鋼・アルミだけでなく、通商の本丸とされる自動車にまで232条にもとづく追加関税をちらつかせているが、報復合戦になれば米国も痛手を負うことになる。

サプライチェーン（供給網）のグローバル化が進むなか、貿易戦争に突入す

れば，米国も無傷ではいられない。トランプが仕掛けた貿易制限がブーメランのように米製造業の生産と雇用に打撃をもたらすことになる。

第5節　米中新冷戦の危険な構図

　2018年10月，ペンス副大統領はハドソン研究所の演説で，中国による知的財産権の侵害や技術の強制移転，国有企業への補助金，覇権主義による軍事的拡張などを非難し，「中国を甘やかす時代はもう終わった」と宣言した。

　チャーチルが「鉄のカーテン」を語った演説に匹敵するとの見方も少なくない。戦後の米中関係において，米国が中国経済を支援し国際秩序に取り込もうとした時代がペンス演説で終わりを告げ，米中が「新冷戦」の時代に突入したと言ってよい。

　トランプ政権が対中強硬路線に転換したのは，国家資本主義という異質なイデオロギーを持った中国が経済と安全保障の両面で米国の覇権を脅かし始めたからだ。共和党だけでなく民主党もペンス演説を支持しており，ポスト・トランプの政権でもこの路線は変わらないだろう。

　米中の貿易協議の焦点は，①貿易不均衡の是正，②知的財産権の保護強化，③中国の構造改革，の3つである。これらに対する中国側の方針としては，第1に，米国の対中貿易赤字縮小については，農産品や資源の輸入拡大，金融・自動車の外資規制緩和など米側の要求にできるだけ応じる覚悟である。第2に，知的財産権の保護強化については，一定の時間をかけて前向きに対応する。ただし，強制的な技術移転の事実は否定している。第3に，中国の構造改革については，国有企業優遇策の見直しや産業育成策「中国製造2025」の撤廃には応じない考えである。

　中国は，国家資本主義からの転換につながる構造改革は原則として拒否する方針であるため，貿易戦争の終焉といえるような完全な合意は難しいだろう。何らかの成果が得られたとしても一時的な小休止に過ぎず，根底にある覇権争いの構図は変わらないため，中長期的な対立は続くとみてよい。

　東西2つの陣営に分断された米ソ冷戦とは異なり，米中新冷戦はグローバ

ル・サプライチェーンによって複雑に絡み合うアジア経済に深刻な影響をもたらそうとしている。この事態に日本はどう対応すべきか。米国との貿易戦争で窮地に追い込まれた中国が，日本にすり寄ってきた。安倍政権はこれをチャンスと見て，日中の関係改善を進め，海外のインフラ整備で日中協力を推進する方針である。だが，中国の「一帯一路」構想に深入りするのは禁物だ。

米中の対立が深まれば，対中戦略をめぐって温度差が明らかとなり，日米の軋轢が生じるかもしれない。米中のどっちを選ぶのか，トランプ政権から「踏み絵」を踏まされる可能性もある。第1に，米国は通信インフラから，中国大手の華為技術（ファーウェイ）と中興通訊（ZTE）を排除しようとしている。日本にも同調するよう求めてきた。第2に，米国はNAFTAを見直した新協定のUSMCA（米墨加貿易協定）で，カナダやメキシコが中国のような「非市場経済国」とFTAを締結するのを制限する「毒薬条項」（ロス商務長官）を盛り込んだ。日本やEUとの貿易交渉でも同様の要求をしてくるだろう。

いずれも実行すれば，中国の反発が予想されるが，日本は同盟国として米国と協調して対応すべきだろう。ただし，重要な点は，日本はあくまでも国際ルールに基づいた対応に徹することであり，マルチの枠組みを通じて中国に対し，知的財産権の侵害や技術移転の強要，国有企業への補助金など問題視されている行動を止めるよう促していくべきである。

第6節　米中の板挟みに苦慮するASEAN

現在，中国がインフラ整備支援を通してその影響力を強めるために打ち出した巨大経済圏構想「一帯一路」と，米国が中国の覇権拡大に対抗するためその代替案として日本などとともに進める「インド太平洋構想」という2つの構想が競合している。

その両方にASEANは地政学的に深く関わっており，その対応が注目を集めている。なぜなら，ASEANをめぐって米中の激しい綱引きが行われており，ASEANにとって米中双方の構想は，米国と中国の二者択一を迫る形となりかねないからだ。

2018年11月にシンガポールで行われた米ASEAN首脳会議において、ペンス副大統領は、「自由で開かれたインド太平洋」の実現にとってASEANは中心的な存在であり、欠くことのできない戦略的パートナーであると強調した。一方、中ASEAN首脳会議で李克強首相は、ASEANとのウィン・ウィン協力の枠組みを構築し、「一帯一路」構想の実現に向けて共同で取り組むことに合意したと述べた。

米中の対立が顕在化する中、大国による支配を嫌うASEANは、米中に取り込まれることを警戒し、双方の構想に平等に目配りするなど、両国のバランスに配慮する姿勢が目立っている。

ASEANは東アジアにおける「ASEAN中心性（Centrality）」を目指しており、米中の板挟みになることを警戒している。このため、ASEANは米国のアジア地域への関与を歓迎しつつも、米国のインド太平洋構想を「封じ込め」と警戒する中国を過度に刺激するのは得策でないと考え、ASEAN中心性や特定の国を排除しない枠組みの開放性や包括性を保証するよう求めている。

このように、ASEANは日米と中国の争いに埋没せず、米中の二者択一を強要されることなく、秩序の構築に独自のイニシアティブを発揮しようと腐心している。だが、シンガポールのリー・シェンロン首相は記者会見で、「ASEANは米中のどちらかを選びたくないが、どちらかを選ばなければならない事態がくるかもしれない」と述べ、米中間のバランス外交の難しさを吐露した。

第7節　APECに何を期待するのか

2018年11月にパプア・ニューギニアで開かれたAPEC首脳会議が、首脳宣言の採択断念に追い込まれた。米中の非難合戦が激化し、首脳宣言の文言をめぐって折り合えなかったからだ。1993年の第1回首脳会議以来、初めての事態である。

米国は、国有企業への補助金などを批判し、「WTOが不公正貿易慣行に対する罰則強化を行うよう求める」との文言を盛り込むよう要求した。中国を標的としたWTO改革を求めるトランプ政権の姿勢に反発した中国は、参加国がす

でに同調している「保護主義に対抗する」に加え，トランプ政権が掲げる米国第一主義を念頭に，「一国主義に対抗する」との文言を盛り込むよう主張した。WTO改革の必要性も一国主義への反対も，それ自体は正論に違いないが，米中の非難合戦の道具と化した。

　APECは，アジア太平洋の21カ国・地域が協力し，域内の安定と成長に取り組む枠組みである。加盟国の多様性を踏まえ非拘束を原則とする「緩やかな協議体」として，ショックアブソーバー（shock absorber）を内蔵しているのがAPECの強みだ。時間はかかるが，利害の対立や主張の違いを乗り越えながら漸進的に目標達成に一歩ずつ近づいていくAPECのやり方は，WTOやFTAとは明らかに違う。

　米中新冷戦の危険な構図はAPECにも押し寄せている。新たな通商秩序に向けて，米中衝突を克服し，TPPとRCEPをFTAAPに収斂させていくという，インキュベーターとしての機能を粛々と果たしていくことが，まさにAPECに期待された役割だろう。

　トランプ政権は中国に国家資本主義を放棄するような構造改革を要求しているが，中国はそれに応じるつもりは全くない。脅しとディールの手荒な交渉術に固執し，米中貿易戦争をエスカレートさせれば，米国も深手を負う結果になり，二国間交渉の限界を思い知るだろう。

　中国の不公正貿易慣行に対処するために，トランプ政権は独善的な二国間主義に固執せず，APECの加盟国とも連携してマルチの対中包囲網をつくるべきである。中国の習近平がTPPを通じた対中戦略と米国のTPP復帰を最も恐れていることを，トランプが知らないはずはない。

第8節　デカップリングとサプライチェーンの分断

　日本企業はFTAによる貿易自由化を追い風に，東アジアや北米を中心に生産ネットワークの拡大とサプライチェーンの効率化を追求，その結果，海外の生産比率と売上高比率も右肩上がりとなった。

　しかし，このグローバル・サプライチェーンがトランプ・リスクに直面して

いる。米国の TPP 離脱，NAFTA の見直しによる USMCA（米墨加貿易協定）の合意，米中貿易戦争の泥沼化などが，日本企業の生産ネットワークを大きく揺さぶっている。

米国の TPP 離脱で TPP は頓挫の危機に陥ったが，日本の主導で米抜き TPP11（CPTPP）がまとまり，2018 年 12 月末の発効となった。想定外の TPP11 の妥結に焦ったトランプ政権は，日米 FTA の交渉開始を要求した。また，USMCA も原産地規則が強化されるなど保護主義色が濃くなったため，サプライチェーンへの影響は避けられず，日本企業は北米戦略の見直しを迫られている。

さらに，米中貿易戦争がエスカレートすれば，中国をサプライチェーンから切り離す企業の動きも強まり，チャイナ・プラス・ワンが加速するだろう。中国への投資の延期または中止，中国以外からの部品調達，中国以外での加工組立，中国からの生産拠点移転など，日本企業には，柔軟なサプライチェーンの再構築が求められている。生産ネットワークを多様化し，サプライチェーンのリスク分散を図ることが必要だ。

日本企業が最も警戒しなければならないのが，「デカップリング」（米国による中国締め出し）による影響である。最先端（emerging）技術の中国への流出を防ぐため，トランプ政権による対米投資規制と輸出管理の強化によって，デカップリングが進む可能性が高い。

グローバル・サプライチェーンを通じて経済的な相互依存関係が密接になっている米中の分断は，恐らく不徹底に終わるだろうが，それでも日本企業は米中新冷戦の「とばっちりの構図」から逃げられないだろう。例えば，対米投資規制の強化によって，中国資本が導入されている日本企業に対しては，最先端技術が中国企業に流れる懸念があるとして，米国企業への投資について厳しい審査が行われるだろう。

さらにもっと深刻な問題として，米国の最先端技術を使って生産を行っている日本企業は，今後米国による厳格な輸出管理により，米国の内外を問わず，対中輸出（現地法人向けを含む）や対中技術移転（中国への事業売却を含む）が極めて困難になるだろう。

米国の最先端技術を守るため，デカップリングの対象がどこまで拡大するの

かが不透明である。今後，日本企業がトランプ・リスクに翻弄されるという「とばっちりの構図」を過小評価するのはあまりにも危険である。「待てば海路の日和あり」というが，アジア地域に吹き荒れるトランプの嵐はまだしばらく収まりそうもない。

参考文献

石川幸一・馬田啓一・清水一史編著（2017）『検証・アジア経済：進化する相互依存と経済連携』文眞堂，2017年3月。

石川幸一・馬田啓一・渡邊頼純編著（2016）『メガFTAと世界経済秩序：ポストTPPの課題』勁草書房，2016年10月。

朽木昭文・馬田啓一・石川幸一編著（2015）『アジアの開発と地域統合：新しい国際協力を求めて』日本評論社，2015年11月。

石川幸一・馬田啓一・高橋俊樹編著（2015）『メガFTA時代の新通商戦略：現状と課題』文眞堂，2015年7月。

（馬田啓一）

第 2 章

「中国製造 2025」と米中衝突

はじめに

　中国は1978年の「改革開放政策」への転換に伴い，外国からの対内直接投資を通じて技術，資金，経営管理を取り入れることで，貿易を拡大させ，急速な経済成長を成し遂げ，2010年には国内総生産（Gross Domestic Product：GDP）で日本を上回り，米国に次ぐ世界第2位の経済大国に躍進した。

　とりわけ，改革開放の大きな転機となったのが，2001年12月の世界貿易機関（World Trade Organization：WTO）加盟であった。これは加盟に伴って国際公約となる市場開放や規制緩和などの約束事項を外圧として利用し，改革開放をさらに促進させる効果をもたらした。

　1978年にわずか206億ドル，世界第29位だった中国の貿易総額は，2018年には4兆6,230億ドルと約224倍に拡大，今や世界第1位の貿易大国だ。その中国の最大の貿易相手国が米国である。1978年に10億ドルに過ぎなかった米中貿易は2018年には6,335億ドルと約634倍に増加した。

　こうした中，中国と米国は2019年，国交樹立40周年という節目の年を迎えたが，2018年以降，深刻な貿易摩擦問題を抱えており，相互に貿易制限的措置を発動し合う「貿易戦争」のステージに突入している。中国の貿易は，基幹部品を輸入し，それを基に安価な人件費を活用して組み立てた完成品を輸出するというのが基本的な貿易構造であり，対米貿易も同様である。貿易制限的措置の対象品目には，二国間だけでなく関係国も含めて複雑に絡み合ったサプライチェーンに関わる製品も含まれている。このため，貿易戦争が長期化するような事態になれば，米中経済だけでなく，世界経済にも大きな影響が及ぶ恐れがある。

本章はこうした状況を踏まえ，まず，貿易制限的措置の一連の流れを整理した上で，米中の貿易に与えた影響を検証する。次に，米中貿易戦争の引き金ともなった中国の産業高度化政策「中国製造2025」の内容を確認した上で，米中貿易戦争の核心はハイテク産業および安全保障をめぐる大国間の覇権争いであることを明らかにする。その上で，米中貿易戦争の今後の焦点について考察することで，その行方を展望していくことを目的とする。

第1節　米中貿易戦争の動向

1．貿易制限的措置の流れ

　まず，米中が発動した貿易制限的措置の一連の流れを整理しておこう（第2-1表）。米通商代表部（Office of the United States Trade Representative：USTR）は2018年7月6日，1974年通商法301条（以下，301条）に基づく制裁措置の第1弾として，ハイテク製品などを始めとする中国からの輸入品818品目340億ドル相当に25%の追加関税を発動した。301条は米国の包括通商法の条項の一つで，不公正と判断された貿易相手国に対して制裁措置を発動できることなどを定めている。これに対して，中国も同日，報復措置として，農産品を中心に米国からの輸入品545品目340億ドル相当に25%の追加関税を発動した。

　続いて，米国は8月23日，第2弾として279品目160億ドル相当に25%の追加関税を賦課した。これに対し，中国も同日，333品目160億ドル相当に対して，25%の追加関税を課した。さらに，米国は9月24日，第3弾として5,745品目2,000億ドル相当に追加関税を発動，税率は2018年末までは10%，2019年以降は25%に設定した。これにより，米国の中国からの輸入（2017年5,055億ドル）の約半分に追加関税が賦課されることになった。他方，中国の対米輸入（2017年1,539億ドル）のうち，制裁可能な金額は1,000億ドル余りしか残されていなかった。このため，中国は同等の措置を取ることができず，5,207品目600億ドル相当に5〜10%の追加関税を賦課するにとどまった。

第2-1表　米中の貿易制限的措置の流れ

発動時期 (2018年)		米国		中国	
		措置の概要	主な対象品目	措置の概要	主な対象品目
第1弾	7月6日	通商法301条に基づく制裁措置として、中国からの輸入品818品目340億ドル相当に25%の追加関税を賦課	乗用車、磁気ディスクドライブなどのストレージ、液体ポンプ部品、プリンター用部品など	報復措置として、米国からの輸入品545品目340億ドル相当に25%の追加関税を賦課	大豆、乗用車、実綿および繰綿など
第2弾	8月23日	279品目160億ドル相当に25%の追加関税を賦課	プラスチックや半導体、鉄道車両・部品、トラクターなど	333品目160億ドル相当に25%の追加関税を賦課	古紙、銅のくず、アルミニウムのくず、ランプホルダー、プラグおよびソケット、乗用車など
第3弾	9月24日	5,745品目2,000億ドル相当に追加関税を賦課。税率は2018年末までは10%、2019年以降は25%に設定	家具、食料品、飲料品、自動車部品、繊維、ゴム類、木材、紙類など	5,207品目600億ドル相当に追加関税を賦課。税率は3,571品目が10%、1,636品目が5%に設定	液化天然ガス、機械類、光学式機器、化学木材パルプ、医療用機器など

(出所)　USTR、中国国務院関税税則委員会の公表資料等をもとに作成。

　米中貿易戦争がまさに泥沼化の様相を呈する中、アルゼンチンで開催されたG20首脳会議に合わせて、トランプ大統領と習近平国家主席が12月1日に会談。米国側の発表によれば、①技術移転の強要、②知的財産権、③非関税障壁、④サイバー攻撃、⑤サービスと農業の5分野で協議し、90日以内（日時は米国東部時間2019年3月2日0時1分）に合意できなければ、2,000億ドル相当の追加関税率を25%に引き上げるとした。

　米中首脳会談の合意を受け、2019年に入り、1月末、2月中旬と下旬に計3回の閣僚級貿易協議が実施され、構造問題に進展がみられたことなどから、USTRは3月5日、追加関税率を「次の通知があるまで」現行の10%とし、25%への引き上げ期限を延期すると官報で公示。米中貿易協議は延長して継続されることになったものの、トランプ大統領は5月5日、「中国が合意を壊そうとしている」と指摘した上で強硬姿勢に転じ、USTRは5月10日、第3弾の対

中追加関税賦課を25%に引き上げた。これに対し，中国も5月13日，米国原産の輸入品4,545品目に対して，6月1日から追加関税率を最大25％引き上げると発表した。

　他方，USTRは5月13日，301条に基づく第4弾として，新たに対中輸入額3,000億ドル相当の追加関税対象品目リスト案を公表。3,805品目に最大で25％の追加関税を課すとしており，携帯電話やノートパソコンなどの消費財も含めて，ほぼ全ての中国製品が対象となる。

　また，米国商務省は5月15日，中国の通信機器最大手「華為技術（ファーウェイ）」と関連70社をエンティティー・リスト（EL）に加えると発表。ELに記載された事業体への米国製品の輸出は原則として不許可になるため，ファーウェイは事実上，米国製品の調達ができなくなった。

　そんな中，トランプ大統領と習主席は大阪で開催されたG20サミットの機会を利用して6月29日に米中首脳会談を開催。トランプ大統領は会談後の会見において，米中貿易協議の再開，第4弾の追加関税賦課の当面の延期，ファーウェイに対する輸出規制の緩和などを表明したものの，米中摩擦の行方は予断を許さない状況にある。

2. 貿易制限措置が米中に与えた影響

　米中の貿易制限措置は両国の貿易にどのような影響を与えたのであろうか。同措置の発動は2018年7月以降だったことから，ここでは2017年下半期（7〜12月）の米中貿易上位10品目が2018年同期にどのように変化したのかを，中国側の統計を基にみてみよう。

　2018年下半期の中国の対米輸出は前年同期比9.3％増となり，貿易戦争の影響は限定的のようにも見受けられる（第2-2表）。ただし，この背景としては，対米輸出上位2品目である携帯電話（HSコード85171200）やパソコン（HSコード84713000）が対象から外されていることが大きい。

　また，米国の追加関税発動を見越した取引が駆け込みで急増したことも指摘されている。事実，12月単月の対米輸出は，その反動もあって前年同月比3.5％減のマイナスに転じた。さらに，関税も表向きは米国側が支払っている

第 2-2 表　中国の主要対米輸出品目の増減（下半期ベース）

(単位：100 万ドル，%)

	HS コード	品目	2017 7〜12月	2018 7〜12月	伸び率
1	8517	電話機（携帯電話等）	28,046	32,384	15.5
2	8471	自動データ処理機械（パソコン等）	24,701	26,161	5.9
3	8528	テレビ・モニター等	6,132	6,279	2.4
4	8473	自動データ処理機械の部品	5,319	5,727	7.7
5	8708	自動車部品	5,156	6,033	17.0
6	9403	家具	5,110	5,918	15.8
7	9503	玩具	4,575	4,866	6.4
8	9401	腰掛け	4,284	4,805	12.2
9	9405	照明器具	4,187	5,031	20.2
10	9504	ゲーム用品等	3,864	3,152	▲ 18.4
		全品目合計	238,365	260,598	9.3

（出所）　Global Trade Atlas をもとに作成。

ものの，中国企業が関税分を値下げすることで実質的には中国側が負担しているケースも少なくないとの見方もある。伸び率はプラスとはいえ，中国にとってネガティブな影響は決して小さくないのが現状だ。

　他方，中国の対米輸入は 8.4％減となった（第 2-3 表）。品目別にみると，追加関税の対象となった乗用車，大豆，天然ガス，古紙がそれぞれ，28.6％，93.5％，70.4％，32.4％減と大幅に減少しており，米国にとっても貿易戦争の代償が大きかったことがうかがわれる。

第 2 節　米中貿易戦争の核心

1．米国の制裁措置発動の狙い

　米中貿易戦争が両国経済にとって深刻な打撃となることは当初から想定されたことであるが，米国はなぜ制裁措置を発動したのであろうか。その狙いとし

第 2-3 表　中国の主要対米輸入品目の増減（下半期ベース）

(単位：100万ドル，％)

	HSコード	品目	2017 7〜12月	2018 7〜12月	伸び率
1	8802	航空機	9,360	9,918	6.0
2	8703	乗用車	6,368	4,547	▲ 28.6
3	1201	大豆	5,729	370	▲ 93.5
4	8542	集積回路（IC）	5,461	6,593	20.7
5	8411	ガスタービン等	1,975	1,880	▲ 4.8
6	2709	原油	1,940	1,925	▲ 0.7
7	2711	天然ガス	1,381	409	▲ 70.4
8	8486	半導体等製造用機器	1,297	1,871	44.3
9	9018	医療用機器	1,280	1,480	15.6
10	4707	古紙	1,260	852	▲ 32.4
		全品目合計	77,565	71,079	▲ 8.4

（出所）　第2-2表に同じ。

て指摘されているのが，中国の技術移転に関する法令や政策および慣行の是正だ。2018年3月22日付で公表されたUSTRによる調査報告書は，中国政府が産業高度化政策「中国製造2025」において，中国企業が占めるべきシェアの目標値を定め，政府が企業に資金援助を含めた政策面で支援していることなどを問題視している[1]。

　また，調査報告書は中国政府が，① 技術移転を目的とした米国企業に対する中国事業の規制・干渉，② 米中企業の市場原理にもとづく技術契約締結の妨害，③ 中国企業による米国企業の組織的な買収指示，④ 米国のコンピュータ・ネットワークへの違法侵入への関与などを行っていると認定した。

2．中国製造2025の戦略目標

　米中貿易戦争の引き金ともなった中国製造2025とは「製造大国」から「製造強国」への転換を目指す中国の国家戦略であり，政策実施のガイドラインといえる「『中国製造2025（中国製造業10カ年計画）』に関する通知（以下，通知）」

が2015年5月に国務院から公表された[2]。

　「通知」は3段階・30年で戦略目標の実現を計画している。第1段階として，2025年までの10年間で製造業の全体的なレベルを大幅に引き上げ，製造強国の仲間入りを果たす。第2段階として，2035年までに中国の製造業を世界の製造強国の中位レベルに向上させる。第3段階として，新中国建国100周年（2049年）に製造大国としての地位をさらに確固たるものとした上で，総合的な実力において世界トップレベルの製造強国となることを目指している。戦略目標を実現すべく，通知は重点10分野を定め，その発展を推進することを任務として掲げている（第2-4表）。

　中国製造2025が策定された背景には，先端技術やIT（情報技術）関連の製品の多くを輸入に依存せざるを得ない貿易構造を改善し，安全保障上の観点からもこれらの国産化を急ぎつつ，産業高度化を図ることで「中所得国のわな」を回避したいという中国政府の思惑がある。中所得国のわなとは，開発途上国が低賃金という優位性を生かして高成長を続け，中所得国の水準まで発展した後，人件費の水準が高まる一方で，産業高度化が伴わないことで，国際競争力を失って経済発展の停滞が続く状態を指す。

　産業高度化により経済発展を目指す政策はどの国にもあるものであり，例えば，インドは2014年9月，製造業の振興政策「メイク・イン・インディア」を公表している。中国製造2025が必ずしも特殊な政策というわけではないが，中国企業が占めるべきシェアなどの数値目標を掲げながら，半導体や第5世代移動通信（5G）など，軍事転用にもつながる技術開発に力を入れる方針を示したことで，米国は自国のハイテク産業や安全保障上の優位性を脅かされる可能性があることに危機感を抱いた。そこでハイテク産業に巨額の補助金を投じる政策は競争上不公正と指摘し，中国製造2025の撤回を要求。政策の是正を狙って制裁措置を発動したのである。

第 2-4 表　「中国製造 2025」における重点 10 分野の概要

重点分野	主な対象（一部抜粋）
① 次世代情報技術産業	集積回路（IC）および専用設備：国家の情報，サイバー空間の安全および電子機器産業の成長に関わる中核汎用チップ等 情報通信機器：第 5 世代移動通信（5G）技術，超高速大容量インテリジェンス光転送技術等 オペレーションシステム（OS），業務用ソフト：ハイエンド業務用ソフトウェアの中核技術等
② ハイエンド工作機械・ロボット	ハイエンド工作機械：精密，高速かつハイパフォーマンス，フレキシブルな工作機械と基礎製造機械および統合製造システム ロボット：産業用ロボット，特殊ロボットおよび医療健康，家政サービス，教育・娯楽向けロボット等
③ 航空・宇宙用設備	航空用設備：大型航空機，先進的な機上装備および機上システム 宇宙用設備：次世代の運搬ロケット，重量物搬送装置
④ 海洋工程設備・ハイテク船舶	海洋工程設備：深海探査，海洋作業向け安全保障用設備および主要システム・専用設備 ハイテク船舶：液化ガス運搬船等
⑤ 先進的軌道交通設備	先進的で信頼性，適合性のある製品の開発，製品の軽量化，モジュール化，系統化 エコロジー性，スマート性の高い次世代の重量物搬送用高速軌道交通設備システム
⑥ 省エネルギー・新エネルギー自動車	電気自動車，燃料電池自動車 自主ブランドの省エネルギー・新エネルギー自動車を世界トップレベルに引き上げ
⑦ 電力設備	ウルトラクリーン石炭プラントの実用化，水力発電・原子力発電ユニット，重量型ガスタービンの製造能力向上 新エネルギー，再生可能エネルギー機器，先進的なエネルギー貯蔵装置，スマートグリッド用送電・変電機器
⑧ 農業用機器	大口消費食糧，戦略的経済作物の主な生産プロセスで使用する先進的な農業用機器を重点にハイエンドの農業用機器および主要中核部品の開発を強化
⑨ 新素材	特殊金属機能素材，高性能構造素材，機能性高分子素材，特殊無機非金属素材，先進的な複合素材および軍民共用の特殊素材
⑩ バイオ医薬・高性能医療機器	革新的な漢方薬および独創的な治療薬物 映像機器，医療用ロボットなどの高性能診療機器，生分解性血管内ステントなどの高付加価値医療消耗材，遠隔診療などの移動型医療機器

（出所）　国務院「『中国製造 2025』に関する通知」より作成。

第3節　米中貿易戦争の今後の焦点

1．米中の技術開発競争

　ここまでの考察を踏まえると，米中貿易戦争の核心は，貿易不均衡の是正ではなく「ハイテク産業および安全保障をめぐる大国間の覇権争い」と言ってよいだろう。

　そういう意味で，今後の焦点の一つは，ハイテク製品に関わる技術開発競争の行方にある。その代表事例として半導体の動向をみてみよう。

　中国は半導体などハイテク製品の輸入依存度が高い。何らかの要因で輸入が停止した場合，安全保障上の観点からも大きな問題となるため，国産化は重要な政策課題となっている。実際に国有の通信機器大手，「中興通訊（ZTE）」は2018年4月，イランや北朝鮮に違法に輸出したとして，米国政府から米国企業との取引を禁じられる制裁措置を受け，スマホなど主力製品に使う半導体が入手できなくなり生産停止に追い込まれた。いわゆる「ZTEショック」であり，まさに中国政府の懸念が現実のものとなった。

　ZTEショックは中国政府の危機感を強めることとなる。苗圩・工業情報化相は共産党機関誌「求是」の電子版（2018年7月16日付）に「コア技術攻略を強化し，製造業の質の高い発展を推進」と題する論文を寄稿。「国民経済に関わるインフラや情報システムで，輸入チップ，ソフトウェア，制御システムを大量に使用しており，ひとたび『首根っこ』を押さえられれば，設備やシステムの安全・安定を保障することは難しい」と危機感を露わにしている。

　ここで言う「コア技術」とは，ハイテク製品に必要な技術を指すが，中国が最も重視するのが半導体である。貿易収支でみると，赤字額が最も大きい品目は集積回路で，2018年は2,285億ドルにも達した（第2-5表）。2位の乗用車（410億ドル）の5.6倍という規模だ。政府は国内の半導体産業を育成し，先進国に追いつき，赤字を解消することを目指している。

　この他にも，中国製造2025で重点10分野に指定されたものには，「次世代情

第 2-5 表　中国の主要貿易赤字品目（2018 年）

（単位：100 万ドル）

HSコード	品目	輸出	輸入	貿易収支
8542	集積回路（IC）	84,579	313,088	▲ 228,508
8703	乗用車	8,626	49,623	▲ 40,997
8486	半導体等製造用機器	2,508	30,594	▲ 28,086
8802	航空機	2,512	27,636	▲ 25,124
2902	環式炭化水素	444	24,728	▲ 24,284
3901	エチレンの重合体	915	20,744	▲ 19,828
4703	化学木材パルプ	18	15,753	▲ 15,735
3004	医薬品	3,945	18,133	▲ 14,188
2905	非環式アルコール・ハロゲン化誘導体等	1,557	14,059	▲ 12,503

（注）　貿易赤字額が 100 億ドル以上の品目，ただし鉱物資源，農産品を除く。
（資料）　第 2-2 表に同じ。

報技術産業」に含まれる半導体等製造用機器や「航空・宇宙用設備」に含まれる航空機など，中国が巨額の貿易赤字を抱える品目が多く含まれている。これら重点分野の指定からは，中国政府として海外からの輸入に依存せずに国産化を図りたい意向が強いことがうかがえる。

　国産化に向けて，中国は年々，半導体等製造用機器の輸入を拡大させており，2018 年は前年比 55.6％増の 306 億ドルに急増している。ただし，中国企業は歩留まり向上のための調整力には乏しいのが現状とされる。また，生産のオペレーションを担う技術者はいるが，トップレベルの研究者が不足しているため，半導体が産業として立ち上がるには相当の時間がかかるとの見方もある。

　ただし，中国側もこうした弱点は認識しており，基礎研究の分野に注力し始めている。今後，世界が次世代の半導体に移行するような新たな段階に入るとき，一気に追いついてくる可能性を警戒する向きもある。

2.　グローバル経済のブロック化

　半導体と並び，注目されるのが「5G」だ。これは半導体とは異なり，中国が先進国を追い越すことを狙っている分野である。米中貿易戦争の背景には，中

国に5Gの主導権を握らせないという，米国側の狙いがあるとの見方もある。

中国は3G～4Gの技術開発では出遅れたこともあり，早くから5Gの研究開発に着手してきた。このため，戦略は日本や欧米とは異なり，政府の支援のもと，豊富な資金や巨大な国内市場をベースにして，当初から5Gだけで単独運用できる「スタンドアロン（SA）型」を立ち上げ，世界に先駆けたサービスの実現を目指しているとされる。他方，日本や欧米は初期投資を抑えられるといったメリットもあり，すでに整備された4Gのエリア内で5Gを一体運用する「ノンスタンドアロン（NSA）型」の採用を計画している。中国がSA型での5Gを推進する狙いは，その技術力が最も発揮される「超高信頼低遅延通信（Ultra-Reliable and Low Latency Communications：URLLC）」の早期実用化にある。NSA型では自動運転や遠隔手術といったサービスは実現できず，URLLCによる5G特化のSA型が必須となるからだ。

工業情報化省は2019年6月6日，中国の三大通信事業者（中国電信，中国移動，中国聯通）にケーブルテレビ事業を営む中国広電を加えた国有大手4社に5Gの営業免許を交付したと発表。これを受けて，各社は年内にも5Gの商用サービスを開始する運びとなった。仮に中国が5Gの技術で世界の最先端を行くことになれば，関連する技術やサービス分野でも先頭を走り，さらには軍事技術への転用も可能となる。そうなることを米国は最も恐れている。

5Gの推進役を担う中国企業がファーウェイだ。大手調査会社IHSマークイットによれば，2017年における通信基地局の売上高シェアは，ファーウェイが27.9％と3割近く占め，世界第1位である。これに次ぐのがエリクソン（スウェーデン，シェア26.6％），ノキア（フィンランド，同23.3％），ZTE（13.0％）となっており，中国系2社で世界の4割以上のシェアを握る。

このため，米国は他国に先駆けてこうしたファーウェイ関係の機器を政府調達の対象に組み込むことを禁じる措置を講じている。トランプ政権は2018年8月13日，国防予算の大枠を決める「国防権限法」を可決，2019年8月13日以降はファーウェイ，ZTEなど中国系5社を対象に，製品やその部品を組み込んだ製品を政府調達から排除することを決定した。2020年8月13日以降は，5社の製品やサービスを社内で使用している企業も政府調達から排除される。加えて，米国は安全保障上の問題を理由に，同盟国等に対して5Gのインフラ構築

にファーウェイ等の中国製品を使用しないよう強く働きかけており，オーストラリアやニュージーランドが同調したほか，日本も事実上排除する指針を発表している。

他方，ファーウェイは5Gの技術力において圧倒的な優位性を保持している。例えば，世界知的所有権機関（WIPO）によれば，2018年における同社の国際特許出願件数は5,405件となり，2位の三菱電機（2,812件）に大差をつけ，2年連続で首位となった。2019年1月24日には，5G基地局向けに設計された世界初のコアチップ「Huawei TIANGANG」を発表している。

加えて，コスト競争力でも他社を凌駕しており，世界の多くの国々は排除に動いていない。こうした中，5Gをめぐる米中の覇権争いにより「グローバル経済のブロック化」が生じていくことが懸念される。今後，米国が各国の政府や企業に対して，どの程度まで同調するか否かの選択を迫ってくるのか，また，米国が中国への輸出・技術供与の制限や中国製品使用の抑制をどの程度求めてくるのか，について注視していく必要がある。

3. 米国の貿易・投資規制の強化

中国製品の政府調達からの排除に加えて，米国は技術的な優位性を維持すべく，対米投資や貿易管理の規制強化に動いている。前述の国防権限法に盛り込む形で「外国投資リスク審査近代化法（the Foreign Investment Risk Review Modernization Act：FIRRMA）」および「輸出管理改革法（the Export Control Reform Act：ECRA）」を成立させ，政府は現在，実施に向けた作業を進めている。

FIRRMAは安全保障の確保を目的として，外国から米国への投資を審査する「対米外国投資委員会（Committee on Foreign Investment in the United States：CFIUS）」の権限を強化するもので，少額出資であっても，米国企業が保有する機密性の高い技術情報・システム・施設などへのアクセスが可能になる投資や，役員会への参加などが可能な投資を対象とするなど，外国企業による対米投資の審査はさらに厳格化される見通しである。

日本貿易振興機構（ジェトロ）が2018年10月，元米国財務次官補でCFIUS議

長も務めたクレイ・ローリー氏を講師に招いて東京で開催したセミナーにおいて，同氏は「今回のCFIUSの権限強化の背景には『中国からの投資の急増』がある」との見解を述べ，中国企業との合弁企業を有している日本企業が今後対米投資を行う場合，CFIUSによる審査が厳しくなる可能性を示唆したとされる[3]。

　FIRRMAによる主な制度変更が適用されるのは，財務省が実施に伴う規制整備などの準備ができたと官報で公示した日から30日，または法律施行日から18カ月後（2020年2月13日）のどちらか早い方に設定されている。なお，財務省は，航空機や半導体など27産業に関係する重要技術を扱う米国企業への外国企業による投資を対象として，FIRRMAの一部条項を先行実施するパイロットプログラムを2018年11月10日から開始している。

　他方，ECRAは既存の輸出規制でカバーしきれない「新興・基盤技術（emerging and foundational technologies）」のうち，米国の安全保障にとって必要な技術を輸出規制の対象とすることなどを定めている。ジェトロが2019年1月，元米国商務次官補（産業安全保障担当）のケビン・ウルフ氏を講師に招いて，東京で開催したセミナーにおいて，同氏は「特定までの期限は決められていないものの，2019年夏の早い段階までに，何かしらの指針が商務省産業安全保障局（BIS）から示される可能性がある」と述べた[4]。また，ウルフ氏はECRAによって対中輸出規制が強化される可能性についても言及したとされる。

　FIRRMAおよびECRAは，中国を念頭に置くとされるものの，規制の対象国に線引きはないとされており，その影響は中国以外の企業にも及ぶ可能性があることには留意する必要がある。米中両国はトランプ大統領と習近平国家主席による首脳会談で貿易摩擦問題の決着を目指すと報じられているが，首脳間でどのような政治的合意がなされようとも，法律の実施に向けた準備は影響を受けないと考えた方がよい。

　「新冷戦」とも称される米中の対立は，経済相互依存関係の深まりという面では，冷戦時代の米ソとは根本的に構造が異なる。しかも，近年の生産工程は，一国だけで完結することは少なく，国を跨いで国際分業を行う「グローバル・バリュー・チェーン」（GVC）が拡大している。先進国企業は，安価で豊富な労働力といった新興国の優位性を活かした生産を行うべく，直接投資を通じた工程間分業を進めてきた。これがGVCを発展させ，ひいては貿易を拡大

させてきたのである。

　こうした中で，世界第1位，第2位の経済大国である米国と中国の貿易・投資は二国間のみならず，関係国も含めて複雑に絡み合っている。貿易戦争が長期化するような事態になれば，その打撃は米中のみならず，世界中に拡大することは確実だ。国際通貨基金（International Monetary Fund：IMF）で中国出身者として初の副専務理事を務めた，清華大学国家金融研究院の朱民院長は「中国が米国への輸出で年3千億〜5千億ドルといわれる巨額の稼ぎをあげているのは事実だ。しかし，中国の輸出品はかなりの部分が日本や韓国，インドネシアなどから輸入した製品でできている。米国の追加関税で中国の輸出が打撃を受ければ，影響は中国だけでなくアジアのサプライチェーン全体に及ぶ」と警鐘を鳴らしている[5]。

　しかし，こうした経済的な理屈だけでは動かないのが政治・安全保障の世界だ。中国が民主制に近い政治体制に転換する可能性がないと米国が考えた場合，自国の優位性を維持するためには，経済的な相互依存関係をある程度犠牲にしても，中国に対して貿易・投資規制を強化することが必要不可欠という結論になる。従って，そうした米国の方向性は，同盟国にも影響が及ぶことが避けられないだけに，日本にとっても決して対岸の火事ではない。

おわりに〜米中貿易戦争の長期戦は必至

　米中貿易戦争からは，経済力で存在感を高める新興国・中国と，その出鼻をくじこうと，なりふり構わずあがく覇権国・米国という構図が見て取れる。中国の最終的な狙いは，中国製造2025の推進によって中所得国のわなを回避しつつ，「中国の夢」（中華民族の偉大な復興）を実現することにある。他方，米国の実質的な狙いは，中国製造2025によるハイテク産業の発展を阻止するとともに，安全保障上の優位性を維持していくことにある。このため，追加関税等の制裁措置を通じて譲歩を迫る一方，国防権限法を根拠に貿易・投資規制を強化しようとしている。中国が要求を受け入れない限り，米国の対中強硬姿勢は今後も継続することが予想される。

これに対して，中国は現時点では経済的にも軍事的にも対等に戦う力はなく，関税引き下げや輸入拡大策等で譲歩しようとしているが，中所得国のわなを克服するためにも中国製造2025を撤回する意志はなく，コア技術の国産化による「自力更生」を目指している。

　こうした状況を鑑みれば，米中ともに妥協の余地は限定的であり，落とし所は見当たらず，米中貿易戦争の問題は簡単には解決しない。しかも，米中貿易戦争の核心は貿易不均衡の是正ではなく，ハイテク産業および安全保障をめぐる大国間の覇権争いであるため，一定の決着が見られたとしても，あくまで「一時休戦」に留まるものであり，長期化する可能性が高いと言わざるを得ない。今後の焦点として，米中の技術開発競争，グローバル経済のブロック化，米国の貿易・投資規制の強化に加えて，これらの動向がGVCに与える影響を慎重に注視することが必要である。

注
1) 報告書についてはUSTRのウェブサイト（https://ustr.gov/sites/default/files/Section%20301%20FINAL.PDF）で閲覧可能。
2) 通知の本文は中国政府のウェブサイト（http://www.gov.cn/zhengce/content/2015-05/19/content_9784.htm#）で閲覧可能。
3) ジェトロ「ビジネス短信」2018年10月10日
4) ジェトロ「ビジネス短信」2019年1月31日
5) 「日本経済新聞」2019年3月25日

参考文献
経済産業省（2018）「通商白書2018」2018年7月。
国務院（2015）「『中国製造2025』に関する通知」2015年5月8日。
日本貿易振興機構（ジェトロ）（2018）「ジェトロ世界貿易投資報告2018年版」2018年7月。
真家陽一（2018）「産業高度化に向けた政策の潮流―国家戦略「中国製造2025」の動向」（服部健治・湯浅健司・日本経済研究センター編著『中国創造大国への道―ビジネス最前線に迫る―』）文眞堂，2018年6月。
真家陽一（2018）「米中経済の相互依存関係を踏まえた貿易戦争の現状と今後の展望」『CISTECジャーナル』，2018年9月。
真家陽一（2018）「経済教室・中国改革・開放の40年（下）」『日本経済新聞』2018年12月。
苗圩（2018）「コア技術攻略を強化し，製造業の質の高い発展を推進」『求是』2018年7月16日。

（真家陽一）

第3章

米国のアウトソーシングと貿易戦争
——懸念されるグローバル調達でのコスト競争力の低下——

はじめに

　米国企業がよく用いるビジネスモデルとして知られる海外への製造委託の例として，アップルのi-phoneやデルのコンピュータ，ギャップなどの数々のブランドを含む衣料品，クワルコムやIBMなどの自動車や電気製品などに含まれる半導体，等を挙げることができる。海外への製造委託は，外国企業だけでなく海外の米国子会社にも及んでおり，モノだけでなくサービスにおいても幅広い業務分野にわたってアウトソーシング（外部委託）の活用が広がっている。

　アップルのスマートフォンの例からもわかるように，米国企業は製造を委託先に丸投げしているわけではなく，製造管理に明るく現地幹部との調整に優れた人材の派遣など，生産現場ですり合わせ型のビジネスモデルを取り入れながら，製造委託を行っている。こうした，米国企業のすり合わせの要素を組み込んだアウトソーシングは，日本の海外への製造委託にはあまり見られない。

　製造・サービス委託は非出資型生産の形を取ることが一般的であり，海外に工場や販売子会社を設立するコストを節約することができる。こうしたビジネスモデルに，企業だけでなく政策的な支援も組込まれれば，企業のコスト競争力はさらに強まる。しかも，単にコストを下げるだけでなく，長期的には高付加価値なバリューチェーンの形成につながるような支援プログラムが組み込まれることが望ましい。

　しかしながら，トランプ大統領の「アメリカ・ファースト」に基づく通商政策は，海外からの国内への投資の転換や，米中貿易戦争などに見られるような輸入品に対する追加関税の賦課から成っており，アウトソーシングなどのビジ

ネスモデルの活用による米国産業の優位性を削ぎかねない。なぜならば，アウトソーシングは国内での製造の機会を減らすだけでなく，輸入を増やし貿易赤字を拡大するため，トランプ大統領の保護主義的な通商政策とは相いれないからである。海外へのアウトソーシングに「外国企業」だけでなく「海外子会社」への製造委託を含めるならば，なおさらその傾向は強まる。

　米国は，メキシコからの自動車・同部品の調達拡大でもわかるように，FTAや製造委託の促進により貿易構造を相互依存型に変化させてきた。しかし，トランプ政権はNAFTA（北米自由貿易協定）の再交渉や米中貿易摩擦などでこの流れを無理に変えようとしている。したがって，トランプ大統領が保護主義的な通商政策を長く続けるならば，それは米国企業のグローバル競争力の低下につながる可能性がある。

第1節　メガFTAや米中貿易摩擦の進展

1．TPP11の発効とNAFTA再交渉の妥結

　TPP11の新名称はCPTPP（環太平洋パートナーシップに関する包括的及び先進的な協定）と名付けられ，紆余曲折を経て2018年12月30日に発効した。米国抜きのTPP11の発進は日本の主導でもって実現したもので，日本の通商外交の大きな成果と考えられる。TPP11の発効の動きを受けて，タイやインドネシア，韓国，台湾といったアジア諸国だけでなく，英国やコロンビアといった国も同FTAへの参加に関心を示している。

　韓国は既に日本とメキシコ以外のTPP11のメンバー国とFTAを結んでいるので，是が非でも参加しなければならないということはない。しかしながら，韓国がTPP11に加入すれば，日本やメキシコへの輸出を拡大できるだけでなく，TPP11メンバー国との既存の2国間FTAのグレードアップが期待できるし，TPP11を中心にしたデジタル貿易の進展に加わることが可能になる。米国はTPPから離脱したが，トランプ米大統領は米国の利益になることを条件に，TPPへの復帰を検討することを表明している。

2017年8月から始まったNAFTA再交渉は，米国とメキシコとの間では2018年8月27日，米国とカナダとの間では9月30日に合意に達した。合意に基づき，新NAFTAはUSMCA（米国，メキシコ，カナダ協定：United States-Mexico-Canada Agreement）と名付けられたが，残念なことに発音しづらいのが難点である。「ウスムカ」と発音する現地ニュースもあったが，結局は「ユーエスエムシーエー」という読み方が一般的である。ちなみに，カナダでは自国を先に持ってきて，CUSMA（Canada-United States-Mexico Agreement）と呼ばれている。

この新NAFTAには，原産地規則（北米で生産されたことを証明する規定）の強化が盛り込まれるなど，トランプ大統領の意向が強く反映されている。このため，カナダ・メキシコだけでなく日本などの北米以外の企業も，対米投資や域内の自動車部品調達の拡大等の北米戦略の再編は不可避となっている。

2. 精力的な話し合いが続く米中貿易交渉

米国は通商法301条に基づき，中国の不公正貿易慣行に対して，2018年7月には第1弾目，8月には第2弾目の追加関税措置を実施。両方合わせて500億ドルの輸入額に25％の追加関税を課した。9月には，中国からの2,000億ドル相当の輸入品に第3弾目にあたる10％の追加関税措置を適用した。

米国は中国に対して，貿易赤字の削減や技術移転の強要及び知的財産権問題に関する改善を求めている。米中両国は2018年12月のG20での首脳会議で一時的な休戦に合意し，次の制裁までに3カ月間の猶予期間を設けることになった。もしも，2019年の3月1日までに合意に達しなければ，第3弾目の品目に25％の追加関税が賦課されることになった。しかしながら，トランプ大統領は3月2日にこの期限を延長することを表明。それからの交渉は活発に行われたが，5月10日から一旦は交渉を中断した。その後，6月29日に大阪でのG20において米中首脳会談が開かれ，米中貿易交渉は再開されることになった。

米国と中国が大阪でのG20後に交渉を再開した経緯であるが，両国ともなるべく相手の譲歩を勝ち取り，ひとまずは矛先を収めたいという背景があった。これは，追加関税により経済の動向に変化が表れている中国だけでなく，攻め

の姿勢が顕著である米国においても，このまま合意に達せず長期化するならば，将来の経済不安や成長鈍化につながることを恐れたためであった。同時に，米国は日本と欧州との間での通商交渉を控えているだけでなく，2020年には大統領選挙が始まることもあり，できるだけ2019年内に対中貿易交渉の目途をつけておきたかったという事情もあった。

こうした米中間の摩擦の高まりにより，中国は日中韓3カ国間での政治経済関係を改善し，「一帯一路構想」や「日中韓域内や第3国での経済協力」に少しでも日本と韓国を巻き込むことにより，アジアにおける影響力の維持拡大を図る姿勢を見せている。中国の日本や韓国との経済協力に対する姿勢は真に意欲的であり，米国との長期戦に備えた戦略が見え隠れする。

3．米国は日本とEUに対し通商交渉を要求

米通商代表部（USTR）は2018年10月16日，日本とEU及び英国との通商交渉開始の意思を議会へ通知した。さらに，日米の交渉目的を12月21日，米EUの交渉目的を2019年1月11日，米英の交渉目的を2月28日に公表した。米国の貿易促進権限法（TPA）は，USTRに対して通商交渉開始の意思を交渉開始の90日前に議会に通知，交渉目的を30日前に公表することを定めている。USTRは日本やEUとの通商交渉での交渉目的において，農産物の市場開放を強く主張している。また，日本に対しては自動車などでの非関税障壁の撤廃を求めている。

米通商代表部（USTR）のライトハイザー代表は，2019年2月末の米下院の公聴会で，まだ米中貿易交渉に合意していないにもかかわらず，3月にも日本を訪問し日米通商交渉の初会合を開きたいとの意向を表明した。これは，TPP11の発効で，牛肉などの米農産品が日本市場で不利になっていることへの対応を急いでいたためと考えられる。日本側は日米通商交渉を自動車や農産物などの物品貿易にとどめたい考えだが，米国側はサービスなどのより広範な分野を含めた協議を要求している。

日本とトランプ政権との日米通商協議は，2017年2月の「日米経済対話（Economic Dialogue）」に始まり，その後2018年の4月には「自由で公正かつ

互恵的な貿易取引のための協議（FFR：talks for free, fair and reciprocal trade deals）」に移行した。そして同年9月26日に至り，日米両国首脳は日米通商交渉を開始することに合意した。

　この新たに始まる日米通商交渉を，日本は「物品貿易協定（TAG：Trade Agreement on goods）交渉」と呼び，米国は「米日通商協定（USJTA：United States-Japan Trade Agreement）交渉」と称している。TAG は，TPP11 やこれまでに日本が ASEAN などと締結した EPA（経済連携協定）と異なり，サービスや投資，知的財産保護等の分野を含まず，物品貿易に焦点を当てている。しかしながら，米国は USJTA 交渉では物品貿易以外の分野も検討する構えを見せている。

第2節　製造からサービスの委託までアウトソーシングが進展

1. 米国企業の巧みなアウトソーシングの活用

　国内で企画・デザインし，素材や部品を生産し，さらには製品の組み立てから販売や修理の工程まで（すなわち川上から川下まで）の一貫した製造販売のビジネスモデルは，「垂直統合型」として知られている。垂直統合型の生産システムから製造委託を取り入れたビジネスモデルへのシフトは，既に米国企業などが実践しており，パソコンや半導体，スマートフォンなどの製品の生産に適用されている。例えば，i-phone のようなアップルのスマホは台湾のホンハイ（鴻海）に製造委託し，中国の工場で組み立てられている。

　すなわち，アップルのような米国企業は，スマイル・カーブにおける付加価値の高い上部両端の領域である「企画・設計・デザイン」や「販売・リース・メンテナンス」などの分野に競争力があり，付加価値が低い工程である「製造」では海外企業に委託するという分業を行っている。

　ただし，米国企業は製造を委託先に丸投げしているわけではない。アップルに見られるように，スマホの設計担当者は鴻海の中国工場に出向き，工場の立地や施設の配備状況，さらには人員配置などを把握したうえで，それをスマホ

の設計にフィードバックしている。さらには，米国企業は設計や製造に精通している人材を工場に派遣し，現場の製造面のチェックと製造委託先の幹部との調整を行っている。

これは，いわゆるレゴ・ブロックのように様々な部品を組み合わせる「組み合わせ型（モジュラー型）」の生産システムではなく，どちらかといえば，日本企業が得意な全体の工程を互いに調整（すり合わせ）をしながら品質を高める一種の「すり合わせ型（インテグラル型）」に近い生産システムを取り入れていると考えることができる。

また，現場や現地のマネジメントにも精通している人材を配置することは，製造委託先との信頼関係の樹立に大きく貢献することになる。これは，部品のブラックボックス化や分厚い製造委託契約書の作成などよりも効果的な技術の流出対策になると思われる。こうした，製造委託先との良好な信頼関係の構築においては，日本企業はこれまで国内の下請け企業との間ではベテラン社員を中心に実践してきている。ベテラン社員の細かく厳しい要求が委託先の技術向上につながり，互いの信頼関係にプラスに働いている例は多い。こうした国内系列企業などとの「すり合わせのシステムと経験」を海外企業に適用することが，製造委託をする場合の技術流出の防御（ブラックボックス化）につながると思われる。

2．広がりを見せる海外企業へのアウトソーシング

アウトソーシングの形態には国内・海外企業への製造委託とサービス委託が考えられる。そして，それぞれ関連企業（子会社や親企業関連グループ）と関連企業以外への委託が行われている。この中で，製造及びサービスの委託の形を取る外国へのアウトソーシング（offshore outsourcing）は，米国企業の得意とするところで，近年の米国企業の活力の源泉の1つとして考えられる。

第3-1表のように，多国籍企業による海外の販売子会社や工場などへの出資を伴わない非出資型の生産をUNCTAD（国連貿易開発会議）が推計しているが，2010年においては1.8～2.1兆ドルと見込まれている。この中で製造・サービス委託は1.1～1.3兆ドルとなり，この内，サービス委託は900～1,000億ドル

第 3-1 表　非出資型生産の売上額（2010 年）

	世界の売上額
非出資型生産	1.8-2.1 兆ドル
内訳	
製造・サービス委託	1.1〜1.3 兆ドル（この内，サービス委託は 900〜1,000 億ドル，また，各国の GDP のシェアで配分すると，米国の製造・サービス委託は 2,568 億ドル，日本は 1,008 億ドルとなる）
フランチャイズ	3,300〜3,500 億ドル
ライセンシング	3,400〜3,600 億ドル
管理運営委託	1,000 億ドル

（出所）　UNCTAD World Investment Report 2011 より作成。

と見込まれている。世界全体の製造・サービス委託の 1.1〜1.3 兆ドルを基に，米国の世界に占める GDP シェアで配分すると，米国の製造・サービス委託額は 2,568 億ドルとなり，同様に日本は 1,008 億ドルとなる。実際には，米国の海外への製造委託額はこれよりも大きく，日本はこれよりも小さいと見込まれる。製造委託の中で，委託金額が大きい分野は電子機器，自動車部品，衣料品で，それぞれ 2,000 億ドル強となる。フランチャイズやライセンシング，管理運営委託などの非出資型生産は合計で，7,700〜8,100 億ドルに達する。

　製造委託とサービス委託を請け負っている代表的な企業としては，台湾の鴻海（電子）や TSMC（半導体），カナダのセレスティカ（電子）・マグナ（自動車部品），日本のデンソー・アイシン精機（自動車部品）・富士通（IT/BPO（ビジネス・プロセス・アウトソーシング）），ドイツのボッシュ（自動車部品）・ベーリンガー・インゲルハイム（医薬品），韓国のサムソン（半導体），LG 化学（自動車部品），フランスのキャップ・ジェミニ（IT/BPO），英国ロジカ（IT/BPO）などが挙げられる。

3. 大きい米国企業のアウトソーシングの割合

　米国企業は 90 年代から海外への製造委託を積極的に取り入れてきた。米国商務省の海外直接投資に関するベンチマーク・サーベイでは，米国企業のアウ

第3-2表　米国親企業の外国企業からの輸入

(2014年，100万ドル，%)

	親企業の外国企業からの輸入額	米国の総輸入に占める割合	米国親企業の総輸入に占める割合	米国親企業の売上に占める割合
全産業	340,279	14.5	35.1	2.7

(出所) 米商務省　US Direct Investment Abroad より作成。

トソーシングの実態を表す統計を公表していない。そこで，セカンド・ベストとして，同サーベイのデータから「米国親企業の外国企業からの輸入額」を疑似的に米国企業の海外からの輸入におけるアウトソーシングとした。この数字は製造委託以外の輸入も含まれているので，実際よりも大きめなものとなる。

　2014年ベンチマーク・サーベイによると，第3-2表のように米親企業の外国企業からの輸入額は，全産業で3,403億ドルであり，米国親企業の総輸入に占める割合は35.1％であった。前述のように，2010年のUNCTAD推計を基に計算した米国の製造・サービス委託額は2,568億ドルと見込まれる。したがって，第3-2表の米親企業の外国企業からの輸入額は，2014年の数字で製造委託以外の輸入も含まれていることを考慮すれば，UNCTADの製造・サービス委託の推計とつじつまが合わない値ではないと考えられる。このUNCTADの2,568億ドルを，仮に2014年の「米国の外国企業への製造委託額」とすれば，米国の海外への製造委託の米国親企業の総輸入に占める割合は26.5％になる。

　米商務省の統計によれば，2014年の米国親企業の海外子会社からの輸入は3,154億ドルであり，その米国親企業の総輸入に占める割合が32.5％であった。この数値の中で，米国親企業の海外子会社への製造委託がどれだけの割合であるかどうかは不明であるが，もしも，米国の海外への製造委託を海外子会社への製造委託まで含めたものとするならば，米国親企業の総輸入の3割から4割は製造委託である可能性がある。

　一方，日本企業の海外企業への製造委託額は，「平成26年度経済産業省の企業活動基本調査」によれば，2014年度には3兆6,687億円（346億ドル）であった。「日本企業の海外企業への製造委託額」の「日本企業のモノの総輸入額」に占める割合は全産業で9.0％であった。この日本の製造委託比率は，アンケート結果であり関係会社を含んだものである。データの取り方に違いがあり単純

には比較できないものの，日本のアウトソーシングの割合は米国と比べるとやはり少ないと思われる。

　なぜ，米国が製造委託を多く活用するかというと，もともと米国企業には利益が上がらない部門から素早く撤退し，収益の上がる部門に転換するという企業文化があるためだ。米国企業においては，例え国内の雇用を減らしても収益が上がる海外での製造に転換するスピードが速い。この意味で製品のモジュール化（構成要素・部品の規格化・標準化）とアウトソーシングによる国際調達ビジネスモデルは米国の強みに直結するものと思われる。これに対して，日本は雇用の確保や品質の追及で垂直統合型の生産システムを重視する傾向があるため，なかなか外部委託を躊躇しがちであり，どうしてもコスト削減という面で米国のシステムに劣ってしまう。

　さらには，米国は設計能力が高く，製造を委託しても設計でデザインした製造過程や品質管理，技術の保護管理を遂行する能力が高いことも背景にある。こうした，設計力，製造委託の技術面や実行面の能力の高さ，コスト削減を追求できる経営システムやビジネスモデルが浸透していることが，米国の親会社や子会社の利益率が日本企業と比較して高い理由の1つと考えられる。

4. サービスの分野まで広がりを見せるアウトソーシング

　これまで見てきたように，アウトソーシングの形態には国内・海外企業への製造委託とサービス委託がある。そして，それぞれ関連企業（子会社や親企業関連グループ等）と関連企業以外への委託が行われている。その中でも，近年は海外企業へのサービス委託が進展している。

　UNCTADが推計したサービス委託の規模は製造委託の1割であったが，サービス関連の委託の分野はかなり広がりを見せている。第3-3表はビジネス・プロセス・アウトソーシングのサービス内容をまとめたものである。例えば，総務部門の委託サービスには，備品・文書管理を始めとして庶務や受付，会議室・施設管理などがある。同様に，人事管理には，採用や研修，給与・賞与計算，福利厚生などが挙げられる。

　米国企業はこうした総務・人事以外にも，請求及び支払，予算・利益管理，

第3-3表　ビジネス・プロセス・アウトソーシング（BPO）のサービス内容

業種分類	業務委託サービス
総務	備品・文書管理，庶務，受付，オフィス・会議室管理，施設管理，
金融・会計	請求および支払，予算・利益管理，債券・債務管理，決算関連業務，銀行処理，販売台帳，財務報告書，売掛金
健康管理	医療請求，コーディング，遠隔放射線診断
支払いサービス	クレジットカードサービス，小切手処理，ローン処理，電子データ交換
人事管理	採用，研修（トレーニング），人材管理，給与・賞与計算，社会保険関業務，年金基金管理，福利厚生
コンテンツ開発	エンジニアリングとデザイン，ゲーム，アニメーション
顧客管理	コンタクトセンター，コールセンター，ヘルプデスク，マーケティング，セールス
専門サービス	法務サービス，特許，ビジネス分析，市場調査・分析，製薬契約
物流・調達	サプライチェーンの統括管理，海外での郵便・物流サービス

（出所）　種々の資料をもとに作成。

決算関連業務，医療請求，クレジットカードサービス，エンジニアリング・デザインなどに関するソフトウエア開発サービスをインドなどに委託している。

第3節　逆風にさらされる米国の製造委託型ビジネスモデル

1．米国のビジネスモデルに組込まれた海外アウトソーシング

　トランプ大統領は2018年の中間選挙向けの対策の一環として，米国通商法の厳格な適用を実行することにより，中国だけでなくEU，カナダ，メキシコとまで貿易摩擦（戦争）を引き起こした。これは，ある意味では中間選挙だけでなく次期大統領選挙向けのポーズでもあるが，米中貿易戦争が2019年を過ぎても妥結しなかったり，さらなる厳しい輸入制限措置を発動したり，貿易投資の制限的な措置を取り続けるならば，世界経済を停滞させるだけでなく，海外への製造委託などを用いる米国のビジネスモデルに対して悪影響を与える可能性がある。

米国のグローバル化やアウトソーシング（外注）の高まりは，海外への生産や雇用の流出を招くとしてこれまでも数多くの議論が行われてきた。80年代の後半から90年代にかけて米国の製造業は海外への移転を進めていったが，これは米国内の雇用機会の損失だけでなく産業の空洞化（ホローイング・アウト）につながるとの懸念が広がった。

　80年代に顕著になった日本の成功に刺激された米国は，米国防総省の国防高等研究計画局（DARPA）を活用し，90年代には半導体チップの設計者とチップを製造する半導体の製造受託会社との間においてコンピュータ上でデータを交換するための標準フォーマットを開発することに成功した。これが，その後の台湾の半導体製造会社であるTSMCなどへの製造委託につながり，海外へのアウトソーシングの先鞭をつけることになった。こうしたグローバルな調達モデルは，米国の効率の低い部門から高い部門へ迅速に転換する米国経済の特徴を背景に急速に進展していった。

　半導体業界では，設計を中心とし製造工場を持たないファブレス企業が現れ，部品や製品の製造と設計を分離した新たなビジネスモデルが浸透するようになった。いわゆる垂直統合型（企画製造販売の川上から川下までの一貫した生産体系）から海外の企業とのモジュラー型（レゴ・ブロックのように部材を組み合わせて作る生産体系）のビジネスシステムの登場であった。

　新ビジネスモデルは半導体からコンピュータや携帯電話にも広がり，IT産業などのサービス委託の分野にも拡大していった。しかし，米国の企業のすべてがこうしたアウトソーシングを全面的に取り入れたわけでなく，インテルなどのメーカーは依然として基本的には自社内で製造し，一部の部品などをファンドリー（製造受託企業）に委託するというシステムを採用している。

　製造委託による米国のグローバル調達システムは，コストや効率の面で有利となり，IT革命とともに，90年代以降の米国経済を支える重要な役割を果たした。今日では，米国の北米やアジアでのサプライチェーンは米国産業にとって不可欠なものであり，産業の競争力を支える強力な手段であることは間違いない。

　米国企業の海外への製造委託は，米国企業の海外関連企業や海外子会社にも及んでおり，GMやフォード等がメキシコの関連会社・子会社に自動車や部品

の製造をアウトソーシングするのがその典型的な例である。さらに，米国企業においては，モノだけでなく会計業務，クレジットカードサービス，ITソフトウエア作成などのサービスにおいても幅広い業務分野にわたってアウトソーシングの活用が広がっている。

2. トランプ大統領は保護主義の手綱を緩めるか

2016年の大統領選挙で勝利したトランプ大統領は，中西部のプワーホワイトの支援を勝ち取るために，雇用の維持と所得の拡大を約束した。そのために，海外への投資から国内投資への回帰，経済成長に資する輸入と貿易赤字の削減，安全保障や不公正貿易慣行の観点からの米通商法の適用，日EUなどとの2国間通商交渉，を進めている。これはまさにグローバル化や産業の空洞化を懸念する従来の民主党の考え方に沿うものである。

今日の米国の国際競争力が強まっている理由として，IT革命やGAFA（グーグル・アマゾンなど）による牽引の他に，90年代からのグローバル調達モデルの活用を挙げることができる。こうしたグローバル化の進展は確かに米国の繁栄だけでなく，中国の豊かさや製造能力の拡大をもたらし，米国の地位を脅かす要因になっていることは確かだが，貿易投資の自由化の恩恵を最も受けている国の1つが米国であることはまぎれもない事実だ。しかしながら，トランプ大統領による関税の引き上げや強制的な貿易赤字削減などの保護主義的な通商政策は，米国の将来のグローバル・ビジネスモデルにマイナスの影響を与え，国際競争力を低下させかねない。

国家安全保障への脅威を理由として適用される通商拡大法232条による鉄鋼・アルミへの関税賦課は，各国の報復措置を招いており，これに自動車・部品が加われば，さらなる貿易紛争の激化が予想される。2019年の2月17日には米商務省からトランプ大統領に自動車に関する232条適用の調査結果が既に渡っており，大統領は90日以内（5月18日）に関税を引き上げるかどうかを決定する予定であった。しかし，大統領はこの決定を最大で180日間延長することを発表した。

たとえ，米中貿易摩擦が一時的に休戦し，232条の自動車への適用が軽微な

ものにとどまったとしても，トランプ大統領は次の大統領選挙に確実な勝利の見通しが立たない限り，なかなか保護主義的な姿勢を変えないと思われる。

3. 米国の国際ビジネスモデルは変化するか

　そもそも，なぜトランプ政権の保護主義が米国のアウトソーシングを活用したグローバル競争力の促進を阻害するのかというと，まず第1に，海外への製造委託はトランプ大統領が強く進める「メキシコなどへの海外への投資を抑制し国内への投資の回帰を狙う政策」に反するからである。なぜならば，「外国企業へのアウトソーシング」においても「米国親企業の海外子会社への製造委託」にしても，共に海外に製造委託をする分だけ国内生産の機会を減らすことになり，トランプ大統領の選挙公約にそぐわないからである。

　第2に，トランプ大統領が掲げる「輸入抑制」と「貿易赤字の削減」という政策は，外国企業へのアウトソーシングに真っ向から対立するためである。海外への繊維製品や履物などの製造委託は，最終的には米国への輸入という形になることが多いため，貿易赤字の拡大につながるのだ。トランプ大統領が唱えたアメリカ・ファーストや製造業の国内回帰，あるいは輸入の削減は，これまで米国が進めてきたグローバリズムとは異なる考え方であり，NAFTAなどの活用に見られる中間財や最終財の自由な国境の移動を抑制するものである。

　こうした米国が標榜してきた自由主義とは相反する政策にも係わらず，トランプ大統領の移民政策や輸入制限対策が米国の本音をついているところもあり，さらに鉄鋼・アルミ業界も輸入制限で潤っているところもあるため，米国の議会も企業も真正面から保護主義的な政策を批判できないでいる。つまり，中小企業を含めて米国企業が強硬な反対に回らないのは，税制改革により収益を大きく増加させた企業が多く，しかも輸入制限で守られている米国企業が保護主義的な政策を支持している現状においては，トランプ政権の通商政策が企業のグローバル・ビジネスモデルの実施においてまだ決定的な阻害要因となっていないからである。

　しかしながら，徐々に関税の引き上げの効果が中国だけでなく，米国企業の利益にも現れだしているし，世界的な株価の低迷にもつながっている。こうし

た世界的な株価の下落や中国経済の成長率鈍化あるいは中国の通貨安という外的要因の変化を背景に，保護主義の継続がトランプ政権の足元を揺るがす要因になる可能性が徐々に高まっている。

　日本や EU には，トランプ大統領に対して，保護主義的な政策の変更を要求することが期待される。そのためには，米国通商法の厳格な運用や NAFTA（北米自由貿易境地）の再交渉での自国第 1 主義の主張などが，ハーレーダビッドソンの海外への生産移転のように，米国企業の生産活動に不利なものとなることを一つ一つ検証しなければならない。同時に，トランプ政権の保護主義が，米国の製造委託型ビジネスモデルや長期的な国際競争力に悪影響を及ぼすことを詳細に調査分析する必要がある。2019 年に入り，中国から外資系企業が逃げ出し，ベトナムなどの ASEAN に工場を移転する動きが見られる。こうしたサプライチェーンの変化は，微妙に米国のアウトソーシング型ビジネスモデルに影響を与えると思われる。

　そのような調査結果を基に，保護主義的な貿易政策が鉄鋼・アルミなどの産業保護に役立つ効果とアウトソーシングなどへの悪影響とを比較し，米国のビジネスモデルが変化することによるグローバル競争力に与える功罪を明らかにすることが不可欠である。そして，日米通商交渉や米国の TPP 参加の交渉に，その成果を生かすことが考えられる。

参考文献

「危機に直面する米国の製造委託型ビジネスモデル～トランプ大統領は米国のグローバル調達の優位性を低下させるか～」国際貿易投資研究所（ITI），コラム 53 号，2018 年 7 月 6 日。

「米国のアウトソーシングの進展と貿易構造の変化～グローバル調達での競争力を奪いかねないトランプ大統領～」国際貿易投資研究所（ITI），季刊 113 号，2018 年。

「広がりを見せる海外へのアウトソーシング～親子間貿易で違いが見られる日米のグローバル調達モデル～」国際貿易投資研究所（ITI），季刊 109 号，2017 年。

「転機を迎えるアウトソーシング～日米のグローバル調達戦略の違いから見えること」，国際貿易投資研究所（ITI），季刊 86 号，2011 年。

（高橋俊樹）

第 4 章

米韓 FTA 再交渉と韓国の譲歩

はじめに

　米韓自由貿易協定（FTA：Free Trade Agreement）は 2012 年 3 月 15 日に発効したが，2019 年 1 月 1 日に同協定を改正する議定書が発効した。アメリカの対韓貿易赤字は継続しており，トランプ大統領をはじめとする政府高官も米韓 FTA の改正を発言してきた。そして韓国はアメリカの要求に応じ，米韓 FTA の改正に合意した。

　まずは米韓 FTA の改正の経緯を確認しよう。米韓 FTA の改正の公式的な動きは，2017 年 7 月 13 日，アメリカから合同委員会の特別会合の開催が提起されたことから始まる。合同委員会は米韓 FTA の 22.2 条に基づくものであり，毎年定期的な会合を行うこととされているが，アメリカあるいは韓国が特別会合の開催を提起した場合には，30 日以内に会合を開催しなければならない。これにもとづき，2017 年 8 月 22 日および 10 月 4 日に 2 回にわたり特別会合が開催された。そして，第 2 回会合では米韓 FTA を改定することが事実上合意され，ここから米韓 FTA の改正手続きが始まった。

　2018 年 1 月 5 日に第 1 回改正交渉が行われ，3 回の改正交渉を経て 3 月には大筋合意に達した。同年 9 月 3 日，政府は米韓 FTA の改正交渉結果の文書を公開し，9 月 24 日には米韓間で正式な署名がなされ，10 月 12 日には韓国の国会に批准同意案が提出された。さらに同年 12 月 7 日に韓国の国会で批准がなされ，韓国国内での手続きが終了し，2019 年 1 月 1 日における発効に至った。このように，米韓 FTA の改正は，交渉開始から 1 年足らずという短期間でなされることになった[1)]。

　2018 年 3 月における米韓 FTA 改正の大筋合意は，韓国の譲歩が目立ち，特

に自動車に関する譲歩が目を引いたが，この譲歩は，アメリカが鉄鋼へ高関税を賦課する措置から韓国を除外したこととセットで考える必要がある。具体的には，アメリカが通商拡大法の232条を根拠として，鉄鋼に25％の関税を賦課する措置を打ち出したが，韓国は関税の賦課対象国から除外された。つまり鉄鋼への関税賦課は免れるかわりに自動車で譲歩をしたということである。

結論を先に示すと米韓FTAの改正によって，アメリカはもとより韓国が大きな影響を受けることは考えられないが，改正内容を詳細に見ると，韓国の要求は十分に反映されず，アメリカの要求は相当程度反映された印象が強い。これは，アメリカが対韓貿易赤字を論拠に韓国に譲歩を迫り，交渉カードを切りつつ交渉した結果であると思われる。

本章では，米韓FTAの改正により何が変わったか詳細に検討する。改正に当たって，アメリカは自動車およびグローバル革新新薬の薬価優待制度について，韓国は投資家・国家間紛争解決手続き（ISDS：Investor State Dispute Settlement），繊維にかかる原産地規則について関心を有していた。そこで，第1節ではアメリカの関心事項である自動車，第2節では韓国の関心事項であるISDS，第3節では韓国の関心事項である繊維にかかる原産地規則，アメリカの関心事項であるグローバル革新新薬の薬価優待制度について考察する[2]。

第1節　自動車

自動車については，「貨物自動車における関税撤廃スケジュールの後ろ倒し」，「安全基準の同等性の認定範囲拡大」が改正により変わった点である。最初に「貨物自動車における関税撤廃スケジュールの後ろ倒し」であり，これは韓国からアメリカに輸出する際に賦課される関税にかかるものである。

貨物自動車（HTSコード4ケタ：8704）については，非高速道路用に設計されたダンプカー（HTSコード6ケタ：870410）は基準税率がゼロであり，米韓FTA発効後（以下，「協定発効後」とする）もこれを継続するとされた。また，非高速道路用に設計されたダンプカーを除く貨物自動車，キャブシャーシ，ディーゼルエンジンを搭載，車両総重量が5トンを超え20トン未満のもの

（HTS コード 8 ケタ：87042210）の基準税率は 4％で，協定発効後にこれを即時に撤廃することとされた。

これ以外の貨物自動車は基準税率が 25％であるが，2007 年にこれを協定発効後 10 年で撤廃し，その間は均等に関税を引き下げていくことで両国が合意した。しかし，2011 年の追加交渉では，協定発効後 8 年次（2019 年 1 月 1 日）までは関税の水準を維持し，ここから 3 年間，8.33％ずつ引き下げ，発効 10 年次（2021 年 1 月 1 日）に関税を撤廃するよう変更することが合意された。

今回の改正では，上記の関税撤廃スケジュールが再度変更された。すなわち，協定発効後 29 年次までは基準税率を維持し，30 年次（2041 年 1 月 1 日）に関税を撤廃することとなった。つまり貨物自動車については，2007 年の合意内容が 2011 年の修正協議で，さらに今回改正でもアメリカに有利になるよう変更された。

今回改正で関税引き上げスケジュールが変更された貨物自動車（以下，「貨物自動車」とする）については，現在まで韓国がアメリカに輸出した実績はない。貨物自動車のなかでピックアップトラック，すなわち，無蓋であり小型の貨物自動車が重要であるが，国内販売は 2017 年で 274 万台であり，自動車販売台数の 16％を占めている。そして 2017 年までの 5 年間の販売台数の伸び率も 40％以上と，自動車販売台数の伸び率を大きく上回っている。

ただし，アメリカ国内におけるピックアップトラック販売は国内メーカーの独壇場である。2011〜2017 年の統計をみても韓国からの輸入はもちろんのこと，NAFTA 域内からの輸入もない。そして，GM，フォード，クライスラーの，アメリカの自動車メーカービッグ 3 が 8 割以上のシェアを持っている。アメリカのピックアップトラック市場は，乗用車などと異なり，需要者が国内産を選好し，アメリカブランドが確立されている[3]。

このような状況では，韓国の自動車メーカーがアメリカのピックアップトラック市場に新規参入することは現実的ではない。米韓 FTA の改正以前には，現代・起亜自動車や双龍自動車がアメリカ市場に進出することを検討していたが，関税撤廃スケジュールの変更で市場進出が難しくなったとする報道もある[4]。しかし，今回改正によるスケジュール変更がなくても韓国の自動車メーカーのアメリカのピックアップトラック市場参入は困難であり，そもそも

韓国メーカーが本気で参入を検討していたかも定かではない。いずれにせよ，今回の改正により韓国のメーカーの市場参入は当分の間なさそうである。

次に「安全基準の同等性の認定範囲拡大」である。2011年の追加交渉で，販売台数が25,000台以内（前年に韓国内で販売された台数基準）である自動車メーカーが生産し，アメリカから韓国に輸入された自動車で，アメリカの自動車安全基準（FMVSS：Federal Motor Vehicle Safety Standards）を遵守しているものは，韓国の自動車安全基準（KMVSS：Korean Motor Vehicle Safety Standards）を遵守しているとみなすことが定められた。

今回の改正では，アメリカの安全基準を満たすことをもって韓国の安全基準を満たしたとみなされる自動車メーカーの前年における韓国での販売実績が，「25,000台以下」から「50,000台以下」へと拡大された。アメリカ産の自動車を韓国で年間25,000台以上販売している自動車メーカーはない。最も販売実績台数が多いメーカーはGMであり，2015～2017年の年間平均販売台数は9,196台である。そしてアメリカのメーカーではフォードが7,357台，クライスラーが4,485台，アメリカのメーカー以外ではBMWが7,300台，ホンダが6,156台，日産が4,720台，トヨタが4,487台である。なお2015年から2017年までの間における単年の最大販売台数はGMの13,103台（2016年）である[5]。

今回改正では，アメリカの自動車安全基準を満たすことで韓国の自動車安全基準を満たしたとみなされるための年間販売台数の上限が2倍に引き上げされた。しかし，改正前の上限である25,000台でさえ，これを超えるメーカーはなかった。今回の改正により実績と上限までの台数の幅が広がり，上限を超えることで翌年の輸出に影響が出る可能性はさらに小さくなった。

第2節　投資家・国家間紛争解決手続き（ISDS）

ISDSについては国際仲裁機関に対する仲裁申し立ての濫用を制限するため，「最恵国待遇条項を紛争処理条項に適用しないことの明文化」，「同一の措置に対する重複申し立ての制限」，「明確に法的根拠を欠いている申し立ての迅速手続きによる早期却下」，「投資家の立証責任負担の明確化」，「具体的な投資行為

がある場合のみ設立前投資として認定」などが改正により反映された。

　第1に「最恵国待遇条項を紛争処理条項に適用しないことの明文化」である。第11章（投資）では，自国の領域内における投資の設立，取得，拡張，経営，営業，管理，運営および売却その他の処分に関し最恵国待遇を与えることが定められている。韓国政府によれば，最恵国待遇条項が紛争解決手続きには適用されないという認識で米韓政府が一致しているが，協定文では明文化されていなかった。そこで今回の改正では，第11章の最恵国待遇条項は紛争処理条項には適用されないことが明文化された。

　実際に最恵国待遇条項を根拠に，投資受入国が第三国と締結した投資協定に定められているより有利な規定を援用して国際仲裁機関に申し立てを行う事案が，韓国ではないが他の国で複数発生している。これに対する仲裁廷の判断は分かれており，援用を認めなかったものがある一方，援用を認めたものもある。今回の改正では，最恵国待遇条項は紛争処理条項に適用できないことを明確にし，投資受入国が第三国と締結した投資協定に定められているより有利な規定を援用することで，投資家が国際仲裁機関に仲裁申し立てを行うことができなくなった。

　第2に「同一の措置に対する重複申し立ての制限」である。改正前の協定には，例えば親会社と子会社といった経済的利害関係を共有する投資家が，投資受入国の政府が講じた同じ措置に対してそれぞれ違った投資協定に基づいて国際仲裁手続きを求める行為，すなわち，国際仲裁手続きへの重複申し立てを制限する規定を置いていなかった。しかし今回の改正では，政府の同一の措置に対し，他の投資協定により国際仲裁手続きが開始・進行している場合，米韓FTAを通じた国際仲裁手続きを開始できないようにした。

　第3に「明確に法的根拠を欠いている申し立ての迅速手続きによる早期却下」である。まず迅速手続きである。これは，仲裁廷が構成された日から45日以内に投資受入国（被申立国）が申し立てた場合，仲裁廷は本事案に対するすべての手続きを中止して，150日以内（60日間の延長が可能）に被申立国の申し立てに対して決定または判定を下す制度である。改正前においては，法律上の問題として申立人に有利な裁定を下すことができる請求ではない場合に被申立国が迅速手続きを申し立てることができた。しかし改正後は，請求が明白に

法的根拠を欠いている場合も申し立てが可能となった。

　第4に「投資家の立証責任負担の明確化」である。改正前の米韓FTAでは，立証責任をだれが負うかについては曖昧にされていた。よって，仲裁人として任命される者によって判断が分かれる可能性があった。今回の改正では，国際仲裁機関に仲裁申し立てを行う投資家がすべての立証責任を負うことが明記された。

　最後に「具体的な投資行為がある場合のみ設立前投資として認定」である。第11章では，投資の範囲に「投資を試みる（attempt to make investment）」も含めている。これにより，米韓FTAでは，設立前の投資に対しても，内国民待遇や最恵国待遇を保障している。しかし「投資を試みる（attempt to make investment）」の意味が不明確であるため，投資家の範囲が拡大解釈される可能性があり，仲裁申し立ての濫用につながる可能性が否定できなかった。

　つまり，単純な市場調査などのように具体的な投資行為とみなせないものまで設立後と同一に扱われ保護される可能性があったわけであるが，改正後は設立前の概念を，資本の認定や許可，あるいは免許の申請やそれと同等の具体的な投資行為がある場合に限定し，拡大解釈を制限した。

　ちなみに投資協定などにもとづいて韓国が被申立国となっている事案は6件あり，2018年に申し立てがなされた3件はすべて米韓FTAにもとづく請求である。そして，それ以前には，韓ベルギー・ルクセンブルグ投資協定にもとづく事案（請求年：2012年），韓オランダ投資協定にもとづく事案（2015年），韓イラン投資協定にもとづく事案（2015年）がある。なお，2018年の3件のうち2件は，韓国企業に投資したアメリカ人の株主が米韓FTAの紛争処理条項にもとづき国際仲裁機関に仲裁申し立てを行った事案である。

　また韓国人の投資家が国際仲裁機関に仲裁申し立てを請求したケースは5件あり，CIS投資者管理協約にもとづいたキルギスタンを対象とした事案（請求年：2013年），韓中投資協定にもとづく事案（2014年），韓オマーン投資協定にもとづく事案（2016年），韓サウジアラビア投資協定にもとづく事案（2017年），韓ベトナム投資協定にもとづく事案（2018年）である[6]。今回の改正が，韓国が被申立国になる事案，韓国人の投資家が申立人となる事案にどのような影響を及ぼすのかは未知数であり，今後の動向に注視が必要である。

第3節　繊維にかかる原産地規則およびグローバル革新新薬の薬価優待制度

　まず繊維にかかる原産地規則である。米韓 FTA における繊維・繊維製品に関する原産地基準は，使用される原糸などが域内産でなければならないという，いわゆる原糸基準（ヤーンフォワード・ルール）である。つまり韓国で生産された繊維製品であっても，輸入した原糸が使われていれば韓国産とは認められず，この繊維製品をアメリカに輸出しても米韓 FTA による恩恵を受けることはできない。

　しかしながら韓国からアメリカへの輸出について，この原産地基準の例外として米韓 FTA に明示されている繊維製品もある。絹織物，リネン織物，合繊女性ジャケット，合繊男性シャツなどの品目が例外として明示されており，域外産の糸を使用しても原産地と認定される。また，絹糸，ビスコースレーヨンなどの原糸の場合，完成品の生産に域外産の原糸が投入されていても原産地と認定される。今回の改正では，例外適用品目の拡大につき原産地基準の改正を行うため協議を行う手続きが示されたが，例外として明示される品目の拡大はなされなかった。

　次にグローバル革新新薬の薬価優待制度である。これは協定の履行に関するものであり，「グローバル革新新薬の薬価優待制度」を韓米 FTA に合致するよう 2018 年末までに改正することが合意され，合意した通り制度改正が行われた。

　グローバル革新新薬の薬価優待制度は，国内の製薬会社によるグローバル新薬開発を促進することで製薬産業の競争力を強化するため 2016 年 10 月に創設された。この制度の根拠は，健康保険審査評価院の「薬剤の療養給与対象可否などの評価基準および手続きなどに関する規定」（以下，「規定」とする）で定められている。グローバル新薬とは，国内の保健医療に対する寄与度が高く，臨床的な有用性が改善した新薬であるが，優待を受けるためには企業要件と品目要件をともに満たす必要がある。まず 2018 年末に規定が改正されるまでの企業要件は，「製薬産業育成および支援に関する特別法にもとづき保健福祉部

長官より革新型製薬企業として認定を受けた企業[7]，あるいは，R&D 投資比率が革新型製薬企業の平均以上であるなどの要件を満たし，薬剤給与評価委員会から革新型新薬企業に準ずると認定された企業」を満たすことであった。

また品目要件は，「国内において世界で初めて許可を受けた新薬であり，a）国内で前工程生産，b）国内と外国系製薬企業の間で該当品目が共同契約を通じて研究開発，c）社会的寄与のいずれかを満たすこと」，「許可のための臨床試験が国内で行われること」の両方を満たすことであった。以上の要件からわかるように，2018年末に規定が改正されるまでは，韓国内の企業が薬価優待を受けやすかった。

グローバル革新新薬の薬価については，① 費用対効果を立証しない場合は，代替薬剤，すなわち，同一の疾患に使用する既存の薬剤の最高価格の 10％を加算，② 費用対効果を立証した場合は，革新価値を経済性評価に反映させるなどの優待を受けることができる。さらに，グローバル革新新薬は，審査評価院の評価期間が 120 日から 100 日，健康保険公団の薬価協議期間が 60 日から 30 日に短縮される[8]。

グローバル革新新薬の薬価優待制度については，韓国内の製薬企業に有利な制度であったため，外国の企業から批判されていた。そこで今回の米韓 FTA の改正協議では，優待を受けるための要件が全面的に見直すことが求められた。そして，両国の合意にもとづき 2018 年の末に規定が改正された。

まず企業要件として，「WTO が推薦する必須医薬品あるいは韓国の薬事法による国家必須医薬品を輸入・生産し，国内に円滑に供給していることが確認される企業」，「薬剤供給義務違反をしていない，または，リベート行為などの違反による行政処分を受けたことがない企業」の両方を満たすことが求められた。さらに品目要件は，「既存の代替治療剤がないなど，世界で最初に許可を受けた革新的な新薬」となった。そして革新的な新薬とされるには，「生存期間延長など臨床的に意味がある改善が立証される」，「アメリカ食品医薬品局（FDA：Food and Drug Administration）の画期的医薬品指定（BTD）がなされる，または欧州医薬品庁（EMA：European Medicines Agency）の迅速審査（PRIME）が許可される」，「稀少疾患治療剤や抗がん剤である」などの要件を満たす必要がある。

規定の改正により，グローバル革新新薬の薬価優待制度の恩恵を受けることができるための要件が全面的に変わり，韓国内の企業が恩恵を受けることが難しくなり，外国の企業は逆に恩恵を受けやすくなった。

おわりに

本章では，2019年1月1日に発効した改正米韓FTAについて改正前後の変化を，①自動車，②ISDS，③繊維にかかる原産地規則，④グローバル革新新薬の薬価優待制度に分けて考察した。

アメリカの関心事であった自動車については，貨物自動車の関税撤廃スケジュールが大幅に後ろ倒しされた。また，アメリカの安全基準を満たすことをもって韓国の安全基準を満たしたとみなされる自動車メーカーの要件も緩和された。韓国の自動車業界などが受ける影響は大きくないと推測されるが，アメリカの要求が通ったと考えてよいだろう。グローバル革新新薬の薬価優待制度は，米韓FTAの履行に関する事項であるが，アメリカの要求が受け入れられ，すでに制度の変更がなされた。

韓国の関心事であったISDSについても，申し立ての濫用を防ぐためにいくつかの改正が受け入れられた。しかし繊維にかかる原産地規則については，今回の改正では，原糸基準（ヤーンフォワード・ルール）の例外品目の拡大には至らなかった。

アメリカは農産品に関する要求を行ったようであるが，これが反映されることはなかった。よって今回の米韓FTAの改正では，アメリカの要求がすべて反映されたわけではないものの，相対的にみれば韓国の方がより多くの譲歩をした結果に終わったといえよう。

注
1) 米韓FTA改正のスケジュールについては，産業通商資源部の報道資料および国会外交統一委員会に提出された審査報告書などによる。
2) 以下の節で扱う，自動車，ISDS，繊維にかかる原産地規則，グローバル革新新薬の薬価優待制度についての改正点などの記述は，主に産業研究院（2018），産業通商資源部（2018），外交統一委員会主席専門委員（2018）を参照して記述した。

3） ピックアップトラックに関する記述は，産業研究院（2018）25ページによる。なお，ピックアップトラックが自動車販売台数に占める割合および販売台数の伸び率などは，毎日経済新聞電子版「鉄鋼輸出が半分に減少，アメリカの黄金市場，"ピックアップトラック"の輸出も海を渡る」（2018年3月26日）による。
4） 例えば，毎日経済新聞電子版「鉄鋼輸出が半分に減少，アメリカの黄金市場，"ピックアップトラック"の輸出も海を渡る」（2018年3月26日）など。
5） 韓国で販売されたアメリカ産の自動車のメーカー別の数値などは，産業研究院（2018）39ページに記載されている数値などによる。
6） 韓国が被請求国となった事案，韓国人が請求した事案は，ともに国会立法調査処（2018）12ページによる。事案の件数は2018年11月22日現在のものである。
7） 革新型製薬企業とは，「製薬産業育成および支援に関する特別法」で定義される企業である。具体的には，①新薬の研究開発などに一定規模以上の投資をする国内の製薬企業，②国内で一定規模以上の新薬研究開発投資実績があり新薬研究開発を遂行している外国系の製薬企業である。一定規模とは，年間の医薬品売上額が1,000億ウォン未満の製薬企業の場合は，年間50億ウォン，または年間の医薬品売上額の100分の7である。また年間の医薬品売上額が1,000億ウォン以上の製薬企業の場合は，年間の医薬品売上額の100分の5である。さらにアメリカまたはヨーロッパの政府や公共機関から適合判定を受けた医薬品製造や品質管理基準を保有する製薬企業の場合は，年間の医薬品売上高の100分の3である。
8） グローバル革新新薬優待制度については，保健福祉部「―新薬開発および海外技術移転成功に向けた保健医療技術ライセンシングフォーラム開催―，―グローバル新薬等開発促進のための薬価改善案施行（10.24）―」（報道資料：2016年10月20日）も参照した。

参考文献（すべて韓国語文献であり順序はハングルのカナタラ順としている）

国会立法調査処［국회입법조사처］（2018）「개정 한미 FTA「투자자와 국가간 분쟁해결제도」（ISDS）와 향후 과제［改正韓米FTA「投資家と国家間の紛争解決制度」（ISDS）と今後の課題］」。
産業研究院［산업연구원］（2018）「한・미 FTA 개정협상 영향평가［韓・米FTA改正協定影響評価］」。
産業通商資源部［산업통상자원부］（2018）「한・미 FTA 개정협상 결과 상세설명자료［韓・米FTA改正交渉結果の詳細説明資料］」。
外交統一委員会主席専門委員［외교통일위원회 수석전문위원］（2018）「대한민국과 미합중국 간의 자유무역협정을 개정하는 대한민국 정부와 마합중국 정부 간의 의정서 및 2011년 2월 10일 서한교환을 개정하는 대한민국 정부와 마합중국 정부 간의 의정서 비준동의안【정부제출】검토보고서［大韓民国とアメリカ合衆国間の自由貿易協定を改正する大韓民国政府とアメリカ合衆国政府間の議定書および2011年2月10日書簡交換を改正する大韓民国政府とアメリカ合衆国政府間の議定書批准同意案【政府提出】検討報告書］」。

（高安雄一）

第5章

ASEAN と東アジア通商秩序
―― AEC の深化と ASEAN 中心性 ――

はじめに

　東アジアでは ASEAN が経済統合を牽引してきた。1967 年に設立された ASEAN は，東アジアで最も深化した経済統合となっている。1976 年から域内経済協力を進め，1992 年からは ASEAN 自由貿易地域（AFTA）の実現を目指し，2003 年からは ASEAN 経済共同体（AEC）の実現を目指してきた。2015 年 12 月 31 日には ASEAN は遂に AEC を創設し，新たな AEC の目標（「AEC2025」）に向かってきている。さらに ASEAN は，東アジアの地域協力と FTA においても，中心となってきた。アジア経済危機後の ASEAN＋3 や ASEAN＋6 などの重層的な協力において，その中心は ASEAN であった。また ASEAN を軸とした ASEAN＋1 の FTA が確立されてきた。そして 2008 年からの世界金融危機後の構造変化の中で，環太平洋経済連携協定（TPP）が大きな意味を持ち始め，その影響を受けて 2011 年には ASEAN は東アジア地域包括的経済連携（RCEP）を提案した。2016 年 2 月には TPP が 12 カ国で署名され，さらに ASEAN と東アジアの経済統合を追い立ててきた。
　しかしながら，2017 年 1 月にトランプ氏がアメリカ大統領に就任し，ASEAN と東アジアの通商体制は大きく変化してしまった。トランプ大統領は従来の通商政策を逆転させ，保護主義と貿易摩擦を引き起こした。大統領就任直後にアメリカは TPP から離脱し，さらに中国をはじめ世界各国からの輸入に高関税を掛けて貿易摩擦を引き起こした。保護主義と貿易摩擦の拡大は，大きな負の影響を世界経済に与えている。
　保護主義の拡大は，ASEAN を含めた東アジアの通商秩序にも多くの影響を

与える。保護主義が拡大する中で，ASEAN は AEC を着実に深化させてきている。2018 年 1 月には AEC の関税撤廃が完了した。ASEAN が提案した RCEP は，2018 年の交渉妥結は出来なかったが，2019 年秋の妥結を目指している。RCEP の交渉妥結は，東アジアにおける ASEAN の中心性維持に大きく関係する。

　筆者は，世界経済の構造変化の下での ASEAN と東アジアの経済統合を長期的に研究してきている。本章では，それらの研究の延長に，現在の保護主義拡大下で AEC がどのように深化してきているか，東アジア通商秩序における ASEAN 中心性は維持されるか，について考察したい。

第 1 節　ASEAN 経済統合の展開と東アジア

1. ASEAN 経済統合の展開と東アジア

　東アジアでは ASEAN が経済統合をリードしてきた。1967 年に設立された ASEAN は，当初の政治協力に加え，1976 年の第 1 回首脳会議と「ASEAN 協和宣言」より域内経済協力を開始した。1976 年からの域内経済協力は挫折に終わったが，ASEAN 域内経済協力は 1987 年の第 3 回首脳会議を転換点として，1985 年 9 月のプラザ合意を契機とする世界経済の構造変化をもとに，「集団的外資依存輸出指向型工業化戦略」へと転換した。その後，1992 年から ASEAN 自由貿易地域（AFTA）が推進され，また冷戦構造の変化を契機に CLMV 諸国が ASEAN に加盟した。1997 年のアジア経済危機以降の構造変化のもとで，さらに協力・統合の深化が目標とされた[1]。

　2003 年 10 月の第 9 回首脳会議における「第 2 ASEAN 協和宣言」は，ASEAN 経済共同体（AEC）の実現を打ち出した。AEC は，2020 年までに物品（財）・サービス・投資・熟練労働力の自由な移動に特徴付けられる単一市場・生産基地を構築する構想であった。2007 年 1 月の第 12 回 ASEAN 首脳会議では，ASEAN 共同体創設を 5 年前倒しして 2015 年とすることが宣言され，2007 年 11 月の第 13 回首脳会議では，AEC の 2015 年までのロードマップである「AEC

56　第Ⅰ部　揺らぐアジアの通商秩序

第5-1図　ASEANを中心とする東アジアの地域協力と経済統合

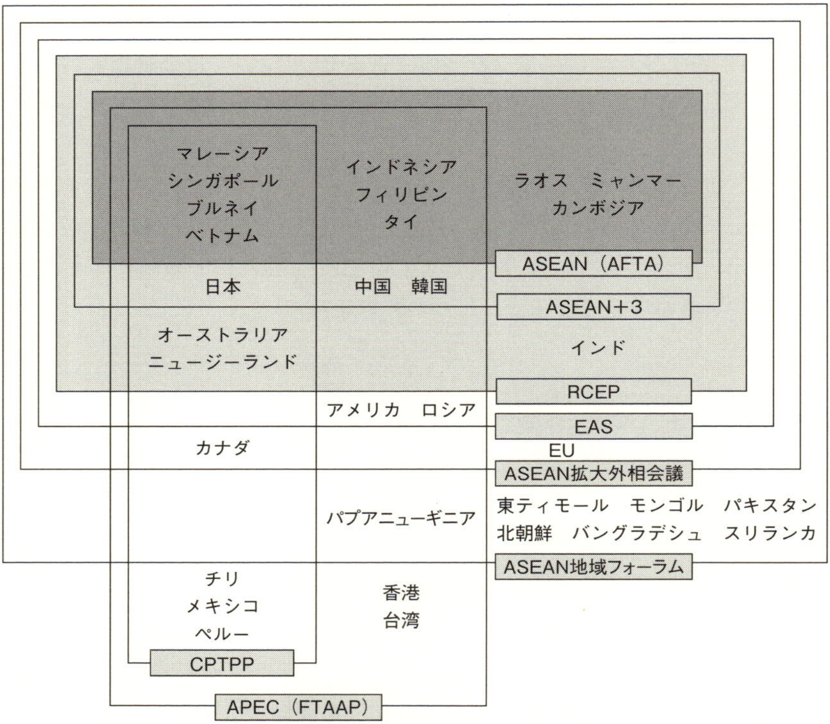

[図：ASEANを中心とする入れ子状の地域協力枠組み図]

内側から：
- マレーシア、シンガポール、ブルネイ、ベトナム／インドネシア、フィリピン、タイ／ラオス、ミャンマー、カンボジア：ASEAN（AFTA）
- 日本／中国　韓国：ASEAN＋3
- オーストラリア、ニュージーランド／インド
- RCEP
- アメリカ　ロシア：EAS
- EU
- カナダ：ASEAN拡大外相会議
- パプアニューギニア
- 東ティモール　モンゴル　パキスタン　北朝鮮　バングラデシュ　スリランカ：ASEAN地域フォーラム
- チリ、メキシコ、ペルー／香港、台湾
- CPTPP
- APEC（FTAAP）

ASEAN：東南アジア諸国連合，AFTA：ASEAN自由貿易地域，
RCEP：東アジア地域包括的経済連携，
EAS：東アジア首脳会議，
CPTPP：包括的及び先進的なTPP,
APEC：アジア太平洋経済協力，FTAAP：アジア太平洋自由貿易圏。
注）（　）は自由貿易地域（構想を含む）である。
出所）筆者作成。

ブループリント」が発出された。

　ASEANは，東アジアの地域経済協力においても，中心となってきた（第5-1図，参照）。東アジアではアジア経済危機への対策を契機に，ASEAN＋3やASEAN＋6などの地域経済協力が重層的・多層的に展開しており，その中心はASEANであった。また5つのASEAN＋1のFTAが，ASEANを軸として確立されてきた。ただし東アジア全体のFTAは，日本が推す東アジア包括的地

域連携（CEPEA）と中国が推す東アジア自由貿易地域（EAFTA）が対抗して進まなかった。

2. 世界金融危機後の ASEAN と東アジア

　2008年の世界金融危機後の構造変化は，さらに ASEAN と東アジアに大きな転換を迫ってきた。その構造変化の下で TPP にアメリカも参加し，TPP が大きな意味を持つようになった。TPP は 2010 年 3 月に 8 か国で交渉が開始された。TPP がアメリカをも加えて確立しつつある中で，それまで進まなかった東アジア全体の FTA も推進されることとなった。2011 年 8 月に日本と中国は共同提案を行い，CEPEA と EAFTA を区別なく進めることに合意した。それに対応して ASEAN は，2011 年 11 月 17 日の ASEAN 首脳会議で，これまでの CEPEA と EAFTA，ASEAN＋1 の FTA の延長に，ASEAN を中心とする新たな東アジアの FTA である RCEP を提案した。

　2013 年 3 月 15 日には日本が TPP 交渉参加を正式に表明し，東アジアの経済統合にさらにインパクトを与えた。5 月には RCEP 第 1 回交渉が行われた。7 月には第 18 回 TPP 交渉会合において日本が TPP 交渉に正式参加した。2015 年 10 月 5 日には TPP 閣僚会議において TPP 協定が大筋合意され，2016 年 2 月 4 日には TPP 協定が署名された。こうして世界金融危機後の変化と TPP が，ASEAN と東アジアの経済統合を追い立ててきた。

3. AEC の創設と新たな目標「AEC2025」

　東アジアの経済統合を牽引する ASEAN は，着実に AEC の実現に向かい，2015 年 12 月 31 日には AEC を創設した。AEC は東アジアで最も深化した経済統合である。AEC では，関税の撤廃に関して，AFTA とともにほぼ実現を果たした。AFTA は東アジアの FTA の先駆であるとともに，東アジアで最も自由化率の高い FTA である。先行加盟 6 カ国は，2010 年 1 月 1 日にほぼすべての関税を撤廃した。2015 年 1 月 1 日には，CLMV 諸国の一部例外を除き，全加盟国で関税の撤廃が実現された。ただし CLMV 諸国においては，関税品目表

の7％までは2018年1月1日まで撤廃が猶予された。ASEAN10カ国全体での総品目数に占める関税撤廃品目の割合は95.99％に拡大した。原産地規則の改良や自己証明制度の導入，税関業務の円滑化，ASEANシングル・ウインドウ（ASW），基準認証等も進められた。さらにサービス貿易の自由化，投資や資本の移動の自由化，熟練労働者の移動の自由化も徐々に進められている。また輸送プロジェクトやエネルギープロジェクト，知的財産権，経済格差の是正等多くの取り組みもなされてきている[2]。

2015年11月の首脳会議では，新たなAECの目標（「AECブループリント2025」）を打ちだし，2025年に向けて，更にAECを深化させようとした。「AECブループリント2025」は，「A. 高度に統合され結合した経済」，「B. 競争力のある革新的でダイナミックなASEAN」，「C. 連結性強化と分野別統合」，「D. 強靭で包括的，人間本位・人間中心のASEAN」，「E. グローバルASEAN」の5つの柱を示した[3]。「AECブループリント2025」は，これまで達成してきた関税撤廃等の成果の延長に，未達成の部分を達成して統合を深化させる現実的路線と言えるが，今後，さらに統合の加速を迫られ，新たな目標を追加あるいは達成時期を前倒しする可能性があろう。

第2節　トランプ大統領就任後の保護主義の拡大

1．トランプ大統領の就任とアメリカのTPP離脱

TPP署名が，さらにASEANと東アジアの経済統合を進めると考えられたが，2016年11月8日にはアメリカの大統領選でトランプ氏が当選し，大きな衝撃を与えた。2017年1月20日には実際にトランプ氏がアメリカ大統領に就任し，1月23日にはホワイトハウスでTPPからの離脱に関する大統領令に署名して，アメリカはTPPから離脱した。またトランプ大統領は，NAFTAや米韓FTAの再交渉や，多国間ではなく2国間の貿易交渉を目指し，これまで世界の自由貿易体制を牽引してきたアメリカの通商政策を逆転させてしまった。

アメリカのTPPからの離脱は，ASEANと東アジアの経済統合にも大きな負

の影響を与えた。アメリカの TPP 離脱以前には，第 1 に TPP は ASEAN 経済統合を加速し，追い立ててきた。TPP 交渉の進展に追い立てられながら，ASEAN の経済統合は 2015 年末の AEC 実現へ向けて着実に進められてきた。第 2 に，TPP が，RCEP という東アジアの広域の経済統合の実現を追い立て，RCEP がさらに ASEAN の統合を追い立ててきた。第 3 に，TPP の規定が ASEAN 経済統合を更に深化させる可能性もあった。たとえばマレーシアやベトナムの政府調達や国有企業の例などである。しかしアメリカの TPP 離脱後には，それらの作用が発揮されることは難しくなってしまった[4]。

2. 保護主義と米中貿易摩擦の拡大

アメリカ発の保護主義と貿易摩擦は，さらに世界経済を大きく揺さぶってきた。トランプ大統領は，TPP 離脱とともに，NAFTA や米韓 FTA 等の再交渉を行い，更には世界各国からの輸入に高関税を掛け，貿易摩擦を引き起こした。とりわけ 2018 年からの中国との貿易摩擦は，大きな負の影響を世界経済に与えている。トランプ政権のアメリカは，2018 年 3 月 23 日には通商拡大法 232 条によって鉄鋼とアルミニウムにそれぞれ 25％と 10％の追加関税を掛けた。これは中国を含め世界各国向けに実施され，この措置に対抗して中国は，4 月 2 日にアメリカからの果物や鉄鋼製品等に 15％，豚肉とアルミニウム製品に 25％の追加関税を掛けた[5]。

アメリカは，さらに中国向けの措置として，通商法 301 条に基づき，7 月 6 日には中国からの 340 億ドル相当の輸入に 25％の追加関税を掛けた。他方，中国は，報復措置としてアメリカからの 340 億ドル分の輸入に 25％の関税を掛けた。次に 8 月 23 日には，アメリカはこの第 2 弾の措置として，中国からの 160 億ドル分の輸入に 25％の追加関税を掛けた。この措置に対して中国は，アメリカからの 160 億ドル分の輸入に 25％の追加関税を掛けた。さらに 9 月 24 日には，アメリカはこの第 3 弾として中国からの 2,000 億ドル分の輸入に 10％の追加関税を掛け，他方，中国はアメリカからの 600 億ドル分の輸入に 5～10％の追加関税を掛けた。これらの措置により，現在，アメリカは中国からの輸入額の約 50％に高関税を掛ける一方，中国はアメリカからの輸入額の約 70％に高

関税を掛ける事態となってしまった。

　保護主義と米中貿易摩擦の拡大は，世界経済へ大きな負の影響を与えている。米中両国経済にはもちろん，アメリカや中国に部品や中間財を提供する国や企業にも，大きな打撃を与えている。特に，巨大な生産ネットワークの中で部品・中間財を相互に貿易して急速に発展してきているASEANと東アジアへの打撃は大きい。また世界の2大経済大国である米中経済の成長が鈍化し，さらには世界全体の成長が鈍化することは，世界経済全体に大きな負の影響を与える。

第3節　保護主義拡大下のAECの深化

1.　保護主義拡大下のAECの深化

　世界経済で保護主義が拡大してきたが，ASEANは着実に「AEC2025」の目標へ向かい，AECを深化させてきた。AECは，東アジアで最も深化した経済統合となっている。2017年2月には，「AECブループリント2025」の詳しい行動計画を示す「ASEAN統合戦略的行動計画（CASP）」が採択された。その後，2018年8月にはさらに改訂版が出されている。「AEC2025」は，「AEC2015」で達成できなかった目標の達成や新たな課題への挑戦を行おうとしており，その具体的な行動計画をまとめたものが，CASPである。今後，CASPに沿って2025年に向けて，より具体的な行動が採られるであろう[6]。

　2018年1月1日には，2015年1月1日から3年間猶予されていた，CLMV諸国における7％の品目に関しても関税が撤廃され，AECの関税撤廃が完了した。たとえば，ベトナムでは，自動車や自動車部品等の品目を猶予品目に入れていたが，遂にそれら品目の関税も撤廃された。関税撤廃の完成は，AECの深化においてきわめて重要な出来事である。この点に関しては，次項で詳しく述べる。

　AECでは，関税の撤廃ともに，自己証明制度の導入，税関業務の円滑化，ASEANシングル・ウインドウ（ASW），基準認証等が，更にサービス貿易の

自由化，投資や資本の移動の自由化，熟練労働力の移動の自由化が進められてきた。サービス貿易の自由化に関しては，2018年8月に「ASEANサービス枠組み協定（AFAS）最終パッケージ（第10パッケージ）」の交渉が妥結し，署名された。2018年11月には，「ASEANサービス貿易協定（ATISA）」交渉が妥結した。ASEANにおけるサービス貿易の自由化に関しても，制度化が進められている。

新たな分野に関する制度化では，2018年11月に「ASEAN電子商取引協定」が署名された。ASEANにおける初の電子商取引分野の協定である。電子商取引などの新たな分野においても，ASEANにおける制度化が進められつつある。ASEANにおいては，電子商取引も急速に拡大しており，今後，このような分野における制度化・ルール作成は更に必要となろう。

2. 関税撤廃の完成とベトナムの「政令116号」

2018年1月1日には遂にAECの関税撤廃が完了した。すなわち2018年1月1日には，CLMV諸国の7％の猶予品目の関税が撤廃され，AFTAが完成した。ASEANでは，1992年1月の第4回首脳会議でAFTAの設立が合意され，1993年1月から実際に各国で関税が引き下げられてきたが，最終的にそれが完成した[7]。

2018年1月に各国で関税撤廃が猶予されていた600超の品目の関税が新たに撤廃され，CLMV諸国の関税撤廃率は98.1％に達した。ベトナムでは，2017年に自動車や自動車部品に掛けられていた30％の関税が撤廃された。

しかしながら，ベトナムでは2018年1月からきわめて輸入禁止的な政策が採られることとなった[8]。2017年10月17日に公布された「政令116号」により，2018年1月から完成車を輸入する場合に，輸入者は，検査時にタイなど他国政府が発行する認可証を提出すること，輸入ロット（一船）ごと・車両仕様別に交通運輸省登録局（VR）による排気量および安全性能検査を行うことが義務付けられた。こうして2018年1月1日には，AFTAによって関税が撤廃されたにもかかわらず，「政令116号」が発効し，完成車輸入が全面的にストップしてしまった。2018年3月にタイからの完成車輸入が，4月にインドネシアから

の輸入が再開したが，2018年1-6月の輸入車の販売台数は49.5%減の1.9万台であった[9]。

「政令116号」による措置はきわめて輸入禁止的な非関税措置であり，ASEAN経済統合の深化に逆行する。「政令116号」に対しては，ASEANとしての対策が必要である。ASEAN事務局によると，タイとインドネシアはATIGA調整委員会（CCA）に問題を提起した。またベトナムの措置に対して，2社がASEAN投資・サービス・貿易解決（ASSIST）によって申し立て行い，ASEAN事務局もこの件を非関税障壁で生じている問題として実例マトリクスに登録した[10]。

AECは2025年に向けて着実に深化を続けている。ただしベトナムのような政策が出される中で，また世界全体で保護主義が台頭する中で，「政令116号」や非関税障壁に対するASEAN各国やASEANとしてのさらなる対策が必要である。そして保護主義の拡大の中で，このような措置がASEANに広まらないようにしなければならない。

第4節　RCEPとASEAN中心性

1. 保護主義拡大下の東アジア経済統合とRCEP

アメリカ発の保護主義と貿易摩擦の拡大は，ASEANと東アジアの経済にも大きな打撃を与える。TPPからアメリカが離脱して保護主義が拡大する中で，日本はアメリカ抜きの11カ国によるTPP11を提案し，その交渉をリードした。2017年5月の交渉会合で日本が提案したTPP11が交渉開始され，2018年3月8日には包括的及び先進的なTPP協定（CPTPP）が11カ国によって署名されて，12月30日に遂に発効した。CPTPPは，5億人の人口，世界のGDPの約13%，貿易総額の15%の規模を有するメガFTAとなる。2019年2月1日には日本EU・EPAも発効した。オリジナルのTPPは，AECやRCEP，日本EU・EPAを強く後押ししていた。CPTPPも，再度それらを後押しするであろう[11]。

保護主義が拡大する中で，RCEP交渉も進められてきた。RCEPの実現は，

ASEANにとっては，ASEAN中心性の確保につながり，きわめて重要である。RCEPは，2011年にASEANが提案して交渉を牽引してきた東アジアの経済統合・メガFTAである。交渉参加国は，ASEAN10カ国と日本，中国，韓国，オーストラリア，ニュージーランド，インドの16カ国で，世界の人口の約半分の約34億人，世界のGDPと貿易総額の約30％を占める。

　RCEPの目標は，参加16カ国で現代的で包括的かつ質の高い互恵的な連携協定を達成することである。RCEP交渉に関しては，「ASEANの中心性」も規定されている。そして5つのASEAN＋1を越えるFTAを目指すこと，貿易投資を促進し国際的サプライチェーンを支援するとしている。「市場アクセス」，「ルール」及び「協力」が三本柱であり，交渉分野は18の広範囲にわたる。

　CPTPPと日本EU・EPAが発効に向かう中で，RCEP交渉は2018年中の実質合意を目指した。RCEP交渉では，ルールに関する7つの章が妥結し，他の章も妥結に向かってきた。ただし貿易自由化などの市場アクセスと様々なルールを巡って各国間の隔たりが埋まらず，妥結は出来なかった。

　2018年に実質合意が出来なかった原因としては，インド要因も大きかった。インドは中国との貿易赤字を抱えており，今春の総選挙を控えて，更なる貿易自由化には懸念があった。インドネシアも大統領選挙，タイも総選挙を控え，RCEPはそれらの選挙後の今秋の交渉妥結を目指している。2018年11月のRCEP交渉に係る共同首脳声明では，「我々は交渉の最終段階に進んだ。RCEPを2019年に妥結する決意である」と述べた[12]。

　保護主義が拡大する中で，RCEPの実現は，ASEANと東アジアの経済に大きな正の影響を与えるであろう。そしてASEANにとっては，東アジア経済秩序における中心性の確保に直結する。

2．東アジア経済統合におけるASEAN中心性

　最後に，東アジア経済統合あるいは東アジア通商秩序におけるASEAN中心性について考えてみたい。筆者が以前から論じているように，ASEANにおいては，（1987年の域内経済協力から続く）経済統合の政策的特徴が広域の経済統合枠組みの整備を求める。しかし広域枠組みへ埋没する危険が，常に自らの

経済統合の深化と広域枠組みにおけるイニシアチブの獲得を求める。ASEAN にはこのような論理が働いている[13]。

　ASEAN においては，そもそも域内経済協力が，その政策的特徴ゆえに東アジアを含めより広域の経済協力を求めてきた。1987 年からの ASEAN 域内経済協力においては，発展のための資本の確保・市場の確保が常に不可欠であり，同時に，自らの協力・統合のための域外からの資金確保も肝要であった。すなわち集団的外資依存輸出指向型工業化の側面を有してきた。そしてこれらの要因から，東アジア地域協力を含めた広域な制度の整備や FTA の整備は避けられなかった。そして同時に，協力枠組みのより広域な制度化は，常に自らの存在を脅かす。それゆえに，東アジア地域協力の構築におけるイニシアチブの確保と自らの協力・統合の深化が求められるのである。

　これまで ASEAN は，AFTA を達成し AEC を打ち出して自らの経済統合を他に先駆けて進めることと，東アジアの地域協力枠組みにおいてイニシアチブを確保することで，東アジアの広域枠組みへの埋没を免れ，東アジアの経済統合をリードしてきた。1990 年代後半からの ASEAN＋3 や ASEAN＋6 の制度化という東アジアの地域協力の構築の際には，それらの地域協力において ASEAN が中心であること，ASEAN が運転席に座ることを認めさせてきた。たとえば 2005 年からの東アジア首脳会議（EAS）においては，ASEAN が中心であるための参加条件を付けることができた。

　これらの状況の延長に，ASEAN の RCEP の提案があった。世界金融危機後の変化の中で TPP が進められ，それまで進展のなかった東アジア広域 FTA の実現にも，大きな影響を与えた。2011 年 8 月には日本と中国が東アジア広域の FTA を進める共同提案を行い，それに対応して 2011 年 11 月に ASEAN が RCEP の提案を行った。ASEAN にとっては，東アジアの FTA の枠組みは，従来のように ASEAN＋1 の FTA が主要国との間に複数存在し，他の主要国は相互の FTA を結んでいない状態が理想であった。しかし，TPP 確立の動きとともに，日本と中国によって東アジアの広域 FTA が進められる状況の中で，ASEAN の中心性を確保しながら東アジア FTA を推進するというセカンドベストを追及することとなったのである。

　ASEAN にとって RCEP を実現することは，東アジア経済統合における

ASEAN の中心性の維持に直結する。RCEP においても，ASEAN の中心性に関して「RCEP 交渉に当たっては，新たな地域的経済構造における ASEAN の中心性を認識する[14]」と明示されている。RCEP は ASEAN が提案して進めてきており，また交渉16カ国の中の10カ国が ASEAN 諸国である。そして RCEP 構築の動きが，ASEAN 経済統合の深化を迫る。ASEAN は，更に経済統合を深化させていかなければならない。同時に ASEAN が経済統合の深化を進めるためには，ASEAN としての一体性を保持しなくてはならない。

　他方では，これまで ASEAN を巡る周囲の状況が，ASEAN の中心性を受容してきたことも重要であろう。ASEAN が RCEP を提案した背景には，日本が推してきた CEPEA と中国が推してきた EAFTA のどちらも支配的となることが難しい状況があった。それゆえに ASEAN 提案の RCEP が認められた。RCEP が進められ，ASEAN が東アジアの経済統合において中心性を維持し続けるためには，ASEAN を巡る日本と中国の関係，あるいは日中米間の関係がバランスを保ちながら維持されていく事が必要であろう。その点が揺らぐと，ASEAN の中心性の確保が難しくなるであろう。

　現在，東アジアでは政治的経済的に中国の影響力が大きくなってきている。中国による一帯一路も進められている。中国の影響力の拡大やアメリカの政策転換と保護主義の拡大が，このバランスを崩す一因となる可能性も考えられる。

おわりに

　世界で保護主義が拡大する中で，ASEAN は着実に AEC を深化させてきた。2018年1月1日には，遂に AEC の関税撤廃が完了した。ただし他方，ベトナムは「政令116号」を施行した。世界全体で保護主義が拡大する中で，非関税障壁に対する ASEAN 各国や ASEAN としての更なる対策が必要である。ASEAN は，さらに経済統合を深化させていかなければならない。同時に ASEAN としての一体性を確保しなければならない。

　ASEAN が提案して交渉を牽引してきた RCEP は，2018年中の交渉妥結には至らなかったが，2019年秋の交渉妥結を目指している。RCEP は，ASEAN と

東アジアの発展のために重要である。また RCEP は，ASEAN 中心性を確保するためにも不可欠である。

　ASEAN は，東アジアの地域協力と通商秩序において中心性を維持してきた。ASEAN 中心性を維持することは，東アジアの通商秩序の安定にとっても有益である。ASEAN においては，その経済統合の政策的特徴ゆえに，自らの経済統合の深化と広域枠組みにおけるイニシアチブの確保が常に求められてきた。他方では，ASEAN 中心性が維持されるためには，ASEAN を巡る日本と中国の関係，あるいは日中米間の関係がバランスを保つ事が必要である。

　東アジアには，「一帯一路」のような中国主導で，ASEAN が中心とはならない協力もかぶさって来ている。「一帯一路」は，ASEAN に対してインフラ整備という面では正に働くが，東アジアにおける ASEAN の中心性に対しては負に働く可能性がある。また ASEAN の統合を支える ASEAN の一体性にも，負に働くかもしれない。

　米中貿易摩擦は，2019 年に更に拡大した。アメリカは 5 月 10 日には，中国向けの措置の第 3 弾である中国からの 2,000 億ドル分の輸入への 10% の追加関税を，25% に引き上げた。中国も対抗措置として 6 月 1 日に，アメリカからの 600 億ドル分の輸入への追加関税を引き上げた。更に 5 月 13 日には，アメリカは中国向けの措置の第 4 弾として，中国からの 3,000 億ドル分の輸入へ 25% の追加関税を掛ける計画を表明した。米中両首脳は G20 大阪サミットの際の 6 月 29 日に会談し，5 月から止まっていた貿易交渉の再開と中国向け追加関税の第 4 弾の発動の先送りに合意した。しかし 8 月 1 日にトランプ大統領は，中国向けの措置の第 4 弾を 10% の追加関税として 9 月 1 日に発動すると表明した。これまでの第 1 弾から第 3 弾による 2,000 億ドル分の輸入への高関税に加えて，3,000 億ドル分の輸入に高関税が掛かると，中国からのほぼ全輸入に高関税が掛かってしまう。更に 8 月 5 日には，アメリカは更に中国を為替操作国に指定した。アメリカが為替操作国を指定するのは，25 年ぶりの事であった。8 月 6 日に中国は，対中制裁関税の第 4 弾への対抗として，アメリカからの農産品の購入を一時停止すると発表した。8 月 13 日にアメリカは，第 4 弾においてスマートフォン等については関税発動を 12 月 13 日まで延期すると発表したが，米中貿易摩擦の着地点は全く見えない。

保護主義が拡大する中で，AECとともに，ASEANが牽引して東アジアの経済統合を進めるRCEPの役割は大きい。ASEANにとっては，さらに自らの経済統合を深化させるとともに，RCEPを出来るだけ早く確立することが肝要である。

最後に，日本はCPTPP，RCEP，日本EU・EPAの3つのメガFTAを進めて，保護主義に対抗している。更に3つのメガFTAを進めて行かなければならない。日本がASEANと協力して，RCEP交渉を妥結に導く事も肝要である。それはASEANの中心性の維持と東アジアの通商秩序のためにも有益である。現代世界の厳しい通商状況において，日本の役割はきわめて大きい。

注
1) ASEAN経済統合の展開に関しては，清水（2016），参照。またAECに関しては，石川・清水・助川（2016）等を参照。
2) AECの実現状況に関しては，ASEAN Secretariat（2015a, b），石川・清水・助川（2016）等，参照。
3) ASEAN Secretariat（2015c）．
4) トランプ大統領就任とASEAN経済統合に関しては，清水（2017a），参照。
5) 米中貿易摩擦に関しては，真家（2018）等，参照。
6) 「AEC2025」とCSAPに関しては，本書の石川論文，石川（2019）を参照されたい。
7) AFTAに関しては，助川（2016, 2019）等を参照。
8) ASEAN経済統合とベトナムの自動車産業については，清水（2019b, 2019c），参照。
9) フォーイン『アジア自動車月報』2018年8月号，44-45ページ。
10) 2018年9月の日本アセアンセンターとASEAN研究会（ASGT）によるASEANミッションの際のASEAN事務局リロ事務次長（AEC担当）とのインタビューによる。
11) 保護主義下のCPTPPやRCEP，ASEANに関して，清水（2019b）を参照。オリジナルのTPPに関しては，馬田・浦田・木村（2016）等を参照。またCPTPP，RCEP，一帯一路を含めて，最近の東アジアの経済統合に関しては，『アジア研究』（アジア政経学会）第64巻第4号（2018年12月）の「特集　東アジアの経済統合と発展—AEC, RCEP, TPPと一帯一路—」（序論：清水一史，3つの論文：石川幸一，平川均，遊川和郎，コメント論文：大庭三枝）（https://www.jstage.jst.go.jp/browse/asianstudies/list/-char/ja）を参照頂きたい。
12) "Joint Leaders' Statement on the Regional Comprehensive Economic Partnership (RCEP) Negotiations," https://www.mofa.go.jp/mofaj/files/000419160.pdf.
13) 清水（2008, 2017b），参照。
14) "Guiding Principles and Objectives for Negotiating the Regional Comprehensive Economic Partnership," http://www.mofa.go.jp/mofaj/press/release/24/11/pdfs/20121120_03_03.pdf（日本語訳：http://www.mofa.go.jp/mofaj/press/release/24/11/pdfs/20121120_03_04.pdf）．

参考文献
ASEAN Secretariat（2008），*ASEAN Economic Community Blueprint*, Jakarta.
ASEAN Secretariat（2015a），*ASEAN 2025: Forging Ahead Together*, Jakarta.

ASEAN Secretariat (2015b), *ASEAN Economic Community 2015: Progress and Key Achievements,* Jakarta.
ASEAN Secretariat (2015c), *ASEAN Integration Report,* Jakarta.
ASEAN Secretariat (2017), *AEC2025 Consolidated Strategic Action Plan (CSAP),* Jakarta.
ASEAN Secretariat (2018), *AEC2025 Consolidated Strategic Action Plan (CSAP) (updated),* Jakarta.
"Guiding Principles and Objectives for Negotiating the Regional Comprehensive Economic Partnership."
"Joint Leaders' Statement on the Negotiations for the Regional Comprehensive Economic Partnership (RCEP)."
「特集 東アジアの経済統合―AEC, RCEP, TPP と一帯一路―」『アジア研究』(アジア政経学会) 第 64 巻第 4 号 (2018 年 12 月)。
石川幸一 (2019)「ASEAN 経済 2025 の概要と方向性」国際貿易投資研究所 (ITI) (2019b)。
石川幸一・清水一史・助川成也編著 (2016)『ASEAN 経済共同体の創設と日本』文眞堂。
国際貿易投資研究所 (ITI) (2019a)『アジア太平洋経済と通商秩序―過去, 現在, 未来―(山澤逸平先生追悼論叢)』ITI。
国際貿易投資研究所 (ITI) (2019b)『深化する ASEAN 経済共同体 2025 の基本構成と実施状況』ITI。
清水一史 (2008)「東アジアの地域経済協力と FTA」高原・田村・佐藤 (2008)。
清水一史 (2016)「世界経済と ASEAN 経済共同体」石川・清水・助川 (2016)。
清水一史 (2017a)「トランプショックと ASEAN 経済統合」『世界経済評論』第 61 巻第 5 号。
清水一史 (2017b)「ASEAN 経済統合の深化と ASEAN Centrality」『国際問題』第 665 号。
清水一史 (2019a)「世界経済における保護主義拡大下のメガ FTA と日本」国際貿易投資研究所 (ITI) (2019a)。
清水一史 (2019b)「保護主義拡大下の ASEAN と東アジア経済統合」国際貿易投資研究所 (ITI) (2019b)。
清水一史 (2019c)「ASEAN 経済統合と自動車産業―AEC の深化と FTA 環境の変化の中で―」,『経済学論纂』(中央大学) 第 60 巻 1 号 (長谷川聰哲教授古希記念論文集)。
馬田啓一・浦田秀次郎・木村福成編 (2016)『TPP の期待と課題―アジア太平洋の新通商秩序―』文眞堂。
助川成也 (2016)「物品貿易の自由化に向けた ASEAN の取り組み」石川・清水・助川 (2016)。
助川成也 (2019)「ASEAN 経済共同体 2025 での物品貿易自由化に向けた取り組み」国際貿易投資研究所 (ITI) (2019b)。
高原明生・田村慶子・佐藤幸人編・アジア政経学会監修 (2008)『現代アジア研究 1：越境』慶応義塾大学出版会。
フォーイン (FOURIN)『アジア自動車月報』。
フォーイン (FOURIN) (2017)『ASEAN 自動車産業 2017』フォーイン。
真家陽一 (2018)「米中経済の相互依存関係を踏まえた貿易戦争の現状と今後の展望」,『CISTEC Journal』2018 年 9 月号。

(清水一史)

第 6 章

米中経済摩擦に対する TPP からの政策的示唆[1]

はじめに

　2017年に成立した米国のトランプ政権の下で，米中間の経済摩擦は激化しつつある。トランプ大統領個人がまずやり玉に挙げているのは米国の中国に対する貿易赤字であるが，一方で議会民主党などは知的財産権，国有企業の優遇などの問題を重視しており，それらが米国全体としての対中強硬姿勢にも反映されていると見られている。米中間の摩擦は通商に留まらず，これらを含めて経済摩擦となっている。

　実は知的財産権，国有企業についての国際的なルール作りは，これまで米国が主導してきた TPP（環太平洋連携協定）の中に盛り込まれていた。本章では TPP を巡る経緯を振り返り，そこで行われた議論を整理し，今後の米中経済摩擦の解消に向けた考察の材料としたい。

第 1 節　TPP の展開

　本節では TPP の構想が生み出された背景と現在に至るまでの経緯を，中島（2015）に加筆する形で整理した。

1. TPP 構想とその具体化

　21世紀初頭，アジア太平洋地域では ASEAN を核とする広域の制度的経済統合が議論されていた。その 1 つは ASEAN10 カ国に日本，中国，韓国の北東ア

ジア3カ国を加えた東アジア自由貿易協定（EAFTA）であり，もう1つがその13カ国に豪州，ニュージーランド，インドを加えた16カ国による東アジア包括的経済連携（CEPEA）である。

　こうした状況で，アジア太平洋おける一方の主要貿易国である米国は，APEC（アジア太平洋経済協力）を舞台として，これらに対抗する対東アジア通商政策を打ち出してきた。それがすなわちAPEC全体を領域とするFTAAP（アジア太平洋自由貿易地域）構想であり，そこから生まれてきたTPPである。その経緯は（第6-1表）にまとめたようになっている。日本もこの動きに対応し，2009年11月に鳩山政権の発表した「新成長戦略（基本方針）」に，2020年を目途にFTAAPを構築するためのロードマップを策定することが明記された。

　しかし一方で，FTAAPは日米中など世界の主要な貿易国を領域とし，多くの利害を調整する必要が見込まれ，短期的には合意に到達することが困難と考えられる。そこでFTAAPに至るステップとして，APECメンバーのうち有志によるFTA，すなわちTPPを先行させる戦略をとった。

　ブッシュ政権は2008年9月にシンガポール，ニュージーランド，チリ，ブルネイの4カ国によるFTA，環太平洋戦略的経済連携協定（Trans-Pacific Strategic Economic Partnership：P4，後のTPP）に参加することを表明した。オバマ政権への移行に伴い，米国のTPPの協議への参加は当初の予定より遅れたが，2010年3月には米国も参加し，公式協議が開始された。

　一方，日本の菅政権は2010年10月にTPP交渉への参加の検討を表明した。同年11月に横浜で開催された第18回APEC首脳会議において，TPPはEAFTA，CEPEAと並んで，FTAAP実現に向けた具体的道筋の1つと位置づけられた。合意において三者が併記されたことは，APECにおける東アジア諸国，特に中国の立場に対する一定の配慮と解釈できた。

　TPPは内容的には基本的に関税撤廃の例外品目を認めず，サービス，投資，知的財産権などモノの貿易以外の分野についても包括的な合意を目指す，先進的な「21世紀型」のFTAを指向していた。TPP交渉を通じてこうしたレベルの高い自由化の合意形成がなされれば，それが将来のFTAAPにおける自由化のルールを先取りすることとなるとされた。

第 6 章　米中経済摩擦に対する TPP からの政策的示唆

第 6-1 表　TPP に関する動き

年	月	事項
2004 年	11 月	チリ・サンチアゴで開催された第 12 回 APEC 首脳会議で，ABAC[注1]が FTAAP を提案
2006 年	7 月	環太平洋戦略的経済連携協定（P4）発効（メンバー国：シンガポール，ニュージーランド，チリ，ブルネイ）
	11 月	ベトナム・ハノイで開催された第 14 回 APEC 首脳会議で，FTAAP が議題として取り上げられる
2008 年	9 月	米国通商代表部，P4 への参加を正式に発表
	11 月	オーストラリア，ペルー，P4 への参加を表明[注2]
2009 年	11 月	オバマ米大統領，東京都内で行った演説で TPP への参加を正式表明
	11 月	シンガポールで開催された第 17 回 APEC 首脳会議で，FTAAP 構想の検討の継続が宣言文に盛り込まれる
	12 月	鳩山政権の発表した「新成長戦略（基本方針）」に，2020 年を目途に FTAAP を構築するためのロードマップを策定することが明記される
2010 年	3 月	米国，オーストラリア，ペルー，ベトナム（当初はオブザーバー参加，12 月から正式参加）が加わった TPP の第一回交渉が開始
	10 月	菅首相，所信表明演説で TPP 交渉への参加検討を表明
	10 月	マレーシアが TPP 交渉に参加
	11 月	横浜で開催された第 18 回 APEC 首脳会議において，FTAAP の実現に向け具体的な手段をとることで合意．(1) EAFTA（ASEAN＋3），(2) CEPEA（ASEAN＋6），(3) TPP をそれぞれ FTAAP への道筋として例示
2011 年	11 月	ホノルルで開催された第 19 回 APEC 首脳会議において，野田首相が「TPP 交渉参加に向けて関係国と協議に入ること」を表明 カナダ，メキシコも TPP 交渉参加を表明
2012 年	11 月	カナダ及びメキシコが TPP 交渉に参加
2013 年	3 月	安倍首相が TPP 交渉への参加を表明
	8 月	日本が TPP 交渉に参加
2016 年	2 月	TPP 調印
2017 年	1 月	トランプ米大統領就任，TPP からの離脱を表明
2018 年	3 月	米国を除く 11 カ国が「環太平洋パートナーシップに関する包括的及び先進的な協定（TPP11 または CPTPP）」に調印
	12 月	TPP11 発効

（注）1) APEC Business Advisory Council の略．APEC 首脳会議に対し域内のビジネス界から提言を行う組織．
　　　2) これ以降，拡大される P4 は環太平洋経済連携協定（TPP）と呼称されるようになった（スコレー (2010)）．
（出所）各種資料より筆者作成．

第6-2表 TPP交渉で扱われる分野

- TPP協定交渉では21の分野が扱われている。
- そのうち、我が国がこれまでの投資協定・経済連携協定において独立の分野として扱ったことがないのは「環境」、「労働」、「分野横断的事項」の3分野。

(1)物品市場アクセス (作業部会としては、農産品、繊維・衣料品、工業) 関税の撤廃や削減の方法等を定めるとともに、内国民待遇等の物品の貿易を行う上での基本的なルールを定める。	(2)原産地規則 関税の減免の対象となる「締約国の原産品」(=締約国で生産された産品)として認められる基準や証明制度等について定める。	(3)貿易円滑化 貿易規則の透明性の向上や貿易手続きの簡素化等について定める。
(4)SPS(衛生植物検疫) 食品の安全を確保したり、動物や植物が病気にかからないように、するための措置の実施に関するルールについて定める。	(5)TBT(貿易の技術的障害) 安全や環境保全等の目的から製品の特質やその生産工程等について「規格」が定められることが貿易障害とならないように、ルールを定める。	
(6)貿易救済(セーフガード等) ある産品の輸入増加等により国内産業に被害が発生している場合に、そのおそれがある場合、関税の撤廃や削減のために当該産品に対する緊急措置(セーフガード措置)についての基本的なルールを定める。	(7)政府調達 中央政府や地方政府等による物品・サービスの調達に関して、内国民待遇の原則や入札の手続等のルールについて定める。	(8)知的財産 知的財産の十分かつ効果的な保護、模倣品や海賊版に対する取締り等について定める。
	(9)競争政策 貿易・投資の自由化により得られる利益が、カルテル等により害されるのを防ぐため、競争法・政策の強化・改善、政府間の協力、国有企業に関する規律等について定める。	(10)越境サービス 国境を越えるサービスの提供(サービス貿易)に対する無差別待遇や数量規制等のサービス貿易制限的な措置に関するルールを定めるとともに、市場アクセスを改善する。

サービス

(11)一時的入国	(12)金融サービス	(13)電気通信
貿易・投資の促進のためのビジネス等に従事する自然人の入国及び一時的な滞在の要件や手続等に関するルールを定める。	金融分野の国境を越えるサービスの提供について、金融サービス分野に特有なルールの定めや特有なルールを定める。	電気通信サービスの分野について、通信インフラを有する主要なサービス提供者の義務等に関するルールを定める。

(14)電子商取引 電子商取引のための環境・ルールを整備する上で必要となる事項等について定める。	(15)投資 内外投資家の無差別原則(内国民待遇、最恵国待遇)、投資に関する紛争解決手続等について定める。	(16)環境 貿易や投資の促進のため環境基準を緩和しないこと等を定める。

(17)労働 貿易や投資の促進のため労働基準を緩和すべきでないこと等について定める。	(18)制度的事項 協定の運用等に関わる当事国間の協議等を行う「合同委員会」の設置等やその権限等について定める。	(19)紛争解決 協定の解釈の不一致等による締約国間の紛争を解決する際の手続きについて定める。

(20)協力 協定の合意事項を履行するための国内体制が十分でない国に、技術や人材育成等の支援を行うこと等について定める。		(21)分野横断的事項 複数の分野にまたがる規制や規則が、通商上の障害とならないための、規定を設ける。

(出所) 外務省 (2014)。

一方で，TPPの範囲が2010年当時の交渉参加国（9カ国）に止まるのであれば，その実際の経済効果は限定されたものにならざるを得なかった。交渉参加国はこれまでも比較的FTAに積極的であった国が多く，Scollay（2011）によれば，9カ国間の36の2国間組み合わせのうち，25がすでに既存のFTAの対象となっていた。さらに交渉参加国は経済規模が小さい国が多く，対米貿易を除くと各国間の貿易額が小さいことも，経済効果を限定する要因となっていた[2]。

　TPPはこうした直接的な経済効果を拡大するためにも，その範囲を拡大する必要があった。また参加国の拡大は前述のFTAAPへの道筋としての役割からも不可欠となっている。アジア太平洋の域内において，日本，中国，韓国の北東アジア3カ国は，その経済及び貿易の規模からして，TPPの将来の参加者として特に重要な存在といえた。

2．日本のTPP交渉参加

　このような状況で，2011年11月にホノルルで開催された第19回APEC首脳会議において，野田首相が「TPP交渉参加に向けて関係国と協議に入ること」を表明した。これはアジア太平洋地域のFTA交渉に大きな波紋を投げかけることとなった。即時的な効果として，カナダ，メキシコ両国が同首脳会議においてTPP交渉への参加を表明した。

　中国は胡錦濤国家主席が交渉参加表明の直後に，日本の交渉参加に理解を示す発言をするなど，公式には冷静で第三者的な反応を示した。しかし一方で，例えば対外政策の形成に一定の影響力を持つと見られる政府系シンクタンク，中国社会科学院アジア太平洋研究所長の李向陽氏は日本のメディアにおいて，TPPを米国の経済のみならず安全保障面においてもアジア回帰を狙った政策手段と批判し，それに対する日本の参加も中国よりも米国を重視する外交政策の転換とする発言をした[3]。知的財産権，政府調達，環境規制，国有企業，労働問題などの分野を包含し，中国が直ちに参加することが困難といえるTPPが，アジア太平洋地域の経済統合の標準モデルとなっていくことへの警戒の念を，中国政府として有したことは推測できた。

一方で野田政権は，与党内の反対もあり各国との公式交渉には踏み切れないまま 2012 年 12 月の総選挙で敗北し，代わって自民・公明連立による安倍政権が成立した。政権の中心となった自由民主党は総選挙において「聖域なき関税撤廃を前提とする限り，TPP 交渉参加に反対する」という公約を掲げ，多くの候補者が TPP に反対する農業団体の支持を受けていた。このため，政権交代によって日本の TPP 参加は困難となるという見方も出された。しかし安倍首相は 2013 年 2 月の訪米で，オバマ大統領と面談し，すべての品目が関税交渉の対象となるとの言明を得たことによって，選挙公約は守られるとし，2013 年 3 月に TPP 交渉への参加を公式に表明した。その後，日本は 2013 年 8 月に TPP 交渉に正式に加わった。

3. TPP 調印とトランプ政権の誕生

2016 年 2 月，日本，カナダ，メキシコも加わった 12 カ国によって TPP が調印された。各国議会の批准をまって発行する段階に至った。

TPP 調印に関するオバマ大統領の声明には以下の文面が含まれ，アジア太平洋における新たな経済のルール作りについて，中国を排除し自国の主導によって進める米国の意思が明確に表明された。

"TPP allows America — and not countries like China — to write the rules of the road in the 21st century, which is especially important in a region as dynamic as the Asia-Pacific."

TPP の発効には批准国の経済規模（GDP）による規定が設けられており，米国の批准なしでは発効しない条件となっていた。米議会においては与党民主党の中にも反対派があり，批准手続きは難航した。そうした中で 2016 年 11 月に行われた大統領選挙で TPP 反対を掲げた共和党のドナルド・トランプ氏が当選した。2017 年 1 月，大統領に就任したトランプ氏は TPP からの離脱を正式に表明した。これによって TPP は発効の可能性が無くなった。

米国を除く TPP 参加 11 カ国は 11 カ国による FTA の発効を目指して協議を開始した。この結果，一部の内容を改定した協定が，2018 年 3 月に環太平洋

パートナーシップに関する包括的及び先進的な協定（TPP11 または CPTPP）として調印された。この協定は同年12月に発効した。この過程における日本政府の努力とリーダーシップは特筆すべきものであり，国際社会における自由貿易の理念を維持するという点から高く評価しうるものであった。

しかし，米国を欠く TPP11 の経済規模は当初の TPP よりもはるかに小さいものとなった。したがって新たな国際経済のルール作りの土台としてのその影響力も限定されたものとなった

第2節　米中経済摩擦の激化

トランプ政権は2018年に入ると「安全保障上の脅威」を理由として，3月に日本，中国などに，6月に EU，カナダ，メキシコに対して，それぞれ鉄鋼・アルミ製品の関税の引き上げを行った。高率の関税を武器として各国との貿易問題について二国間で譲歩を迫る戦術であった。トランプ大統領の持論による保護主義的な通商政策が本格的に開始されることとなった。これは実質的にWTO のルールに反する内容であり，中国，EU，カナダ，メキシコなどはWTO に提訴を行った。

米中の二国間においては5月にムニューシン財務長官と劉鶴副首相の間で行われた貿易協議において米国側から次の3つの要求が出された。

① 中国の対米貿易黒字の削減
② 知的財産権の保護（知的財産権の侵害の禁止，対中直接投資企業に対する技術移転強要の禁止）
③ 『中国製造2025』[4]の見直し（指定分野の国有企業に対する補助金などの中止）

これに対して中国は ① については数量目標は受け入れないが輸入の拡大を約束，② は特許法などを見直し知的財産権を保護する，③ については拒否と回答した。交渉担当者のムニューシン長官はこれを受け入れ，貿易摩擦の激化はいったん回避されたかに見えたが，トランプ大統領はこの合意を直ちに覆した。このため米中両国は関税引き上げの報復合戦に突入し，両国間の交渉は

2019年3月現在継続している。

　2018年10月にはペンス副大統領のハドソン研究所における対中国政策演説が行われた。これは経済のみならず，政治，軍事から宗教に至るまで多くの分野での米中の対立を強調する内容であり，米国側の非妥協的な姿勢を打ち出すものであった。

　この米中間の争点の中で②と③はTPPの取扱った分野に重なっている。②は知的財産分野と投資分野に関わり，③は国有企業分野に関わる。前述のようにTPPは中国を加盟対象国とはしていなかったが，将来におけるアジア太平洋地域，さらには世界の貿易投資における新分野のルール作りを視野に入れていた。就中，国有企業についてはこれまでのFTAで扱われなかったものを将来の中国の加盟も展望してルールを議論してきたものである。言い換えるならばオバマ政権期においても対中経済関係において②及び③の要素は危惧されていたと言える。

　一方で，TPPを否定して貿易政策における二国間主義を標榜して政権についたトランプ大統領は，同じ課題に対して世界的なルール作りではなく，二国間の圧力で解決を図ろうとしている。しかし当面の状況として，1930年代のブロック経済を彷彿とさせる両国間の関税引き上げの報復合戦は，世界の貿易と経済を大きな危険に晒していると言わざるを得ない。

　両国の関税引き上げ，さらにはそれを契機とした世界貿易の収縮が各国経済及び世界経済へ及ぼす影響が懸念される状況である。様々な条件で国際機関等の予測を整理したものが（第6-3表）である[5]。

第3節　TPPと米中経済摩擦の論点

　TPPの各章は（第6-4表）の構成となっている。TPPではFTAの中核になる物品市場のアクセスに加えて，サービス，投資，競争政策，知的財産，政府調達など，WTOにおいてルール化を進めることが困難な分野について，米国を中心に先進的な内容を目指して議論が行われた。

　本節では米中経済摩擦の中で特に議論の中心となっていると見られる競争政

第 6 章　米中経済摩擦に対する TPP からの政策的示唆　　77

第 6-3 表　米中通商戦争の経済的影響

予測機関	前提条件	影響
IMF (2016)	関税等で貿易価格が 10％上昇	国際貿易は 5 年後に 15％，長期では 16％下押し，世界生産と消費は 5 年後に 1.75％，長期では 2％低下
IMF (2018)	米政権が自動車関税を発動し報復合戦に突入	世界経済を 0.4〜0.8 ポイント下振れ
OECD (2017)	米国，欧州，中国の関税引き上げ等で貿易コストが 10％上昇	世界の貿易が 6％，世界の GDP が 1.4％減少
OECD (2018)	世界の中位関税率が 3.5％ポイント上昇	世界の一人当たり GDP が 0.5％低下
大和総研 (2018)	米国が中国からの輸入品 500 億ドルに対して 25％，2000 億ドルに対して 10％の関税を課し，中国が米国からの輸入 500 億ドルに対して 25％の関税を課す	中国の GDP が 0.14％，米国の GDP が 0.15％，日本の GDP が 0.01％それぞれ減少

（出所）　大和総研（2018）他から筆者作成。

第 6-4 表　TPP の構成

第 1 章．冒頭規定・一般的定義	第 16 章．競争政策
第 2 章．内国民待遇及び物品の市場アクセス	第 17 章．国有企業及び指定独占企業
第 3 章．原産地規則及び原産地手続	第 18 章．知的財産
第 4 章．繊維及び繊維製品	第 19 章．労働
第 5 章．税関当局及び貿易円滑化	第 20 章．環境
第 6 章．貿易救済	第 21 章．協力及び能力開発
第 7 章．衛生植物検疫（SPS）措置	第 22 章．競争力及びビジネスの円滑化
第 8 章．貿易の技術的障害（TBT）	第 23 章．開発
第 9 章．投資	第 24 章．中小企業
第 10 章．国境を越えるサービスの貿易	第 25 章．規制の整合性
第 11 章．金融サービス	第 26 章．透明性及び腐敗行為の防止
第 12 章．ビジネス関係者の一時的な入国	第 27 章．運用及び制度に関する規定
第 13 章．電気通信	第 28 章．紛争解決
第 14 章．電子商取引	第 29 章．例外
第 15 章．政府調達	第 30 章．最終規定

（出所）　筆者作成。

策，国有企業，知的財産の3つの分野について，TPPの内容を検討する。

1. 競争政策

　中川（2018a）によれば競争政策章は以下のような内容である。
　TPPは貿易投資の自由化と並んで各種経済制度の調和を目指すものである。貿易自由化の成果を実現するためには公正な市場競争環境が必要であり競争政策の存在が必須となる。TPPではメンバー国に競争法の制定を義務付けており，TPP11メンバー国ではブルネイ以外は2018年時点で制定済みとなっている。TPPの第16章競争政策では競争政策の目的として消費者保護を明記している。
　競争政策にかかわる事項はTPPの紛争解決手続き（第28章）の対象にはならない。これは自国の競争政策に対するWTOなどの国際機関の介入を嫌った米国の意見を反映したものであった。

2. 国有企業

　国有企業は当初は競争政策の分野で扱われていたが，交渉の過程で第17章国有企業及び指定独占企業という新たな分野として独立した。これは貿易の自由化を進めていく中で，国有企業及び政府の指定する独占企業に対する特恵的な措置を禁止することを目指すものであった。
　交渉では社会主義から移行経済であるベトナム，国有企業部門を多く抱えるマレーシアなどがこの分野の主な関係国となった。交渉過程では，国有企業に対し財・サービスの貿易を自由化し，重要な国家プロジェクトで外国企業を差別的に扱うことを禁止することの義務付けが提案され，これに対し，ベトナム，マレーシアなどは強く反対した。また，TPPにおいて米国がこの問題を取り上げる背景には，自国の産業界から中国の国有企業への優遇がその国際競争力を強化しているという強い批判がなされていることがあった。中国はTPPの交渉参加国ではなかったが，その経済活動を念頭にTPPによって国有企業問題の国際的なルール作りを進めたいという米国の意図は広く認識されていた。

中川（2018b）によればTPPは国有企業及び指定独占に関する初めての包括的な国際協定とされる。その内容は国有企業の貿易活動のみならず自国内取引，第三国における取引も対象とし，また物品取引以外にサービス取引，投資活動も対象とするものである。

　一方で川瀬（2016）は，TPPにおける国有企業分野の内容について下記の諸点の不備を指摘している。

・狭い適用範囲と膨大な例外
　米シンガポールFTAの国有企業条項との比較において，国有企業の適用範囲が狭くまた加盟各国ごとに膨大な例外措置が規定されている。

・国の関与及び所有に関する規律の欠如
　米シンガポールFTAの国有企業条項との比較において，国有企業の存在自体を規制する内容が含まれていない。

・規制上の優遇に対する規律の欠如
　非商業的援助，即ち政府による国有企業への経済的援助に対する規律は規定されているが，規制制度における国有企業の優遇については規定されていない。

・投資行動の合理性確保に関する規律の欠如
　国有企業の投資行動による独占力の行使については規定があるが，投資行動自体の合理性確保については規定がない。また国営の投資基金（SWF）は規制の対象となっていない。

・非商業的援助の規制と政策合理性
　衰退産業において産業調整政策が行われる場合の非商業的援助との関係が規定されていない。

・非商業的援助の規制の実施に関する課題

　非商業的援助に実際に規制を行う場合，TPP の紛争解決手続き（第28章）で対応することになるが，同種の機能を有する WTO に比べ事務局機能は脆弱である。例えば WTO が扱ったエアバス，ボーイングのそれぞれに対する EU と米国の補助金を扱った紛争事例では，補助金の適否を実証するために膨大な情報を扱う必要があった。TPP の枠組みでこうしたことが処理できるかどうか疑問がある。

・透明性規律の実効性

　国有企業の活動に関する透明性規律の実効性の規定が不十分であり，そのため国有企業の活動に対する規制全体が十分に機能しない可能性を指摘している。

　こうした諸点の改善については今後の課題となろう。しかし TPP が多国間 FTA としては初めて国有企業を協定における独立した分野として扱った意義は大きく，今後の同種の FTA のみならず WTO における規範作りの土台となることが期待されるところである。

3．知的財産

　中川（2018c）によれば，TPP の第18章知的財産は多くの分野について WTO の貿易関連知的財産権協定（TRIPS）よりも高水準な内容（いわゆる TRIPS プラス）となっている。同章では商標，地理的表示，特許，医薬品，意匠，著作権などの各分野について，それぞれ詳細な規定が設けられている。その中で主な TRIPS プラスの条項としては地理的表示，インターネット・サービス・プロバイダなどの分野があげられる。

おわりに

　現在，米国の保護主義的な貿易政策は二国間交渉を手段として勢いを増している。米中経済摩擦以外に，西側諸国に対しても多くの要求が突きつけられている。カナダ，メキシコとの北米自由貿易協定（NAFTA）は2018年9月に，保護主義的な要素を強めた米国・メキシコ・カナダ協定（USMCA）に改定された。日本との間ではやはり2018年9月に実質的に二国間FTAである物品貿易協定（TAG）の交渉開始が合意された。

　日本をはじめとする11カ国によるTPP11には，本来アメリカのTPP復帰の受け皿という役割が期待されていたが，トランプ政権においてはその実現可能性は低いと判断せざるを得ない。一方で，韓国，タイ，台湾などTPP11への加盟を検討しているアジア太平洋の諸国・地域も存在しており，新たな知的財産権，投資，サービス貿易などを含む自由貿易のルール作りの核としての各国の期待は引き続き残されている。

　本章で見てきたように米中経済摩擦の論点の多くは既にTPPで具体的に扱われていた。また中国に対するオバマ政権の政策的意図も明確であった。現在米中の対立点となっている諸問題解決には，関税を武器に使った二国間交渉よりもTPPの目指した多国間のルール作りが望ましいことは言うまでもない。米国のTPP復帰は当面見通せない状況であり，中国のTPP加盟も短期のうちには困難であろう。しかし例えば，TPPが取り組んだ各分野の国際ルールの形成について，APECを舞台としたFTAAPの具体化を目指すプロセスの中に反映することは考えられよう。TPPの目指した先進的なルール形成を，様々な経路でアジア太平洋さらには世界に波及させていくことを目指すべきと考える。

注
1）本章は中島（2019）に加筆したものである。
2）Scollay（2011）はTPPのFTAとしての質の高さという目標と，参加国の拡大の二律背反を指摘している。
3）日本経済新聞2012年1月1日朝刊。
4）2015年5月に中国国務院が出した産業政策に関する文書。2025年を目標年次としてハイテク産

業を含む 10 の重点分野が提示されている。
5）　この他，中国を含む各国の産業別の影響を CGE モデルを用いて分析したものとして Enkhbayar and Nakajima (2018) があげられる。

参考文献
日本語文献
浦田秀次郎（2011）「APEC の新たな展開と日本の対応」馬田啓一・浦田秀次郎・木村福成編著『日本通商政策論』文眞堂，第 7 章。
馬田啓一（2014）「TPP と競争政策の焦点：国有企業規律」石川幸一・馬田啓一・渡邊頼純編著『TPP 交渉の論点と日本』文眞堂。
外務省（2014）「環太平洋パートナーシップ（TPP）協定交渉概要」外務省。
川瀬剛志（2016）「TPP 協定における国有企業規律：概要と評価」馬田啓一・浦田秀次郎・木村福成編著『TPP の期待と課題』文眞堂，第 11 章。
木村福成（2011）「東アジアの成長と日本のグローバル戦略」馬田啓一・浦田秀次郎・木村福成編著『日本通商政策論』文眞堂，第 15 章。
菅原淳一（2016）「メガ FTA の潮流と TPP」馬田啓一・浦田秀次郎・木村福成編著『TPP の期待と課題』文眞堂，第 1 章。
スコレー，ロバート（2010）「環太平洋パートナーシップ（TPP）協定―始まり，意義及び見通し」『アジ研ワールド・トレンド』No. 183, ジェトロ・アジア経済研究所。
大和総研（2018）「続・米中通商戦争のインパクト試算」大和総研。
中川淳司（2018a）「TPP コンメンタール第 16 章競争政策」『貿易と関税』2018 年 5 月号，日本関税協会。
中川淳司（2018b）「TPP コンメンタール第 17 章国有企業」『貿易と関税』2018 年 6 月号，日本関税協会。
中川淳司（2018c）「TPP コンメンタール第 18 章知的財産」『貿易と関税』2018 年 7 月号，日本関税協会。
中島朋義（2010）「APEC：太平洋の懸け橋の将来展望」青木健・馬田啓一編著『グローバル金融危機と世界経済の新秩序』日本評論社，第 15 章。
中島朋義（2015）「中国の FTA 政策と TPP」石川幸一・馬田啓一・国際貿易投資研究所編著『FTA 戦略の潮流―課題と展望』文眞堂，第 13 章。
中島朋義（2019）「TPP と米中経済摩擦」『アジア太平洋の通商秩序―過去，現在，将来―［山澤逸平先生追悼論叢］その 2』国際貿易投資研究所。

英語文献
Barfield, Claude and Levy, P. I. (2009), "Tales of the South Pacific: President Obama and the Transpacific Partnership", International Economic Outlook No 2, American Enterprise Institute, Washington DC, December 2009.
Barfield, Claude (2011), "The Trans-Pacific Partnership: A Model for Twenty-First-Century Trade Agreements?", International Economic Outlook No 2, American Enterprise Institute, Washington DC, June 2011.
Enkhbayar, Sh. And Nakajima, T. (2018), "Economic Effects of the USA — China Trade War: CGE Analysis with the GTAP 9.0a Data Base", ERINA Discussion Paper DP1806e, ERINA, December, 2018.
Scollay, Robert (2011), "Trans Pacific Partnership: Challenges and Potential", paper presented at

Japan Society of International Economics 70th Anniversary Symposium, Kyoto, 11 June 2011.

（中島朋義）

第Ⅱ部

多層化するアジアの経済統合

第7章

RCEPと日本の東アジア生産ネットワーク

はじめに

　英フィナンシャル・タイムズ紙によれば，2020年以降，購買力平価（PPP）ベースでのアジアの経済規模が世界の他全域の合計を上回り，世界は「アジアの時代」を迎えるという[1]。そのアジアの中心が主要なプレーヤーを内包する東アジア地域包括的経済連携（RCEP）である。

　アジアは過去50年の間，貿易と投資の推進を通じて，貧困を撲滅し，目覚ましい経済発展を遂げてきた。しかし世界では近年，反グローバル化と保護主義の勢いが増し，それらは連鎖的に拡大している。アジアの時代を迎えようとしている現在，RCEPを早急に妥結させ，アジアが自ら自由貿易推進の御旗を高く掲げることは大きな意義がある。

　本章では，第1節でRCEPの位置づけを主要地域経済圏と比較しながら検討する。第2節では，従来，中国・韓国，日本らが主導してきた2つの東アジア経済圏構想がRCEPへと歩を進めた道のりを振り返る。第3節では，RCEP実現に対する産業界の期待を述べ，アジアの時代の中のRCEPの意義を検討する。

第1節　東アジア地域包括的経済連携（RCEP）の位置づけ

1. 主要地域経済圏の中でのRCEP

　東アジアにおいて東南アジア諸国連合（ASEAN）加盟10カ国と，ASEAN＋1FTAを締結した対話国，いわゆるFTAパートナーズの6カ国（日本，中

第 7-1 表　世界の主要地域経済圏の経済・人口・貿易規模（2018 年）

		RCEP	USMCA (旧NAFTA)	EU	CPTPP (TPP11)
名目 GDP	10 億ドル	27,260	23,429	18,750	11,023
	対世界 GDP 比	32.2%	27.6%	22.1%	13.0%
一人当たり GDP	ドル	7,603	47,903	36,626	21,745
人口	100 万人	3,585.3	489.084	511.926	506.9
	対世界人口比	47.0%	6.4%	6.7%	6.6%
貿易額（往復）	10 億ドル	11,545	6,124	12,873	5,900
	対世界貿易比	29.4%	15.6%	32.8%	15.0%

（注）　世界について GDP は 84 兆 7,403 億ドル，人口は 76 億 3,282 万人。
（出所）　世界経済見通し（2019 年 4 月，IMF），UNCTADSTAT。

国，韓国，豪州，ニュージーランド，インド）とが 2013 年より交渉を開始した地域経済圏構想が東アジア地域包括的経済連携（RCEP）である。

RCEP が出来れば，2018 年時点でその経済規模（名目 GDP）は 27 兆 2,600 億ドルで，世界全体のおよそ 3 分の 1 を占める。RCEP は米国メキシコカナダ協定（USMCA。旧北米自由貿易協定：NAFTA）や欧州連合（EU），そして 18 年 12 月に発効した「環太平洋パートナーシップに関する包括的及び先進的な協定」（CPTPP）[2] を大きく上回る経済規模を持つ一大地域経済圏である（第 7-1 表）。

RCEP の人口規模は，既に 35 億人を超え，全世界（76 億 3,282 万人）の凡そ半分を占める。また，世界の貿易額に占める割合も約 3 割で EU（約 33％）に迫る。その一方で他の地域経済圏に比べ所得水準が低く，今後も経済成長に伴う所得の伸びが期待出来る。これまでも RCEP 地域は世界経済の伸びを大きく上回る形で経済成長を遂げてきた。1970 年以降 10 年毎の年平均経済成長率を見てもそれは明らかである（第 7-1 図）。アジアにとって戦後最大の経済危機となったアジア通貨危機が発生した 90 年代の平均経済成長率は唯一 4％ を割り込んだものの，それでも世界や他の主要地域経済圏の成長率を上回っている。またこの期間を除き，年平均で 4％ 半ば以上の成長を達成している。

RCEP 地域は今後も引き続き経済成長が期待出来るが，2019 年 3 月 26 日付英フィナンシャル・タイムズ電子版では，国連貿易開発会議（UNCTAD）の定

第 7 章　RCEP と日本の東アジア生産ネットワーク　89

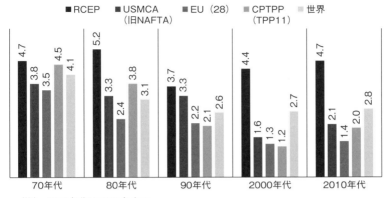

第 7-1 図　世界の主要地域経済圏の年平均経済成長率

（注）　2010 年代は 2017 年まで。
（出所）　UNCTADSTA より作成。

義に基づく「アジア」は，購買力平価（PPP）ベースで 2020 年，世界の他全域の経済の合計を上回り，「アジアの時代」を迎えるとする。これは 19 世紀以降で初めてのことである。

　IMF は，「アジアでは過去 50 年間に何億人という人々が貧困から脱却した。かつてほぼ完全に他地域のノウハウに依存していたが，域内では複数の国々が進歩する科学技術の最先端を走っている」ことを指摘した上で，これらは「貿易と海外直接投資（FDI）を通じた世界経済との統合，高い貯蓄率，人的資本と物的資本への大規模な投資，そして堅実なマクロ経済が組み合わされ大きくプラスに働いた結果」と評価している[3]。その中心に RCEP がある。

　地域経済圏の代表として EU や NAFTA，ASEAN 自由貿易地域（AFTA）などがあるが，その形成の動きは 1990 年代前半に遡る。これら地域経済圏は域内関税の撤廃を目指すため，域内貿易比率が高ければ高いほど，より多くの恩恵を享受出来る。

　これまで RCEP の核である ASEAN には，域内にアブソーバー役となる有力な最終消費市場はなく，その結果，域内貿易比率は輸出入とも 20% 台半ばで推移してきた。ASEAN 域内ではシンガポールが一人当たり所得が約 6 万 4 千ドルに達するものの，人口は約 560 万人に過ぎない。また，人口規模では 2 億 6

千万人を超えるインドネシア,間もなく1億1千万人に達するフィリピンがあるものの,一人当たりの所得は各々4,000ドルにも満たない。自ずとASEANは主な最終消費市場を域外に求めることになる。そのため,ASEANの域内貿易比率は地域経済圏内に中規模または大規模な先進国を抱えるEUやUSMCAに比べ見劣りしていた。

しかし,経済圏が東アジア大に拡大すれば,話は全く異なる。ASEANは長年,日本など外国企業の誘致を通じて,自らの工業化を進めていった。進出企業はその過程で,東アジア域内で調達・供給網の充実を図り,最も効率的な生産体制の構築を目指した。18年に実施した調査[4]では,在ASEAN日系企業の現地調達率は平均で4割,残りは輸入調達である。調達額全体の凡そ3割超は日本,約1割は中国からである。その結果,自国調達を含めたRCEP域内からの調達率は凡そ95%に達する。一方,輸出では日本向け(約4割)を筆頭に,RCEP域内向けで9割を超える[5]。在ASEAN企業の調達・供給網はASEAN域内にとどまらず,RCEP域内に広がりを見せている。

実際に,ASEANに日本や中国,インドなどを加えたRCEPの域内貿易比率は,輸出で約4割,輸入で約5割に達する。往復貿易額で域内貿易比率の推移をみると,2004年以降,USMCAを逆転している。東アジアでは,AFTAの

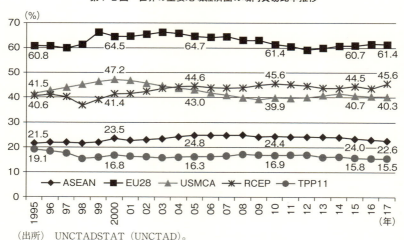

第7-2図 世界の主要地域経済圏の域内貿易比率推移

(出所) UNCTADSTAT (UNCTAD)。

下，1993年に関税削減が開始され，1997年のアジア通貨危機を契機に関税削減を前倒しした。2000年以降，二国間または多国間でのFTAが域内で次々と構築されたことを反映し，RCEPの域内貿易比率は緩やかに上昇している（第7-2図）。RCEPが締結されれば，特にFTAがない関係対話国間が初めて結ばれることから，同比率は中長期的に上昇することが見込まれる。

2. 日本にとってのRCEP

　日本企業が抱える東アジア大の生産・供給網を鑑みれば，日本にとってRCEP交渉を前進させる意味は大きい。日本にとってRCEP地域は貿易面で年々重要性が高まっている。従来，資源を持たない日本は，原材料を輸入して加工し，完成品を主に欧米等先進国市場に供給する「加工貿易国」に位置づけられてきた。現在はその姿を残しながらも，日本企業の生産網は特にアジアに拡がっている。この転機は1985年のプラザ合意である。同合意により円高ドル安が急速に進展，その結果，特に汎用品を中心に日本製品は輸出競争力を喪失していった。日本企業はこれら汎用品の製造を賃金が安価なアジアに求めていった。日本からの欧米向け輸出機能の一部をアジアに移管していった一方で，日本からは製品の品質を維持する目的で原材料や部品などの中間財をアジアの製造拠点に供給するようになった。

　以降，日本企業は円高局面の度に，製造機能を徐々にアジアに移転させていった。このようにアジアでは，日本からの断続的な直接投資により資本が蓄積され，経済成長や工業化の原動力となった。さらにそれらは，アジア諸国の所得を押し上げ，巨大な人口を抱える「市場」としての魅力を兼ね備えるに至っている。その結果，日本にとってRCEP地域の位置付けは年々高まっている。1995年で日本のRCEP向け輸出は，総輸出の凡そ3分の1であったが，以降，年々上昇し，2017年には半分弱に至っている。一方，米国，EU向けシェアが緩やかに下落している。輸入においては更にその傾向が顕著であり，1995年に30%台半ばであったRCEPからの輸入シェアは17年で過半を超えている（第7-3図）。

　投資の面から日本のRCEPに対する位置付けを確認する。日本は長年に亘り

第7-3図　日本の地域別貿易構成比推移

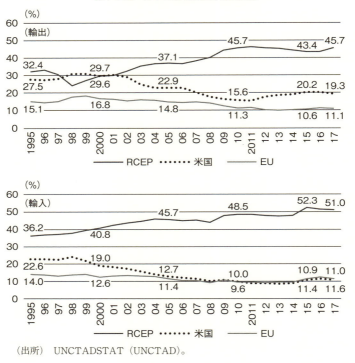

（出所）UNCTADSTAT（UNCTAD）。

RCEP地域に資本を重層的に投下してきた。日本の2018年末時点での対外直接投資残高（1兆6,459億ドル）のうち，RCEP向けは3割弱（4,870億ドル）を占める。RCEPの人口規模や日本の貿易比率と比べれば，投資残高シェアは低い。しかし，直接投資の場合，土地や工場建物の建設や購入，機械設備など固定資産の購入を伴うため，開発途上国や中進国の場合，先進国と比べ投資額が抑えられる傾向にある。当該国の事業経費等の水準を考慮せずに投資残高シェアのみで日本の直接投資先としての位置付けを判断すると誤ることになる。

　1985年度当時，日本企業（製造業）の海外生産比率[6]は2.9％に過ぎなかったが，プラザ合意以降，日本企業はこぞって汎用品工場や第三国輸出拠点を海外，特にアジアに設置した。その結果，海外生産比率は約10年後の1996年度には10％台に，2012年度に20％台に，それぞれ到達した。直近17年度は

第 7 章　RCEP と日本の東アジア生産ネットワーク　93

第 7-2 表　世界の主要地域経済圏の進出日本企業数と直接投資収益

		RCEP	USMCA (旧NAFTA)	EU (28)	CPTPP (TPP11)	世界
企業数 (社)	製造業	11,079	4,098	2,134	2,837	19,257
	非製造業	40,504	6,501	4,403	4,592	56,274
	全体	51,583	10,599	6,537	7,429	75,531
シェア (%)	製造業	57.5%	21.3%	11.1%	14.7%	100.0%
	非製造業	72.0%	11.6%	7.8%	8.2%	100.0%
	全体	68.3%	14.0%	8.7%	9.8%	100.0%
直接投資収益 (億円)	製造業	36,391	13,952	10,713	n.a.	67,384
	非製造業	22,352	20,983	14,790	n.a.	70,735
	全体	58,742	34,934	25,503	n.a.	138,119
シェア (%)	製造業	54.0%	20.7%	15.9%	n.a.	100.0%
	非製造業	31.6%	29.7%	20.9%	n.a.	100.0%
	全体	42.5%	25.3%	18.5%	n.a.	100.0%

（注）　企業数は 2017 年 10 月 1 日時点，直接投資収益は 2018 年。
（出所）　海外在留邦人数調査統計（外務省），国際収支統計（日本銀行）

25.4％で，日本企業の全世界での生産額のおよそ 4 分の 1 は海外拠点であるが，その相当部分を RCEP 参加国が担っていると考えられる。

　実際の現地法人数の規模から検討すると，外務省によれば 2017 年 10 月 1 日時点で，海外進出企業数は 7 万 5,531 社，製造業に着目すれば，その拠点数は世界全体で 1 万 9,257 社であった。うち日本を除く RCEP 対象 15 カ国には製造業全体の 6 割に迫る 1 万 1,079 社が拠点を置いている。

　RCEP 地域の企業数は CPTPP や USMCA，EU に比べて，圧倒的な規模である（第 7-2 表）。このことは，RCEP が締結され，域内で関税削減・撤廃が進めば，長年に亘って RCEP 域内で生産・供給ネットワークを構築してきた日本企業の大半がこの恩恵を享受できることを意味する。RCEP が締結され，同地域自体の競争力が強化されることは，企業収益の拡大，更には投資収益としての日本への還元を通じて，日本経済にも裨益する。例えば，2018 年の日本の国際収支では，海外子会社からの配当などが含まれる第一次所得収支の黒字額は 20 兆 8,102 億円を記録した。18 年の貿易黒字が 1 兆 1,877 億円であったことと比

べると，日本企業の海外拠点が果たす役割は大きい。

特に，日本の対外直接投資収益は，13兆8,119億円であったが，このうちRCEP域内からの収益は42.5％を占める。しかし，進出企業数の規模から見れば，欧米に比べて同地域の収益力が劣っていることは疑いない。RCEP締結によって，域内の関税削減・撤廃に加えて，企業を取り巻く事業環境の整備を通じて，収益力の向上が期待される。

日本は貿易立国としての機能を再強化すべく，FTAの傘の下で貿易を推進していく姿勢を示している。日本は，2013年6月に成長戦略「日本再興戦略—JAPAN is BACK」を閣議決定した。この中で，日本の貿易におけるFTA比率（FTAカバー率）について2018年迄に70％へと引き上げることを目標に掲げた[7]。目標年次の2018年の12月にはCPTPPが，19年2月には日EU EPAが，それぞれ発効した。しかし，これを踏まえた2018年のFTAカバー率は36.7％に過ぎず，目標とする70％には遠く及ばない。CPTPPは発効したものの，2017年に米国トランプ大統領が就任し，TPPから離脱した結果，FTAカバー率はニュージーランドとカナダ分の1.8％ポイントが加算されたに過ぎない。

一方，RCEPが締結されれば，FTAカバー率が27.1％上乗せされる。日本政府の目標とするカバー率70％を達成するには，RCEPの締結に加えて，更に2019年4月に交渉が開始された日米物品貿易協定（TAG，カバー率は14.9％）を妥結，発効させる必要がある。これらが実現すれば，目標とするカバー率70％を大きく超え，8割に近づく。

3. 日系現地法人にとってのRCEP

RCEP交渉参加国に進出している企業にとって，RCEP締結による事業・競争環境の整備に対する期待は高い。特に関税削減・撤廃は，競争環境を大きく左右する。日本企業の海外生産ネットワークに対するRCEP締結のインパクトを測る観点から，RCEP進出日系企業の調達・輸出先をみると，同協定締結の重要性がより明らかになる（第7-3表）。

RCEP参加国別で貿易統計から算出したRCEP域内貿易比率と当該国に進出している日系企業のRCEP域内貿易比率を比較すると，進出日系企業のRCEP

第7章 RCEPと日本の東アジア生産ネットワーク　95

第7-3表　RCEPの域内輸出入比率（貿易額・在RCEP日系製造企業）

(単位：％)

	RCEP向け輸出比率		RCEPからの輸入比率		（参考）日系企業のRCEP調達比率
		日系企業		日系企業	
ASEAN	55.3	83.1	64.0	91.2	94.8
ブルネイ	91.6	―	73.7	―	―
カンボジア	32.2	89.6	82.0	98.6	98.6
インドネシア	60.0	81.6	71.8	90.2	94.3
ラオス	44.3	97.2	60.1	98.1	98.3
マレーシア	60.7	78.2	63.4	92.1	95.0
ミャンマー	81.0	83.2	96.1	91.1	94.0
フィリピン	51.9	77.8	66.5	85.3	89.5
シンガポール	56.3	82.7	51.5	91.3	93.2
タイ	55.9	82.7	64.4	91.5	96.3
ベトナム	43.2	86.1	72.8	91.4	94.5
インド	17.6	60.4	36.3	89.9	95.5
オーストラリア	69.7	81.5	56.8	82.9	92.5
ニュージーランド	56.9	84.7	58.9	76.3	91.7
中国	27.7	75.4	40.4	87.5	95.8
韓国	49.2	75.7	49.0	91.0	94.3
RCEP	40.8	79.8	50.7	90.4	95.0

(注) 1) 貿易統計は2017年，日系企業は2018年。
　　 2) 調達比率（＝100）のうち，輸入調達を100として割り戻して算出した。
(出所) 在アジア・オセアニア日系企業活動実態調査（2018年／ジェトロ），UNCTADSTAT（UNCTAD）。

依存の高さが浮かびあがる。RCEPの域内貿易比率は2017年において輸出で40.8％，輸入で50.7％である。国・地域別にみると，輸出ではインドの2割弱からブルネイの9割，輸入ではインドの30％台半ばからミャンマーの9割台半ばまで，国によってRCEP依存度には大きな開きがある。

　しかし，貿易統計以上に日系企業は輸出入においてRCEP地域に依存している。在RCEP日系企業の域内輸出入比率は，輸出で約8割（79.8％），輸入で約9割（90.4％）に達しており，RCEPが締結されれば，在外日系企業は輸出入取引で確実に裨益する。国別にみると，輸出で最もRCEP向け比率が低いインド

でも約6割，輸入で最も低いニュージーランドで7割台半ばである。

　RCEP地域は日系企業のみならず，地場企業にとっても調達元，輸出先の多くを占めており，早期の合意が重要である。RCEP地場企業の輸入調達のうち平均で78.6％，輸出で72.8％がRCEP域内であった[8]。RCEP交渉各国企業の海外調達・供給ネットワークは，域内を中心に構築されていることから，RCEP締結の可否はこれら企業の競争力に大きく影響する。

　またRCEPの実現は，既存のASEAN＋1FTAの深掘りや改善に加えて，東アジア域内主要国間での「FTAのミッシングリンク」解消を意味する。ASEANから見れば，RCEP交渉の成否にかかわらず，RCEP交渉に参加している対話国との間でASEAN＋1FTAを構築していることから，既に関税削減・撤廃の恩恵を享受している。しかし，対話国間に着目した場合，FTAがない組み合わせも少なくない。例えば，日本は中国と韓国，インドは中国，豪州，NZとの間でFTAがない（第7-4表）。

　実際に在RCEP日系企業の輸出および輸入におけるRCEP参加国・地域の比率を算出した。色の付いた部分が，二国間や複数国間でもFTAがない参加国間の取引を示している（第7-5表）。これによれば，特に在中国・韓国進出日系企業は，FTAがない日本に輸出入とも依存しており，特に輸入において全体の7割台半ばを占める[9]。RCEPの枠組みの下，関税削減等によりこれら取引コ

第7-4表　RCEP参加国間のFTAの締結状況

		アジア					大洋州		未締結国数
		ASEAN	日本	中国	韓国	インド	豪州	NZ	
アジア	ASEAN	○	○	○	○	○	○	○	0
	日本	○		▲	▲	○	○	○	2
	中国	○	▲		○	×	○	▲	3
	韓国	○	▲	○		▲	○	○	1
	インド	○	○	×	▲		▲	▲	3
大洋州	豪州	○	○	○	○	▲		○	1
	NZ	○	○	▲	○	▲	○		2
未締結国数		0	2	3	1	3	1	2	0

○：二国間または地域間FTA，▲：RCEP以外でも交渉中，×：FTAなし
（出所）　ジェトロ等資料をもとに作成。

第7章 RCEPと日本の東アジア生産ネットワーク　97

第7-5表　在RCEP日系企業の輸出入における国・地域別比率

〈輸出〉　(単位：％，社)

所在国＼輸出先	日本	ASEAN	中国	韓国	インド	オセアニア	RCEP計	有効回答
ASEAN	42.8	31.6	4.5	0.8	2.4	0.9	83.1	1,707
中国	61.0	10.3	0.0	3.2	0.7	0.3	75.4	481
韓国	34.8	16.3	22.6	0.0	1.3	0.7	75.7	81
インド	35.8	22.4	1.8	0.1	0.0	0.3	60.4	184
オーストラリア	32.5	6.6	6.5	1.6	1.1	33.3	81.5	101
ニュージーランド	43.5	5.1	8.4	0.6	0.2	27.0	84.7	49
RCEP	45.0	25.1	4.2	1.2	1.8	2.5	79.8	2,603

〈輸入〉　(単位：％，社)

所在国＼輸入元	日本	ASEAN	中国	韓国	インド	オセアニア	RCEP計	有効回答
ASEAN	54.2	17.2	15.6	2.9	0.8	0.6	91.2	1,180
中国	75.1	9.4	0.0	2.4	0.1	0.6	87.5	387
韓国	73.0	4.9	12.9	0.0	0.0	0.1	91.0	37
インド	57.3	17.1	9.5	6.0	0.0	0.0	89.9	157
オーストラリア	40.0	6.8	28.1	4.1	0.0	4.0	82.9	25
ニュージーランド	32.7	12.9	17.2	0.0	0.0	13.6	76.3	24
RCEP	57.4	15.7	13.1	3.0	0.6	0.7	90.4	1,810

(出所)　在アジア・オセアニア日系企業活動実態調査（2018年／ジェトロ）。

ストが削減できれば，これら企業の収益および競争力に与える影響は少なくない。

　海外進出日系企業を含めた日本企業のサプライチェーン全体の競争力強化を考えた場合，交渉中のRCEPについては，自由化水準が高く，かつ「21世紀型新通商ルール」を備えることが肝要であろう。それには，既にCPTPPで採用したルールを可能な限りRCEPに移管していくことが望ましい。円滑な移管には，CPTPP交渉参加国であるASEANのシンガポール，マレーシア，ベトナム，ブルネイ，そして対話国の日本，豪州，ニュージーランドが連携し，ルール導入に向けた働きかけや導入支援を行う必要があろう。

第2節　RCEP形成までの道程

1. 二つの東アジア経済圏構想

　東アジア全体でのシームレスな経済圏の構築は，企業の取引コストの低減化のみならず，サプライチェーン網や企業立地などの東アジア大での最適化を通じて，地域全体での競争力向上が期待出来る。RCEPは2013年5月に交渉が開始され，交渉は6年を超えて行われており，生みの苦しみを味わっている。ASEANは全ての関係国との間でFTAを有するものの，対話国間の幾つかの組み合わせではFTAがなく，特に市場アクセスに関して白紙の状態から交渉を行う必要があり，交渉長期化の一因にもなっている。しかし，RCEP交渉に至るまでの道のりも決して平坦ではなかった。

　2000年代，東アジアではASEAN＋1FTAなどが次々と構築されていった。他方，東アジア全体を包含する本当の意味でのシームレスな経済圏構想は，中国と韓国が主導する形で検討されてきた「東アジア自由貿易地域」（East Asia Free Trade Area：EAFTA）構想（ASEAN＋3で構成）と，日本がイニシアチブを採った「東アジア包括的経済連携」（Comprehensive Economic Partnership in East Asia：CEPEA）構想（ASEAN＋6で構成）とがあった。これら二つの経済圏構想の実現を巡り，日本と中国・韓国とが主導権争いを演じるなど，現在のRCEP交渉に至るまでにも紆余曲折があった。

　東アジア経済圏構想の起源は，20年以上も前に遡る。1997年7月にタイが震源地となったアジア通貨危機は，瞬く間に周辺国のみならず，アジアを越えて伝播した。1998年12月，ハノイで開催された第2回のASEAN＋3首脳会議で，韓国の金大中大統領は経済危機克服のための協力可能性を議論する民間有識者からなる「東アジアビジョングループ（East Asia Vision Group：EAVG）」の設置を提唱した。EAVGは2001年のASEAN＋3首脳会議で，「東アジア自由貿易地域の形成」を提言した。その他にもEAVGは，東アジア共同体実現のための措置の一つとして，ASEAN＋3首脳会議の東アジア首脳会議への進化

に言及している。これら提言を更にASEAN＋3の高官で構成される「東アジアスタディグループ」(East Asia Study Group：EASG) が検討, 2002年11月の首脳会議に, 将来的に東アジア共同体設立を視野に入れた17の短期的政策と9つの中長期政策を提案した。この中でEAFTAについては「利益, 課題, 影響に関する実現可能性を検討すべき」と提言している[10]。

EASGの提言を受け2004年11月のASEAN＋3経済相会議で中国は, EAFTA実現可能性に関する民間専門家会合 (EGFSE) 開催を提案した。2005年4月以降, 同専門家会合によりEAFTA実現に向けた検討が重ねられ, 2006年8月のASEAN＋3経済相会議に提言書を提出した。同枠組みを主導する中国と韓国は, 同年12月に開催される首脳会議への報告書提出を目指していたが, その前段階に位置付けられる経済相会議で, 後述する日本主導のCEPEA構想との兼ね合いもあり,「政府間事務レベルで更に検討を継続すること」とされたことによりEAFTAは翌年の首脳会議まで足踏みが決定的になったと思われた。しかし, 2007年1月[11]に開催されたASEAN＋3首脳会議の場で, 韓国は事前の調整なしに半ば強引にEAFTA専門家会合報告書を配布・説明するとともに, 物品・サービス・投資分野の市場アクセスについて, 実現可能な選択肢を提示すべく分野毎に詳細な分析を行う「民間専門家会合フェーズⅡ」の実施を提案した。首脳はシナリオにない突然の韓国首脳からの提案に困惑しながらも, 実施を渋々了承したという[12]。

その後, フェーズⅡの民間研究は約1年半に亘って行われ, 2009年8月のASEAN＋3経済相会議に最終報告, 政府間検討の開始を決定, 同年10月のASEAN＋3首脳会議では, 経済相会議の決定を歓迎した。ASEAN＋3は漸く次のステップである政府間協議に向け動き出すことになった。

一方, 日本は, 社会主義市場経済体制を背景に, 年々経済力を拡大させている中国主導での東アジア経済圏形成を懸念し, 民主主義国家である豪州, ニュージーランド, インドを招き, 独自の経済圏構築に踏み出した。それが「東アジア包括的経済連携」(CEPEA) 構想である。同構想には, EAFTAの13カ国に加え, 豪州, NZ, インドの計16カ国からなる。もともと同構想は経済産業省が2006年4月に打ち出したグローバル経済戦略に端を発する。ここでは,「東アジア全体で効率的で成熟した市場経済圏を実現するため, また, 我

が国が東アジア経済統合に向けた機運をリードしていくため,『東アジアEPA』の交渉開始を我が国として提唱すべき」としていた。

　2006年8月に二階経済産業相は,日ASEAN経済相会議でCEPEAの可能性に関する民間専門家会合立ち上げを提案した。それに対して中国と韓国は,「広域経済統合はEAFTAという基盤があり,これを土台に進めるべき」(中国),「ASEAN＋6の検討には反対。EAFTA報告書は10年に及ぶ検討の賜物。＋3,＋6の同時並行的な検討は非現実的」(韓国)と反対を表明した。しかし,ASEANの中には中国主導の経済圏構築に懸念を持つ国もあったことから,2007年1月に開催された東アジア首脳会議で,CEPEA民間研究会合の開始が正式に合意された。

　EAFTAから約2年遅れて検討が開始されたCEPEA構想について,その遅れを取り戻すべく,日本は巻き返しを図った。2007年6月に東京で最初の民間専門家会合が行われ,約1年後の2008年8月のASEAN＋6経済相ワーキングランチで最終報告が行われた。ここでは,研究結果を第4回東アジア首脳会議に報告するとともに,EAFTA同様,同民間専門家によるフェーズⅡ研究会の実施に合意した。この時点でEAFTAから約1年遅れにまで差を縮めた。

　CEPEAのフェーズⅡの民間専門家会合は2008年11月に東京でキックオフしたが,翌2009年8月のASEAN＋6経済相ワーキングランチでは早くも最終報告が行われた。ここでは,報告書を歓迎すること,10月の東アジア首脳会議に報告すること,CEPEA最終報告の勧告について高級経済事務レベル(SEOM)で議論を開始するよう首脳に提言することで合意した。並行して開催されたASEAN＋3経済相会議では,EAFTAも政府間での検討開始を決定している。漸くCEPEA構想がEAFTA構想に追いついた。これを受けて,2009年10月にタイのホアヒンで開催された東アジア首脳会議では,EAFTAとCEPEAの両構想について,並行して政府間で議論することになった。

2. 二つの東アジア経済圏構想からRCEPへ

　2009年10月の東アジア首脳会議でEAFTA・CEPEAの両構想は漸く政府間で議論されることになったが,その一方でASEANは決してこれら取り組みに

積極的とは言えなかった。その理由として，ASEAN の投資吸引力の最大化という意味では自らがハブとなる「ASEAN＋1FTA」がより効果的と考えてきたことが挙げられる。EAFTA や CEPEA が実現すれば，巨大な市場と人口を抱える中国とインドに投資を奪われかねず，EAFTA や CEPEA が相互に牽制し合うのは，むしろ ASEAN にとって好都合であった。また，常に大国間のバランスを意識している ASAEN が，中国と韓国，または日本が主導する東アジア経済圏構想のいずれか一方を選択するのが困難であること，更には多くのASEAN 諸国が既存の ASEAN＋1 や 2 国間の FTA の交渉・履行に，既に相当の時間と人的資源を割いていたこと，などが背景にある。

日本は 2010 年 8 月に東アジア地域経済統合に向けた中長期的な展望を示したコンセプトペーパー「イニシャル・ステップス」を提案した。ここでは，原産地規則，関税分類，税関円滑化，経済協力の 4 つの作業部会[13]での議論を軸に東アジアの地域経済統合の検討を進めるに際し，産業界からのインプットにも配慮すること，次いで，基本的認識として統合プロセスは「自由化」と「開発」とを両輪とすること，最後に，検討作業は前述の 4 分野を中心に 7 分野[14]を柱立てとし，広範囲な分野で議論することを提言した。

4 分野の作業部会について，まず ASEAN 内で議論した後に，日中韓など域外関係国を招き議論を進めることになった。しかし，作業部会によっては域外関係国を招いた会合がなかなか開催されず，時間ばかりが経過する状況に，域外関係国は苛立ちを募らせた。遅々として進まない状況に，これまで主導権争いを演じてきた日本と中国とが連携，2011 年 8 月の ASEAN＋6 経済相会議で，「EAFTA 及び CEPEA 構築を加速化させるためのイニシアチブ」を共同提案した。これまで主導権争いを演じてきた日中両国が，利害を越えて共同提案したことは，ASEAN に驚きを持って迎えられた。共同提案では，東アジア経済圏構想の対象国の問題は「ASEAN プラス」という形で棚上げすること，4 分野での作業部会について，同年 11 月の東アジア首脳会議までに終了させること，等が盛り込まれた。その結果，「ASEAN を中心とする地域的 FTA（ASEAN＋＋FTA）のテンプレート（参加基準）について，ASEAN 内で 11 月までに報告をまとめる。その際，日中共同提案を考慮する」旨の共同声明が発出された[15]。

日中共同提案を受けて開催された2011年11月のASEAN首脳会議では,「テンプレート」のベースになるASEANの考える地域経済統合の枠組み「ASEAN Framework on Regional Comprehensive Economic Partnership」(RCEP)が提示された。これはこれまでの2つの東アジア広域経済圏構想に対する取り組みを踏まえながら,今後の地域的経済交流のあり方の一般原則を定めたものである。また,ASEAN＋3首脳会議と東アジア首脳会議では,日中が共同提案した物品貿易,サービス貿易,投資の3分野に関する作業部会の設置が決定された。ASEANはプラス3かプラス6かという対象国の議論を棚上げし,東アジア16カ国のうち「テンプレート」を満たせる国々で広域経済圏作りを目指すことにした。

　歩みが停滞していた東アジア経済圏構想について,ASEANがその重い腰をあげた背景には,日中両国の共同提案もあるが,最大の要因は,ASEANとして関与していない環太平洋経済連携協定(TPP)や日中韓FTAが大きく動き始めたことに対する危機感である。2010年10月,菅首相は横浜で開かれていたAPEC-CEOサミットで,TPP交渉参加に向けて関係国との協議に着手する意向を表明,以降,国内で調整を図っていった。翌2011年11月,米国ハワイ・ホノルルで開かれたAPEC首脳会議に先立ち,野田首相はTPP関係国と協議に入ることを表明した。東アジア経済圏構想で主導的役割を担ってきた日本が,本格的にTPPに舵を切ったことに加えて,更にカナダとメキシコもAPEC首脳会議の席上,交渉参加の意思を見せた。またTPPには2010年3月の交渉開始時からASEAN加盟国のシンガポール,ブルネイ,ベトナムが,遅れて同年10月にマレーシアが,それぞれ参加した。地域協力機構としてのASEANは,アジア太平洋地域での貿易自由化の枠組み構築の主導権が,ASEANからTPPに移りかねないことに危機感を持った。また日中韓FTAについては,2011年5月の日中韓首脳会議において,日中韓FTA産官学共同研究を2011年中に終了させることで合意,交渉開始は時間の問題となった。

　ASEANは,TPPや日中韓FTAの登場でASEAN自体の求心力低下と,これらFTAが実現した場合の経済的負の影響を懸念した。それに対し日本は同年の東アジア首脳会議の場で,「アジア太平洋FTA(FTAAP)実現に向け,TPPだけでなく様々な道がある」ことを強調し,ASEANに対し東アジア経済

圏構想に向け前進するよう迫った。

その結果，2012年11月，ASEAN首脳会議に合わせて参集したASEAN各国とFTAパートナー諸国の首脳は，RCEP交渉の立ち上げを宣言したのである。ASEANは，「ASEANの中心性」維持のためにも，自らが「ドライビングシート」に座れる東アジア経済圏構想に向けて，その重い腰をあげざるを得なかったのである。

3. 交渉の立ち上げから現在まで

RCEP交渉は2013年5月に開始された。現在も交渉は継続しており，交渉の立ち上げから現在までの動きを概観する。

RCEP交渉の立ち上げ宣言に先立って行われた2012年8月の経済相会議で「RCEP交渉の基本方針及び目的」を採択，ここで交渉参加16カ国は，RCEPを現代的で包括的な，そして質の高い互恵的な連携協定にすることを目標にした。また，同時に参加国の発展段階を考慮した特別な待遇と後発開発国に対する柔軟な対応を規定している。

RCEPの三本柱は，市場アクセス，ルール，協力であるが，交渉範囲は18分野に及ぶ。具体的には，① 物品貿易，② 原産地規則，③ 税関手続・貿易円滑化，④ 衛生植物検疫措置（SPS），⑤ 任意規格・強制規格・適合性評価手続（STRACAP），⑥ 貿易救済，⑦ サービス貿易，⑧ 金融サービス，⑨ 電気通信サービス，⑩ 人の移動，⑪ 投資，⑫ 競争，⑬ 知的財産，⑭ 電子商取引，⑮ 経済技術協力，⑯ 中小企業，⑰ 政府調達，⑱ 紛争解決，である。

RCEP交渉が13年5月に開始されて以降，16カ国の閣僚・首脳もRCEPの早期妥結に向けて会合を重ねるなど，交渉を後押ししてきたものの，未だ交渉は継続中である。物品貿易をみても，モダリティが決まったのは2015年8月に開催された第3回RCEP閣僚会議においてであり，モダリティ交渉だけで2年以上を費やした。背景には，中国への対抗軸として日本がCEPEA時代から広域経済圏の枠組みに誘い込んだインドや豪州，NZが度々攪乱要因になった。例えば，インドは中国からの輸入増大を警戒，自由化水準や関税譲許方式などを巡り，「RCEP交渉の基本方針及び目的」から逸脱するような他の参加国が

到底受け入れられない主張を展開した。その一方，豪州やNZは質の高いFTAを求め原則論を展開，大きな域内経済格差を内包し，後発開発国を複数抱えるASEANが対応に苦慮する場面が度々発生したという。

2018年11月の共同首脳声明では，RCEP交渉の実質的な進展を歓迎するとともに，交渉は最終段階に進んでいることを確認，その上で，現代的で，包括的な，質の高い，かつ互恵的なRCEPを2019年に妥結する決意を表明した。全18章のうち，19年7月時点で7つの章で合意している[16]。物品貿易における自由化水準を含め，残りの11分野は依然として意見の相違が埋められていない。交渉が残っている分野について，物品，投資，サービスなど市場アクセスについては，既存のFTAがない国同士を中心に二国間交渉を集中的に行い，また知的財産権，電子商取引，競争等のルールについては，国毎に政治的にセンシティブな部分について，柔軟性を持たせるなどにより，取りまとめを行っている。

4. CPTPP発効のインパクトと懸念されるミニWTO化

2つの東アジア経済圏構想がRCEPに進んだのは，ASEANが関与していないTPPや日中韓FTA等が進展したことで，ASEANの求心力が低下し，ASEANの投資誘致に影響を及ぼす懸念があったためである。その意味でこれらFTAは，RCEPを刺激してきた。しかし，2016年2月に参加12ヵ国が一旦は署名したTPPについては，2017年1月に反TPPを掲げたトランプ米大統領が就任，TPPから離脱する旨の大統領令に署名した。TPPは一転して存続の危機に陥ったが，離脱表明の翌2月の日米首脳会談でトランプ政権が米国抜きのTPP推進を容認したことから，日本は「TPP11」実現に向け，主導的に他の10ヵ国に働きかけを行った。

TPP参加11ヵ国は投資条項等TPP協定の一部を凍結する形で，2017年11月にAPECに合わせて実施されたTPP11閣僚会議で大筋合意に達した。TPP11は正式な名称を「環太平洋パートナーシップに関する包括的及び先進的な協定」（CPTPP）とし，2018年3月に署名，同年12月30日に発効した。CPTPPは，物品貿易のみならず，電子商取引，労働などWTOでカバーされ

ていない新たな分野も含まれるなど，21世紀型の通商・投資ルールを採用したFTAである。

　CPTPP自体は発効したものの，米国の離脱により，人口や経済規模，世界貿易に占めるシェア等地域経済圏としてのCPTPPは，残念ながらRCEPに比べ大きく見劣りする（第7-1表）。今後，米国の復帰や他の有力国が参加しない限り，RCEPに刺激を与えるなど交渉の推進を促す役割は望めなくなった。しかし，CPTPPの役割は，21世紀型の通商・投資ルールについて，WTOを含めて広く伝播・拡散させていくことにある。「国」対「投資家」の紛争解決手続（ISDS）やCPTPP参加国からの貨物は到着から原則48時間以内に引き取れるなどの通関の迅速化，WTOの「知的所有権の貿易関連の側面に関する協定」（TRIPs）には含まれない，より高度または詳細な規律の知的財産権，国有企業の他国企業に対する無差別待遇など，その内容はWTOが機能不全に陥っている現在，最も進んだ内容となっている。一方，多様な国々を抱えるRCEPは，CPTPPに比べて自由化水準や対象範囲，また措置の実施速度面でも柔軟性を持つ枠組みである。CPTPPに比肩する水準という高い理想を厳格に追い求めた場合，人的資源や能力開発の不足を理由に後発途上国等の国々が一部内容に合意出来ない可能性があり，RCEPは漂流するなど「ミニWTO化」する可能性もある。最終的にはCPTPP水準の枠組みにすることが望まれるが，反グローバル化や保護主義の連鎖が世界に拡がる中，まずはRCEP交渉の妥結が最優先課題である。

第3節　RCEP実現に対する産業界の期待

1．日本企業の事業活動活性化とRCEP

　在ASEANの日系産業界は，前述の通り調達・供給においてRCEP地域への依存度が極めて高い（第7-3表）。そのためRCEPの実現は日本の生産ネットワーク自体の効率化・最適化に資する。2010年以降，東アジアでは5つのASEAN＋1FTAが完成している。しかし，各々が別々の協定であることから，

利用企業にとっても様々な不都合が生じていた。2012年7月，ASEAN日本人商工会議所連合会（FJCCIA）古澤議長（泰国三菱商事会社社長）はスリンASEAN事務総長に対し，「RCEPは我々の抱えている問題を解決出来る有力なツールになる可能性がある。RCEPでより柔軟な原産地規則を採用した上で，5つのASEAN＋1FTAが統合することを強く希望する」と述べている。

具体的に，ASEAN＋1FTAの関税削減が進むにつれて，企業のこれらFTAに対する認知度は上がり，利用も拡大している。しかし，これら5つのFTAは各々別々な協定であり，FTAの利用条件や申請フォーマット，記入事項が各々異なる場合も多く，利用企業にとって事務手続きや管理上の負担になっている。また，同一品目であっても適用される関税率や原産地規則が異なることによる「スパゲティ・ボウル現象」がビジネスを阻害する懸念があった。

当時，FJCCIAは5つのASEAN＋1FTAの利用上の問題として，大きく2点を指摘していた。まず，①各々の原産地規則が異なっていること（ある特定のASEAN＋1FTAで原産性が認められても，他の＋1FTAで認められるとは限らない），②（企業の調達・供給ネットワークが東アジア大に広がろうとしている中）5つのASEAN＋1FTAは各々別々な協定であり，有機的な連携による取引が難しいこと，である。

後者について，例えば，ある企業は日本でしか製造できない高機能部品を調達しASEANで組み付けてインドに輸出する際，日本製高機能部品の付加価値が大きい，もしくは日本製調達部品とインド向け完成品とで関税番号が変わらない等の理由で，ASEANインドFTA上の「（ASEAN）原産品」と見做されず，インド側で特恵関税が適用されないとする悩みを抱えていた。

これら5つのASEAN＋1FTA関連地域において，RCEPの下で同一ルールが適用出来れば，東アジアが仮想的な単一市場となり，同地域で生産ネットワークを張り巡らす企業にとって，事務手続きの簡素化，管理上の負担の軽減，更にはRCEP対象地域での拠点再編・最適地生産により，競争力強化が可能になる。

2. RCEPで導入が期待される原産地規則「完全累積基準」

　ジェトロは2015年度在アジア・オセアニア日系企業活動実態調査で，在RCEP日系企業を対象に，RCEP交渉の中で期待する事項を聞いた。この設問に3,579社が回答したが，最も多かったのは「通関に係る制度・手続きの簡素化」で39.8％（1,426社）[17]であり，これに「利用しやすい原産地規則の採用」が23.9％（855社），「労働査証発給に関わる制度・手続きの緩和」（21.3％，763社）が続く。ここでも原産地規則はRCEP交渉の中でも民間企業が最も注目している事項の一つである。

　2015年8月下旬にマレーシアで開催された日ASEAN経済相会議にFJCCIAが参加，RCEPにおける物品貿易に関するルールとして，① RCEPのもと輸入国側は同じ税率を差別なくいずれの輸出国にも適用する「共通譲許」の採用，に加えて，② 原産地規則として「完全累積」の導入，を要望した。経団連も自らの政策提言の中でRCEPについて，(1) 締約国の原産品であれば自国の原産品として扱う「完全累積」を認めること，(2) 付加価値基準の閾値を既存のEPA／FTAよりも下げること，を要望した[18]。

　ここで言及されている完全累積規則は既にCPTPPで採用されており，RCEPでも導入に向けて検討が重ねられている。これは例えば，締約国付加価値40％未満で締約国原産が得られない中間財の場合，中間財価額のうち原産価額分のみを抽出，付加価値として累積できるものである。なお閾値40％を超えた品目はこれまで通り「締約国原産」とされ，中間財価額全体が累積できる「ロールアップ」ルールが適用されるとみられる。現在，ASEANもASEAN経済共同体（AEC）2025の下での「原産地規則の簡素化・強化」の一環で完全累積の導入が検討されている。

　RCEPが出来れば，産業界が懸念する「スパゲティ・ボウル現象」の回避に繋がるとともに，更に完全累積ルールを導入することが出来れば，日系企業が構築してきた複数国に跨るサプライチェーンがより効果的に連結され，そのチェーンの隅々まで有効活用出来る可能性がある。

おわりに：RCEP 実現に向けて

　貿易自由化と投資誘致を推進力に経済開発を進めてきた東アジアは，アジア太平洋における経済圏「アジア太平洋 FTA」（FTAAP）に向けたステップとして TPP と RCEP を両輪と位置付けてきた。従来，TPP 未参加国は，TPP 発効による存在感と投資に対する求心力の低下を危惧し，RCEP 構築を目指してきた。協定は CPTPP として発効したものの，米国が離脱したことで，その存在感は低下を余儀なくされた。

　ISEAS ユソフ・イサーク研究所の ASEAN 研究センターが 2018 年 11〜12 月に実施したアンケート調査[19]の中で，CPTPP に参加していない国の市民[20]に対し，CPTPP に参加について質問したところ，米国の TPP 離脱が最大の理由であろうが，全体の 53.6％は「様子見が望ましい」，また同 10.0％は「CPTPP の外にいるべき」とするなど，あわせて 6 割以上が現段階で CPTPP への参加に消極的である。TPP の存在感が一気に低下した今，一部に痛みも伴い，且つ多大な調整コストを要する RCEP について，敢えて急いで進める理由はなくなったことから，推進力の喪失が懸念される。しかし，交渉担当者の間では，それら懸念を尻目に，CPTPP 自体が妥結したことで，むしろ RCEP を早期に妥結させるモメンタムが高まっているという。東南アジアにおいても長年掲げてきた自由貿易推進のモメンタムを失うわけにはいかない。

　世界では近年，反グローバル化と保護主義の勢力が増し，連鎖的に拡大する様相を呈している。アジアの時代が間もなく到来する中，RCEP を早急に妥結させ，アジアが自ら自由貿易推進の御旗を高く掲げることは大きな意義がある。

　RCEP の早期合意実現に向け，特に政治的な懸隔の多い課題の解決について，閣僚や首脳の決断が必要であることから，首脳・閣僚会合を増やしている。2019 年も選挙が一段落した下半期以降，閣僚会合が頻繁に行われ，交渉官同士で埋まらなかった溝を，閣僚の手で一つ一つ政治決着を図っていくことになる。加えて，RCEP の早期妥結には，大きく 3 つ考えられる。まず，予定通り進める国は先に進み，準備が整わない国については，整った時点で参加を容認

する「ASEAN−（マイナス）X」方式をRCEPでも採用し，時間を無駄に浪費することなくRCEP構築作業を進めることである。過去にASEANは交渉の攪乱要因となっているインドに対し，関税を削減するか，経済ブロックから退出するか，「最後通牒」を突き付けたことがある[21]。TPPにみる米国と同様，インドに対しRCEPから離脱を迫ることは，RCEP自体の存在感を低下させる懸念があり，出来る限り避けねばならない。それよりも，準備が出来た段階で参加する「マイナスX」方式の採用や，もしくは国毎のバランスを取らねばならないため，相当の時間が割かれる可能性はあるが，個別分野でのセンシティブ事項について，特定の国を除外する方法が考えられる。これは，TPP交渉でも採られた方法である。もう一つは，18分野の交渉が進められているが，WTO同様，合意した分野は先行して実施することである。現在，RCEPはシングルアンダーテイキング（一括妥結方式）で進められており，現状ではアーリーハーベストを行うことは想定されていない。しかし，今後，交渉が漂流した場合，合意分野の先行実施も検討する価値があろう。

最後に，先進各国にとっては満足できない水準であっても，締結・発効を最優先することである。ASEANは，AFTAでもまたASEAN＋1FTAでも，実際に利用している産業界の声を聞く形で，必要に応じて協定を改定してきた。RCEPの場合，構成する16ヵ国は毎年ASEANが主催するSEOM会議や経済相会議等で対話の機会を持っていることから，定期的な見直しも可能である。また，それに際し，特に電子商取引等後発開発国がルール形成についてこれない分野については，国内規制の整備や運用能力向上のための能力開発の取り組みが重要である。RCEPを核に，東アジアを世界で最も自由な通商環境が整った「ビジネスフレンドリーな地域」にしていくことで，東アジア発の「FTAのドミノ効果」を期待したい。

注
1) フィナンシャル・タイムズ電子版（2019年3月26日付）。
2) Comprehensive and Progressive Agreement for Trans-Pacific Partnership.
3) IMF（2018）．
4) ジェトロ（2018）。
5) 詳しくは95頁第7-3表を参照のこと。
6) 海外事業活動基本調査（経済産業省）各年版。
7) http://www.kantei.go.jp/jp/singi/keizaisaisei/pdf/saikou_jpn.pdf

8) EABC（2016）．
9) 現地調達も含んだ調達全体でみれば，在中国および韓国における日系企業の日本からの調達比率は，各々25.3％，46.4％である。
10) EASGの主な提言内容は，東アジア自由貿易地域（EAFTA）の設立，中小企業による海外直接投資の促進，東アジア投資地域（EAIA）の設立，金融支援と為替調整のためのメカニズムの構築，ASEAN＋3首脳会議の東アジア首脳会議への発展，海洋環境の保護，緊急行動計画の策定，NGOとの政策協議の強化等。
11) 当初，首脳会議は2006年12月にフィリピン・セブで開催される予定であったが，台風の襲来により翌2007年1月に延期された。
12) 当時，筆者は日本貿易振興機構（ジェトロ）においてCEPEA研究会合実施の支援を担当しており，首脳会議での詳細な様子を政府側より聴取している。
13) CEPEAフェーズIIについて，2009年8月のASEAN＋6経済相ワーキングランチで最終報告が行われた。また，東アジア地域経済統合実現に向けた礎石にするため，原産地規則，関税分類，税関円滑化，経済協力の4分野で作業部会を設けることで合意している。
14) 7分野は，①物品貿易，②税関手続き・貿易円滑化，③経済協力，④産業政策，⑤ハードインフラとコネクティビティの強化，⑥投資・サービス貿易，⑦熟練労働者の移動。
15) https://www.meti.go.jp/policy/trade_policy/east_asia/dl/2011AEMplus6.pdf
16) 決着したのは「中小企業」と「経済協力」に加え，「税関手続き・貿易円滑化」，「政府調達」，「制度的規定」，「衛生植物検疫措置」，「任意規格・強制規格・適合性評価手続き」。
17) 通関についてTPPでは，TPP加盟国からの貨物が到着から原則48時間以内に引き取れるなど，通関の迅速化が約束されている。
18) 2013年5月7日付「質の高い日中韓FTA並びに東アジア地域包括的経済連携（RCEP）の早期実現を求める」。
19) ASEAN Studies Centre（2019）．
20) アンケート回答者数は10カ国で1,008人。回答者数の42％は学会・シンクタンク関係者，政府・政府間および国際機関が32.9％，産業・金融（10.4％），市民社会団体（8％），メディア（6.7％）。
21) 2016年6月2日付 Financial Express「Protectionist: India gets ultimatum from RCEP countries to cut tariffs or leave bloc」（2018年5月5日閲覧）。

参考文献

石川幸一・清水一史・助川成也編著（2009）『ASEAN経済共同体』ジェトロ。
石川幸一・清水一史・助川成也編著（2016）『ASEAN経済共同体の創設と日本』文眞堂。
外務省（2018）『海外在留邦人数調査統計』。
経済産業省（2006a）『グローバル経済戦略―東アジア経済統合と日本の選択』（2006年6月）。
経済産業省（2006b）『グローバル経済戦略〈要約版〉』（2016年6月20日最終アクセス, http://www.meti.go.jp/committee/summary/eic0009/pdf/006_05_02.pdf よりダウンロード）。
助川成也（2016）「第5章 RCEPの意義と課題」石川幸一・馬田啓一・渡辺頼純編著『メガFTAと世界経済秩序：ポストTPPの課題』勁草書房。
助川成也（2019）「ASEAN経済共同体（AEC）2025での物品貿易自由化に向けた取り組み」ITI調査研究シリーズNo86『進化するASEAN経済共同体2025の基本構成と実施状況』国際貿易投資研究所（ITI）。
日本貿易振興機構（2018）『在アジア・オセアニア進出日系企業実態調査』。
福山光博（2010）「東アジア経済統合への『最初の歩み』」経済産業研究所（2018年5月5日最終アクセス, http://www.rieti.go.jp/jp/special/special_report/041.html よりダウンロード）。

ASEAN Studies Centre (2019) "The State of Southeast Asa: 2019 Survey Report" ISEAS Yusof Ishak Institute.
EABC (2016) "East Asia Business Council's Report to the ASEAN + 3 Economic Ministers 2016".
IMF (2018), "Regional Economic Outlook: Asia Pacific", October 2018.
United Nation (2015) "World Population Prospects: The 2015 Revision".

(助川成也)

第 8 章

ASEAN 経済共同体 2025 の現況と展望

はじめに

　ASEAN 経済共同体が創設された 2015 年，ASEAN が設立 50 周年を祝った 2017 年は，ASEAN が注目され，日本のメディアでも多くの報道がなされた。しかし，その後は中国の一帯一路構想や米中貿易戦争などのトピックの陰に ASEAN は隠れてしまったかのようである。人口 6 億 5,000 万人の統合された新興市場および大半の国が中国よりも低コストの生産基地，そして日本の友好国・地域としての ASEAN の重要性は変わっていない。ASEAN は AEC2015 により自由化率の高い統合市場を実現し，2025 年を目標年次として 5 つの目標からなる AEC2025 を 2015 年に策定し，行動計画を着実に実施している。
　本章では，AEC2025 が何を目指しているのかを AEC ブループリント 2025 および統合戦略的行動計画（CSAP）により検討するとともに行動計画の実施状況を明らかにすることにより AEC2025 の特徴と重要性を論じている。

第 1 節　新たな目標となる ASEAN 経済共同体 2025

1．AEC2015 創設は節目

　ASEAN の経済統合は 1993 年から 2002 年までの AFTA（ASEAN 自由貿易地域）による物品貿易の自由化を第 1 段階，2003 年から 2015 年までの AEC（ASEAN 経済共同体）2015 創設を第 2 段階とすると 2016 年からの AEC2025 創設に向けての第 3 段階に入ったといえる。

AFTA は物品の貿易の自由化を対象としており 2002 年に当初の 0％〜5％への関税削減を達成した。AEC は物品の貿易に加え，サービス，投資，資本，熟練労働者の自由な移動を目指しており，2007 年から AEC ブループリントにより実現に向けての行動計画が進められ，2015 年 11 月にクアラルンプールで開催された第 27 回首脳会議で 2015 年 12 月末の創設を宣言するとともに ASEAN 共同体ビジョン 2025 を採択した。

AEC2015 の創設と同時に AEC2025 創設を決めたのは，AEC2015 の目標の全てが実現してはいないためである。ASEAN 事務局によると，AEC2015 の目標の実現率（2015 年 10 月時点）は 93.9％となっている[1]。AEC2015 は何を実現し，何が実現しなかったのだろうか。AEC2015 の最大の成果は関税の撤廃による AFTA の実現である。5 つの ASEAN＋1FTA など域外との FTA も締結された。このように「国境措置」の分野では成果をあげたが，「国内措置」では実施が遅れている[2]。たとえば，非関税障壁の撤廃はほとんど進展せず，サービス貿易や投資は自由化されていない分野が残っている。貿易手続きを電子化し ASEAN 各国で接続しデータ交換を行う ASEAN シングルウィンドウも実施が遅れている。2020 年が目標年次だった ASEAN 高速道路網やシンガポール昆明鉄道は完成していない。そのため，ASEAN 共同体ビジョン 2025 は，AEC2015 の創設を重要な節目（milestone）と位置づけている[3]。

第 27 回首脳会議では，ASEAN 共同体ビジョンとともに ASEAN 政治安全保障共同体ブループリント 2025，ASEAN 経済共同体（AEC）ブループリント 2025，ASEAN 社会文化共同体ブループリント 2025 が採択された[4]。AEC ブループリント 2025 によると，AEC2015 の目標が 4 つだったのに対し，AEC2025 は 5 つの戦略目標を掲げている（第 8-1 表）。新たな目標は「3. 高度化した連結性と分野別協力」である。ただし，後述のように内容は AEC2015 の目標を組み直したものであり新しくはない。ASEAN の域内格差の是正に取り組む ASEAN 統合イニシアチブ（IAI）の作業計画Ⅲと ASEAN 連結性マスタープラン（MPAC）2025 は ASEAN 共同体 2025 の一部と位置付けられている。

経済統合のレベルについては，AEC2025 は「FTA プラス」という AEC2015 を踏襲している。域外共通関税は採用せず関税同盟ではないし，通貨統合は目

第 8-1 表　AEC2025 と AEC2015 の戦略目標

AEC2025	AEC2015
1. 高度に結束し統合した経済	1. 単一市場・生産基地
2. 競争力があり革新的でダイナミックな ASEAN	2. 競争力のある経済地域
3. 高度化した連結性と分野別協力	
4. 強靭で包摂的,人間本位・人間中心の ASEAN	3. 公平な経済発展
5. グローバルな ASEAN	4. グローバル経済への統合

（出所）　ASEAN 事務局資料により作成。

標になっていない。サービス，投資の自由化は進めるが例外が多く，人の移動は熟練労働者に限定されており，共同市場を目指していないし，政府調達の開放は目標となっていない。

2. AEC ブループリント 2025 と統合戦略的行動計画（CSAP）

　AEC ブループリント 2025 は，Ⅰ 序文，Ⅱ 戦略目標（Characteristics）と主要分野（Elements），Ⅲ 実施と見直しから構成されている。序文では，AEC2015 の成果をレビューし，AEC ブループリント 2025 が，① ASEAN 東アジア経済研究所（ERIA），ラジャラトナム国際研究所（RSIS），東南アジア研究所（ISEAS）による研究成果と提言を取り入れて作成されたこと，② AEC2015 のビジョンをベースに相互に関連し強化しあう 5 つの戦略目標から構成されること，③ AEC2015 の未達成分野の実施を 2016 年末まで優先すること，④ 零細中小企業（MSMEs），貿易投資を拡大する手段としてデジタル技術を活用すること，e-ビジネス，良き統治，グリーンテクノロジーの利用を強調することを明らかにしている。

　さらに AEC2025 のビジョンとして，① 深く統合し高度に結束した ASEAN 経済，② 公平で包摂的な経済成長，③ 生産性の向上と競争力強化，④ 良き統治，透明性，感応的な規制レジーム，⑤ 人と人，制度，インフラの 3 つの連結性の拡大による資本と熟練労働者の移動の促進，⑥ ダイナミックで強靭な ASEAN（危機やショックへの対応），⑦ 持続可能な成長，⑧ 強化された紛争解決議定書（EDSM）の利用，⑨ ASEAN 中心性の強化，⑩ グローバル経済の

フィーラムにおける ASEAN の共通の立場と役割，発言の強化，の 10 項目を掲げている。① は第 1 戦略目標，② は第 4 戦略目標，③ と ④ は第 2 戦略目標，⑤ は第 3 戦略目標として具体化している。⑥ の食糧やエネルギーの安全保障は第 3 戦略目標，グローバルメガトレンドは第 2 戦略目標に含まれている。⑦ は第 2 戦略目標に含まれ，⑨ と ⑩ は第 5 戦略目標として具体化している。

戦略目標と主要分野では，5 つの戦略目標について対象とする主要分野および戦略措置が示されている。ただし，スケジュールは含まれていない。そのため，2017 年 2 月の ASEAN 経済大臣会議および AEC 理事会で統合戦略的行動計画（Consolidated Strategic Action Plan：CSAP）が承認された[5]。CSAP は AEC2025 ブループリントで作成が定められていたもので 2018 年 8 月に更新されている。

CSAP は，AEC ブループリント 2025 の 5 つの戦略目標（Characteristic）の主要分野（Key Element）について，目的，戦略的措置（Strategic Measures），主要行動計画（Key Action Line）を示している。さらに，主要行動計画ごとにスケジュール（Timeline），分野別作業計画（Sectoral Work Plan）と担当機関（Sectoral Body）を明示しており，AEC2015 ブループリントと比べ詳細かつ具体的な内容となっている。CSAP は 2018 年 8 月に更新され，戦略的措置は 153，主要行動計画は 556 となっている。目標別にみると，C. 高度化した連結性と分野別協力の主要行動計画が 233 と極めて多い（第 8-2 表）。これは交通運輸が 78 と極めて多くの行動計画を含むためである。次に B. 競争力のある革新的で

第 8-2 表　CSAP の戦略的措置数と行動計画数（2018 年 8 月更新）

戦略目標	主要分野	戦略的措置	主要行動計画
A　高度に統合し結束した経済	6	26	106
B　競争力のある革新的でダイナミックな ASEAN	9	47	116
C　高度化した連結性と分野別協力	9	51	233
D　強靭で包摂的，人間本位・人間中心の ASEAN	5	23	87
E　グローバル ASEAN	1	6	14
合計	30	153	556

（出所）　ASEAN Secretariat (2018), ASEAN Economic Community 2025 Consolidated Strategic Action Plan, Updated on August 2018.

ダイナミックな ASEAN の主要行動計画が 116 となっている。CSAP に加えて，さらに詳細な分野別作業計画（Sectoral Work Plan2016-2025）が主要分野ごとに作られた。

第2節　AEC2025 の5つの戦略目標と実施評価方法

5つの戦略目標の特徴および戦略的措置について概略をみておく。主要行動計画は膨大なため，紙幅の制約から物品の貿易についてのみ注目すべき行動計画を取り上げ説明している[6]。

1. 高度に統合され結束した経済

主要分野（Elements）は，① 物品貿易，② サービス貿易，③ 投資環境，④ 金融統合・金融包摂・金融安定，⑤ 熟練労働者，商用訪問者の移動促進，⑥ グローバル・バリューチェーンへの参画強化の5つである（第8-3表）。AEC2015

第8-3表　高度に統合し結束した経済の主要分野と戦略的措置

A1 物品貿易 (21)：① ATIGA の強化 (5)，② 原産地規則の簡素化と強化 (3)，③ 貿易円滑化 (10)，④ 税関 (6)，⑤ STRACAP：任意規格・強制規格・適合性評価 (16)
A2 サービス貿易 (10)：① 柔軟措置，制限，閾値，除外規定の見直し (2)，② グローバル・バリューチェーン支援のための外資誘致強化 (1)，③ サービス自由化の代替的アプローチ (1)，④ 非経済的目的などの規制についての規律 (1)，⑤ セクター別付属書 (2)，⑥ 技術協力強化 (3)
A3 投資環境 (15)：① 投資制限，障害の撤廃，② ACIA 留保リスト削減，③ ピアレビューの強化，自由化 (3)，円滑化 (4)，保護 (2)，促進 (6) の4分野での行動計画
A4 金融統合・金融包摂・金融安定化 (33)：① 金融統合強化 (8)，② 零細中小企業を含む金融包摂推進 (9)，③ 地域インフラ強化による金融安定化 (11)，④ 資本勘定の自由化 (2)，⑤ 決済システム強化 (2)，⑥ 金融面の開発格差縮小 (1)
A5 熟練労働者・商用訪問者の移動 (2)：① ASEAN 自然人移動協定の約束拡大 (1)，② 必要書類の削減 (1)
A6 グローバル・バリューチェーンへの参画の強化 (6)：① 合同マーケティングなど，② 貿易円滑化イニシアチブ，③ 国際基準への調和，④ 非関税措置と規制改革，（行動計画は6）

（注）　カッコ内は CSAP の主要行動計画の数。
（出所）　ASEAN Secretariat (2018), ASEAN Economic Community 2025 Consolidated Strategic Action Plan, Updated on August 2018.

の「A 単一の市場と生産基地」にあった優先統合分野と食糧・農業・林業が「C 高度化した連結性と分野別協力」に移され，グローバル・バリューチェーンへの参画は AEC2015 の「D グローバル経済への統合」から移された。投資の移動は投資環境となり，資本のより自由な移動は銀行統合を含め金融統合・金融包摂・金融安定として金融保険資本市場の統合を対象として規制や監督，零細中小企業の金融アクセス，人材育成などを含む幅広い分野となっている。熟練労働者の移動には商用訪問者の移動が追加された。

優先課題として，AEC2015 の未実現分野の実施があり，① 2015 年時点で関税品目の 7% に相当する CLMV の残存関税の撤廃，② サービス貿易の 15% 柔軟性，制限，閾値，除外措置の検討，③ ASEAN 包括的投資協定（ACIA）の留保リストの削減があげられている。物品の貿易については，AEC2015 では貿易自由化が最大の課題だったが，AEC2015 で関税撤廃が実現したことなどから貿易円滑化を重視している。税関と STRACAP（任意規格・強制規格・適合性評価）を含めると貿易円滑化の戦略的措置は 32 となる。課題となっている非関税障壁撤廃は，① 手続きとガイドラインの開発，② より強い規律の検討（2016 年-25 年），③ NTM データベースの更新と見直しなどで具体的な撤廃措置は打ち出されていない。2020 年が目標年次となっている金融自由化はAEC2025 で本格的に取り組むことになるため，行動計画は 33 と詳細かつ多数となっている。金融包摂は新たな目標であり，零細中小企業への金融アクセスの改善を目標としている。

(物品の貿易での注目すべき行動計画)
1) 輸入における最恵国待遇（MFN）の自動適用の検討

最恵国待遇は，ATIGA5 条の規定である。ある ASEAN 加盟国が非加盟国と輸入関税に関して ATIGA よりも有利な約束の協定を結んだ場合，他の加盟国はその加盟国に対してその待遇より不利でない待遇を獲得する交渉を行うことができ，その待遇（特恵関税）はその加盟国により一方的にかつ全加盟国にて適用されるという規定である。たとえば，ASEAN の加盟国が域外国と FTAを結び，ATIGA よりも有利な（ゼロを含む低い税率）を約束した場合，その税率よりも不利でない税率を他の ASEAN 加盟国にも与えることを求める交渉ができるとの規定である。

2）原産地規則における完全累積の検討

　AFTA では ASEAN での付加価値（ASEAN コンテント）が 40％以下であっても 20％以上であればその分を累積できる部分累積が認められているが，20％以下であっても ASEAN コンテントを累積できる完全累積について検討するとしている。完全累積は TPP 協定で採用されている。

3）ASEAN 全体での原産地の自己証明制度の実現

　ASEAN の原産地証明は商業省など政府機関が発行する第 3 者証明制度であるが，2010 年から自己証明制度の導入に取り組み始めた。現在，シンガポール，マレーシア，ブルネイが 2010 年に開始し，その後，タイ，カンボジア，ミャンマーが参加した「認定輸出者自己証明制度（第 1 自己証明制度）」と 2014 年にインドネシア，フィリピン，ラオスが開始し，タイとベトナムがその後参加した「認定輸出者自己証明制度（第 2 自己証明制度）」の 2 つのパイロット・プロジェクトが実施されている[7]。第 2 自己証明制度は，認定輸出者は製造業者のみなど限定的な制度である。2 つの自己証明制度を評価し，2015 年末の AEC 設立に合わせて 10 カ国が参加する「ASEAN 地域自己証明制度」を開始する予定だったが，遅れていた。

2．競争力があり革新的でダイナミックな ASEAN

　主要分野は，① 競争政策，② 消費者保護，③ 知的所有権協力，④ 生産性主導の成長，イノベーション，研究開発など，⑤ 租税協力，⑥ 良き統治，⑦ 効果的・効率的・対応性のある規制，⑧ 持続可能な経済発展，⑨ グローバルなメガトレンド・通商に関する新たな課題の 9 分野である（第 8-4 表）。競争政策，消費者保護，知的財産協力，税制協力は AEC2015 から継続している分野である。継続している分野では，AEC2015 の未実現目標の達成が優先されている。たとえば，競争政策では，全加盟国での競争法の制定が目標となっており，最後に残されていたカンボジアは 2018 年に競争法草案を閣僚評議会に提出している。さらに，競争法の施行，能力醸成と人材育成，競争法に対する意識の向上，競争政策および競争法についての ASEAN の協力などが行動計画となっている。税制では，AEC2015 の目標だった ASEAN 各国間の二重課税防止条約

第8章　ASEAN経済共同体2025の現況と展望　119

第8-4表　競争力があり革新的でダイナミックなASEANの戦略的措置

B1 効果的な競争政策(22)：① 競争法の制定と実施(2)，② 競争当局の能力構築(7)，③ 競争について高い意識をもつ地域(4)，④ 競争政策と法についての地域協力(3)，⑤ 競争政策と法の調和(5)，⑥ ASEANのFTAの競争章の一貫性維持のための調整，⑦ 国際的ベストプラクティスを考慮した競争政策と法の強化（⑥と⑦で1）
B2 消費者保護(22)：① 共通消費者保護の枠組み(7)，② 消費者の力量強化(4)，③ 製品安全政策の強化による消費者の信認の向上(6)，④ 消費者保護政策の影響評価(3)，⑤ 財とサービスでの消費者保護(2)
B3 知的財産権協力(18)：① 知財権担当部局の強化(7)，② 知財権保護のネットワークなど基盤開発とインフラ整備(4)，③ ASEAN知財権エコシステムの開発(4)，④ 資産創造と商業化メカニズム(3)
B4 生産性向上による成長，革新，研究開発など(5)：① 産学の戦略的連携，② 産学のネットワーク，③ 科学技術の応用による零細中小企業の競争力強化，④ 企業家精神とインキュベータープログラム，⑤ 人的資源育成システム，⑥ 技術移転，応用，革新のための政策環境，⑦ テクノロジーパークなどの支援，⑧ 研究開発におけるASEANのリンケージ，⑨ 強力な知財権保護，⑩ グローバルおよび地域のバリューチェーンと生産ネットワークへの参画，（行動計画は全体で5）
B5 税制協力(8)：① 二重課税問題のための2国間協定ネットワークの完成(3)，② 情報交換の改善(1)，③ 税源浸食と利益移転への対応(2)，④ グローバルな納税者番号の検討，⑤ 物品税課税における協力と情報共有(2)
B6 良き統治：① 透明性向上によるガバナンス強化と適応力の強化，② 民間セクターとステークホルダーの関与，（行動計画はASEAN良き規制慣行作業計画による）
B7 効率的・効果的・整合的な規制(15)：① 競争促進的で非差別的規制の確立(3)，② 規制の定期的見直しと勧告(3)，③ ステークホルダーとの対話の制度化(2)，④ 規制の定期的評価と目標設定(2)，⑤ OECD，ERIAなどとの能力構築プログラム実施(5)
B8 持続可能な経済発展(22)：① 再生エネルギー政策形成支援(2)，② 低炭素技術の採用支援(4)，③ 輸送でのバイオ燃料使用(2)，④ 電力と天然ガスでの連結性強化(4)，⑤ 食糧・農業部門投資プログラムの見直し(1)，⑥ 養殖，畜産，園芸での適正技術(3)，⑦ 温室化ガス削減のため農業生産工程管理の実施(2)，⑧ 森林管理(2)
B9 グローバルメガトレンドと通商に関する新たな課題(3)：新たな貿易に関連した課題とグローバルメガトレンドに関し戦略を策定し地域統合と協力による利益を最大にする労使関係の創出(3)

（出所）　第8-3表と同じ。

締結が行動計画となっている。

　新たに追加されたのは，生産性向上による成長・技術革新・研究開発など，良き統治，規制改革，持続可能な経済開発，グローバルメガトレンド・通商に関する新たな課題の5分野であり，新たな課題へのASEANの取り組みである。生産性向上による成長は中所得の罠を回避するために極めて重要な課題である。戦略目標は総論的で具体性が乏しく，行動計画は① 学界と民間セクターの協力，② リソースデータベース開発，③ 支援メカニズム開発，④ 協力・技術移転・知財保護などの政策枠組みの確立，⑤ 知財保護の意識強化の5

つであり，基盤整備的な措置があげられている。イノベーションでは，研究開発だけでなく，技術の応用，産学連携，生産ネットワークへの参加など幅広く，企業の現場に近い実践的な政策を指向している。統治と規制改革は，民間企業などステークホルダーの関与を重視，規制の見直しと人材育成が中心でERIA に加え OECD が協力している。規制改革も大きな課題である。世界銀行のビジネス環境ランキング（2017年）によると，190カ国中ミャンマーが170位，ラオス139位などシンガポール（2位），マレーシア（23位）を除き，下位から中位の評価となっている。貿易手続き環境ランキングでも同様である。これは，許認可に要する多大の時間とコストが要因であり，規制改革は競争力向上に不可欠である。

3. 高度化した連結性と分野別協力

　主要分野は，①輸送，②情報通信技術（ICT），③電子商取引，④エネルギー，⑤食料・農業・林業，⑥観光，⑦保健医療，⑧鉱物資源，⑨科学技術の9分野である。交通運輸，エネルギー，電子商取引は，AEC2015 の第2の戦略目標から移され，食糧・農業・林業，観光，保健医療，情報通信技術，鉱物資源は第1の戦略目標の優先統合分野から移されている。全く新しい分野は科学技術のみである。従って，形式的には「C 高度化した連結性と分野別協力」は，AEC2015 になかった新たな戦略目標であるが，内容は新しくはない。

　主要分野は，連結性（交通運輸，情報通信技術，電子商取引，エネルギー）と分野別協力（食糧・農業・林業，観光，保健医療，鉱物資源，科学技術）に分けられる。観光は人の移動という連結性分野でもある。AEC2015 で優先統合分野に位置づけられていたその他の産業（自動車，エレクトロニクス，航空，繊維・アパレル）はAEC2025 では言及されていない。

　交通運輸は主要行動計画数が77と極めて多く，詳細に説明されている。2020年が目標となっていたASEAN高速道路ネットワーク（AHN）とシンガポール昆明鉄道（SKRL）の完成が明記され，カンチャナブリーダウェイ間の高速道路，ドライポートネットワーク，高度道路交通システムなども目標となっている。その背景には，交通インフラ整備の遅れがある。ASEAN連結性マスター

第 8-5 表　高度化した連結性と分野別協力の戦略的措置

C1 交通運輸 (78)：	① 陸上輸送 (23)，② 航空輸送 (11)，③ 海上輸送 (22)，④ 輸送円滑化 (12)，⑤ 持続可能な輸送 (10)
C2 情報通信技術 (28)：	① ICT の利用とデジタル貿易 (3)，② ICT を通じた人々の統合の力量強化 (3)，③ イノベーション (4)，④ ICT インフラ開発 (4)，⑤ 人的資源開発 (2)，⑥ ICT 関連物品・サービス・投資の自由な移動とローミング料金引下げ (4)，⑦ ニューメディアとコンテンツ産業 (4)，⑧ 情報セキュリティ (4)
C3 電子商取引 (11)：	① 消費者の権利と保護に関する法の調和 (7)，② オンラインの紛争解決の法的枠組み調和 (1)，③ 電子認証システム (2)，④ 個人情報保護 (1)
C4 エネルギー (32)：	① ASEAN 電力網連系（APG）(3)，② ASEAN 横断ガスパイプライン（TAGP）(5)，③ 石炭およびクリーンな石炭技術 (4)，④ エネルギー効率と節約（conservation）(5)，⑤ 再生エネルギー (8)，⑥ ASEAN エネルギー協力 (3)，⑦ 民生用原子力エネルギー (4)
C5 食糧・農業・林業 (26)：	① 農業，畜産，漁業の生産増加 (2)，② 貿易円滑化と貿易障壁の除去 (6)，③ 食糧安全保障と食の安全 (4)，④ 気候変動，自然災害に対する強靭性 (3)，⑤ 生産性，技術，品質の改善 (4)，⑥ 森林管理 (5)，⑦ ハラル食品のプロモーション，⑧ 有機食品生産基地（⑦ と ⑧ で 2）
C6 観光 (12)：	① 観光訪問先としての ASEAN の競争力強化 (10)，② 持続可能で包摂的な観光 (2)
C7 保健医療 (18)：	① 保健医療市場の開放 (1)，② 保健医療製品とサービスの標準と適合性の調和 (7)，③ 健康ツーリズムなど成長性の高いセクターの開発 (1)，④ 健康保険制度，⑤ 保健医療専門家の移動 (8)，⑥ 伝統的医薬品，健康サプリメントの規制枠組み，⑦ 域内貿易促進のための指令（⑥ と ⑦ で 1）
C8 鉱物資源 (13)：	① 鉱業の貿易と投資拡大 (5)，② 持続可能な鉱業 (5)，③ 制度および人的能力開発 (2)，④ ASEAN 鉱業データベース (1)
C9 科学技術 (15)：	① 科学技術センターのネットワーク強化 (4)，② 官民の研究者の移動 (4)，③ 女性と青年の関与，④ ASEAN の協力成果についての認識向上，⑤ 科学技術関連企業の支援，⑥ 対話国と国際機関との連携（③，④，⑤，⑥ で 7）

（出所）　第 8-3 表と同じ。

プラン（MPAC）2010 の実施は大幅に遅れており，ASEAN 事務局によると MPAC2010 の実行率（全措置に対する完了した措置の比率：2016 年 10 月）は 31.2%，2015 年までの措置の実行率は 34.0% だった[8]。物的連結性の全体の実行率は 32.7% であるが，2 大プロジェクトの AHN は 18.2%，SKRL は 9.1% と低くなっている。物流パフォーマンス指標ランキング（2017 年）では，160 カ国中ラオスが 152 位，ミャンマーが 113 位，カンボジアが 73 位などシンガポール（5 位）を除き下位から中位に位置づけられており，交通輸送を中心に連結性の強化は依然として課題となっている。

　ICT と e-コマースも重点分野であり，デジタル貿易，ICT インフラ整備，スマートシティやビッグデータ，越境電子商取引，ASEAN 電子商取引協定，消

費者保護，個人情報保護など多くの分野があげられている。持続可能性が強調され，食糧・農業・林業では食糧安全保障と食の安全，保健医療では健康保険制度，健康ツーリズムなど新たな課題に取り組んでいる。

4. 強靭で包摂的，人間本位・人間中心の ASEAN

　主要分野は，① 零細中小企業（MSME），② 民間部門の役割強化，③ 官民連携，④ 開発格差縮小，⑤ 地域統合へのステークホルダーの貢献である。AEC2015 から中小企業と開発格差縮小が継続され，新たに民間部門の役割強化，官民連携，ステークホルダーの地域統合への貢献が追加された。中小企業は，零細（micro）企業が追加され，主要行動計画は 62 と AEC2015 に比べ大幅に拡充している。MSME の行動計画は，FTA などによる海外市場開拓，生産性向上，イノベーション，研究開発，金融包摂，知的財産，情報通信技術，開発格差縮小などの行動計画と密接に連関しており，多角的な政策手段で実施される。

　ASEAN のインフラ整備は遅れているが，最大の原因は資金調達不足と効果的な資金動員戦略の欠如である。アジア開発銀行によると，ASEAN の 2016 年から 2030 年の期間のインフラ需要予測額（気候変動調整済）は，3 兆 1,470 億

第 8-6 表　強靭で包摂的，人間本位・人間中心の ASEAN の戦略的措置

D1 零細中小企業 (62)：① 生産性向上，産業クラスター育成，革新 (15)，② 金融包摂 (11)，③ 市場アクセス，電子商取引による輸出支援 (12)，④ 零細中小企業政策，認可手続き簡素化など (13)，⑤ ASEAN オンラインアカデミーによる人材育成（とくに青年と女性）(11)
D2 民間部門の役割強化 (6)：① サービスを含む包摂的な協議メカニズム (4)，② ASEAN ビジネス諮問委員会の役割強化 (2)
D3 官民連携 (2)：① PPP 支援の法的制度的枠組み，② 政策，法制など協力パートナー，③ プロジェクトとビジネス支援パートナー，④ PPP 関連機関とステークホルダーのネットワーク，⑤ ASEAN インフラ基金，⑥ インフラプロジェクト，（行動計画は全体で 2）
D4 開発格差縮小 (11)：① 加盟国の経済成長，② 新規加盟国の統合に向けての能力構築 (1)，③ 規制による企業負担の軽減，④ ビジネス機会創出と金融アクセスの強化，（③ と ④ で 4）⑤ 農村の経済競争力強化 (2)，⑥ 零細中小企業 (5)，⑦ グローバル・バリューチェーンへの参加支援
D5 ステークホルダーの**地域経済統合への貢献** (6)：① ステークホルダーの関与拡大，② 企業社会的責任（CSR），③ 新たなイニシアチブ，（行動計画は全体で 6）

　（出所）　第 8-3 表と同じ。

ドルで年平均2,098億ドルである[9]。一方，ASEANインフラ基金（ASEAN Infrastructure Fund：AIF）の出資額は4億8,520万ドルで年間融資額は2億ドル程度に過ぎない。従って，民間資金の動員は不可欠であり，官民連携は重要な課題となっている。

ASEANの開発格差縮小は，CLMVのASEANへの加盟以降に課題となった。2000年の1人当たりGDPは最大のシンガポールとミャンマーでは108倍の格差があったが，2017年は47倍に縮小している。しかし，依然として格差は極めて大きいことは変わらず，格差縮小は重要な課題である。開発格差縮小は，CLMVの人材育成を支援するASEAN統合イニシアチブ（IAI）作業計画Ⅲの実施に加え，生産性向上，規制改革，金融アクセス，グローバル・バリューチェーンへの参加などが行動計画となっている。2016年の第28回首脳会議で採択されたIAI作業計画Ⅲは，2016年から20年を対象期間としており，作業計画ⅠとⅡが総花的な内容だったのに対し，①食糧と農業，②貿易円滑化，③零細中小企業，④教育，⑤保健と福祉の5分野に対象分野を絞っている[10]。

5．グローバルASEAN

AEC2015の第4の戦略目標「Dグローバル経済への統合」の主要分野だったグローバルサプライチェーンへの参加は，グローバル・バリューチェーンへの参加に変えられ，「A　高度に統合し結束した経済」に移された。主要分野は，戦略的貿易パートナーとのFTA/CEPおよびAECのグローバル経済への統合推進である。主な行動計画は，ASEAN+1FTAにおける貿易の技術的障害（TBT）章の交渉でのASEANのイニシアチブ，ASEAN+1FTAの見直し（イ

第8-7表　グローバルASEANの戦略的措置

EグローバルASEAN(14)：①戦略的で一貫した対外経済政策(1)，②ASEANのFTAの見直しにより質の高い協定とする(6)，③対話国以外との経済連携強化(4)，④新興国および新興国グループとの経済連携(1)，⑤多国間貿易システムへの強い支持と地域フォーラム参加(1)，⑥グローバルな機関および地域機関への関与(1)

（出所）　第8-3表と同じ。

ンド，韓国および豪州ニュージーランドとのFTA），ASEAN日本EPA（AJCEP）の投資章の調印，RCEPと香港とのFTAの締結，EU，ロシア，カナダとの貿易投資枠組み，ASEAN米国貿易投資枠組み（TIFA）と拡大経済関与（E3）の実施，ユーラシア経済同盟（EAEU）との戦略的連携などで極めて具体的である。

6. 評価方法の改善

AEC2015はスコアカードにより実施状況を評価しており，各国の自己申告であるなど批判が出されていた。そのため，AEC2025はスコアカードに代わる次の3つの評価方法を新たに導入した。①コンプライアンス・モニタリングはAEC2025CSAPの主要行動計画（スケジュールと担当機関も示す）を参照文書として定期的に行われ，毎年優先的に行う措置を決定する。②成果モニタリングは数値指標（KPI：Key Performance Indicators）を使い，2-3年に一度実施する。③影響評価は，社会経済指標を利用し定期的（たとえば2020年の中間評価と2025年の最終評価）に行う。AEC2025ブループリントは定期的に（3年ごとに）見直しを行うことになっており，2016-2020年と2021-2025年に分けて中間評価と最終評価を行うことになっている。

第3節　AEC2025の実施状況

AEC2025が開始され4年目を迎えたが，行動計画は実施されているのだろうか。結論を先に述べれば，AEC2025の行動計画は着実に実施されている[11]。ここでは紙幅の都合で一部のみを紹介する。まず実施されたのは，優先課題であるAEC2015の未達成分野である。代表例は，2015年末で撤廃されていなかったCLMVの7％相当の関税が2018年1月に撤廃された。その結果，CLMVの関税削減率は97.7％となり，2010年に関税撤廃を行っていたASEAN6の99.3％と併せて，ASEAN全体では98.6％となった（第8-8表）。たとえば，ベトナムの自動車関税は2015年1月の50％から16年1月に40％，17年1月に

第 8-8 表　ASEAN の関税撤廃率（2018 年 1 月）

ブルネイ	99.2%	カンボジア	98.5%
インドネシア	98.8%	ラオス	96.7%
マレーシア	98.6%	ミャンマー	99.4%
フィリピン	99.2%	ベトナム	96.1%
シンガポール	100.0%	CLMV	97.7%
タイ	99.9%	ASEAN10	98.6%
ASEAN6	99.3%		

（出所）　ASEAN 事務局。

は 30％に削減され，18 年 1 月に撤廃と急ピッチで撤廃された。ただし，ベトナム政府は 2017 年 10 月に「政令 116 号」を公布，他国政府が発行する認可証の提出と輸入ロットごと・車両仕様別に交通運輸省登録局の排気量と安全性能検査を受けることを義務付けるという非関税障壁を導入している[12]。

　AFTA の原産地証明については，ASEAN 全体での自己証明制度の実施が 2018 年 8 月の第 33 回経済大臣会議で調印された。AFTA を利用するための原産地証明は政府が発行する第 3 者証明制度を採用しているが，自己証明制度の導入が進められていた。具体的には，2 つの自己証明制度がパイロット・プロジェクトとして試行されてきており，その統合が 2018 年の課題となっていた。自己証明制度の導入により原産地証明取得の時間が短縮できるなど企業の利便性が高まる。

　貿易円滑化については，貿易取引コストを 2020 年に 10％削減し ASEAN 域内貿易を 2025 年までに倍増する AEC2025 貿易円滑化戦略行動計画が 2017 年の第 31 回 AFTA 協議会で採択され，貿易円滑化の進展を評価する ASEAN 継ぎ目のない貿易円滑化指標（ASTFI）も採択されている。非関税障壁撤廃のガイドラインは 2018 年 8 月の第 32 回 AFTA 評議会で承認された。必要性と調整，協議と関与，透明性，非差別と公平性，滴々レビューの 5 つの原則を打ち出している[13]。

　遅れていた ASEAN シングルウィンドウ（ASW）は，2018 年 1 月からインドネシア，マレーシア，シンガポール，タイ，ベトナムの 5 か国が ATIGA の電子原産地証明書（e-FormD）の電子的交換を開始した。ブルネイ，カンボジ

ア，フィリピンも電子的交換の最終テストまで進んでいる。電子衛生植物検疫証明（e-Phyto）と電子税関申告書（e-ACDD）は 2018 年中にテストを開始した。

　ASEAN は 1995 年から ASEAN サービス枠組み協定（AFAS）による自由化を 10 段階に分けて進めていた。2015 年末時点で第 9 フェーズである AFAS9 の交渉まで進み，2018 年に最後の段階となる AFAS10 を実施するための議定書の調印が経済大臣会議で行われた。並行して ASEAN はサービス経済化と IT 化や輸送革新によるサービス貿易の発展に対応して新たなサービス貿易協定（ATISA）の策定を進めてきており，2018 年に調印された。詳細は公表されていないが，ネガティブリスト方式を採用している。

　投資自由化では，WTO の TRIM（貿易関連投資措置）協定を超える（TRIM プラス）パフォーマンス要求の禁止を規定する ACIA 第 4 議定書の原案が合意されている。TRIM 協定で禁止されているのは，ローカルコンテント要求，輸出入均衡要求であるが，近年の FTA では輸出要求，現地調達要求，国内販売制限要求，役員国籍要求などより広範な要求が禁止されている。どのような禁止措置が追加されるかは判らないが，投資を行う外資企業にとっては投資環境の大きな改善になる。ICT については，ASEAN デジタル統合枠組みが 50 回経済大臣会合で承認されている。第 4 次産業革命に向けての ASEAN の対応報告書が事務局によりまとめられ，ASEAN スマートシティ枠組みが 2018 年の第 33 回首脳会議で採択された。ASEAN デジタル統合枠組みの行動計画策定，ASEAN イノベーションロードマップの策定，インダストリー4.0 への ASEAN 産業転換宣言，零細企業のデジタル化推進，第 4 次産業革命に向けての熟練労働者・専門サービス育成ガイドラインなどが 2019 年の課題となっている[14]。

　新たな分野では ASEAN 電子商取引協定が 2018 年の第 33 回 ASEAN 首脳会議で調印された。電子商取引協定は，① ASEAN 域内の越境電子商取引の円滑化，② 電子商取引への信頼環境作り，③ 電子商取引利用の拡大への協力を目的にしている。

　域外との FTA では，ASEAN 香港 FTA と ASEAN 香港投資協定が 2017 年 11 月に署名された。香港は ASEAN との FTA が発効すれば RCEP に参加する可能性が開かれ，香港を経由する中国との中継貿易で RCEP が使えることにな

る。ASEAN 中国 FTA（ACFTA）の改定交渉では，品目別原産地規則の交渉で合意に至った。ACFTA の原産地規則は締結当初は 40％付加価値基準のみだったが，品目別原産地規則の採用で関税番号変更基準も利用できるようになっている。日本との EPA（AJCEP）では，サービス貿易章，投資章を組みこむための第 1 改定議定書の署名が 2019 年 3 月に行われた（日本側は 2 月に署名）。RCEP 締結は 2019 年の優先課題となっている。

おわりに

　AEC2015 が貿易，サービス，投資の自由化など明確かつ野心的な目標を掲げ，目標，戦略などが判りやすかったのに比べると AEC2025 は地味で全体像が把握しづらい印象を与える。AEC2015 で関税撤廃を実現するなど自由化がかなり進展したこと，ASEAN が取り組む課題が極めて幅広くなったことなどが理由である。自由化は依然として重要ではあるが，AEC2025 では円滑化に重点を移している。自由化では，サービス貿易の未自由化分野，非関税障壁の撤廃など実施が難しい分野が残っている。取引コストを削減し，ASEAN の産業・企業の競争力を強化し，経済統合を実質的に進めるためには非関税障壁撤廃，サービス貿易自由化は不可欠である。ASEAN はサービス，投資，熟練労働者の移動などの自由化，規格の相互承認や ASEAN シングルウィンドウの拡充などの円滑化など今後も時間をかけて地道に統合を進めていく必要がある。

　その意味で ASEAN が 2016 年以降，AEC2025 ブループリントの行動計画を着実に実施していることは重要である。地味な措置が多いため日本では全く報道されないが，保護主義が拡大する懸念がある中での自由化，円滑化への着実な取り組みは評価すべきである。

　新たな課題は多いが，生産性向上，イノベーション，良き統治，規制などの成長戦略，格差縮小，零細中小企業などの包摂が特に重要である。成長戦略が重要なのは，タイ，マレーシアをはじめ多くの国が資本や労働など要素投入型の成長から生産性向上による成長に転換する段階に入る中所得国の段階に入り，中所得の罠が懸念されていることが背景にある[15]。

急速に進むデジタル経済化，第4次産業革命にも対応せねばならない。これらの分野は2019年の議長国タイのイニシアチブにより2019年以降計画が具体化する見込みである。包摂は，依然として大きな域内格差，拡大する国内での格差，中小企業のASEAN各国経済における大きな役割，疾病や災害の増加，グローバル化のネガティブな影響への対応の必要性がますます重要になっているためである。

米中貿易戦争，中国の一帯一路構想，TPP11の発効などASEANを取り巻く国際経済環境の動きは極めて大きい。ASEANが開放された地域主義（オープン・リージョナリズム）を維持しながら，ASEAN中心性をどのように発揮するかも重要な課題である。経済統合を通じた経済発展を推進するというASEANの統合は途上国の統合のモデルとして評価すべきであり，AEC2025の動向を注目すべきである。

謝辞　本論はJSPS科研費JP18K11821の助成を受けたものである。

注
1） 主要優先措置は506であり，全措置611を対象とした実施率は82.3%に低下する。
2） AEC2015の成果についての詳細な分析は，石川幸一・清水一史・助川成也（2016）「ASEAN共同体の創設と日本」文眞堂を参照。
3） ASEAN Secretariat (2015), '2025 (ASEAN Community Vision'.
4） 第27回首脳会議で出されたASEAN2025に関するクアラルンプール宣言「ともに邁進しよう」ASEAN Secretariat (2015), 'ASEAN2025: Forging Ahead Together'.
5） ASEAN Secretariat (2017).
6） 詳細については，石川幸一（2018）「AEC2025における物品の貿易の自由化と円滑化計画」，『季刊国際貿易と投資』No. 112, 2018年6月，国際貿易投資研究所，3-15頁。
7） 自己証明制度については，助川（2016）前掲書，108-110ページによる。
8） ASEAN Secretariat (2017), 'Assessment of the Implementation of the Master Plan on ASEAN Connectivity'.
9） Asian Development Bank (2017), 'Meeting Asia's Infrastructure Needs'. これは，電力，交通・運輸，通信，水・衛生の4分野が対象であり，基本予測値に気候変動の緩和と適応のためのコスト（温室効果ガス排出軽減など）を上乗せしている。
10） 石川幸一（2018）。
11） AEMの実施状況については，ASEAN Secretariat, 'ASEAN Economic Integration Brief' 各号および首脳会議，経済大臣会議の声明などによる。
12） 清水一史（2018）112-113頁。
13） 助川成也（2018）「ASEANがAEC2025で目指す統合の姿」，時事速報，2018年12月8日。
14） Busay Mathelin (2019), Thailand's ASEAN Chairmanship 2019: "Advancing Partnership for Sustainability", in "ASEAN Focus" 26, Issue 1/2019, ISEAS.

15) 世界銀行のWorld Development Indicators 2017によると，一人当たりGNI（国民総所得）で1,025ドル以下が低所得，1,026ドル〜4,035ドルが低位中所得，4,036ドルから12,475ドルが高位中所得，12,476ドル以上が高所得である。2015年の一人当たりGNIをみると，ベトナム（1,990ドル），インドネシア（3,440ドル），フィリピン（3,550ドル）が低位中所得国，タイ（5,720ドル），マレーシア（10,570ドル）が高位中所得国である。

参考文献

石川幸一（2009）「新AFTA協定の締結」『季刊国際貿易と投資』2009年春号，No. 25。
石川幸一（2018）「AEC2025における物品の貿易の自由化と円滑化計画」『季刊国際貿易と投資』No. 112, 2018年6月，国際貿易投資研究所。
石川幸一・清水一史・助川成也編（2016）『ASEAN経済共同体の創設と日本』文眞堂。
清水一史（2018）「FTA環境の変化とASEAN自動車産業—AEC・トランプショック・TPP11の影響」，『TPP11とASEANの貿易，投資，産業への影響』ITI調査研究シリーズ No. 68, 国際貿易投資研究所。
助川成也（2016）「物品貿易の自由化に向けたASEANの取り組み」石川・清水・助川編所収。
助川成也（2018）「ASEANがAEC2025で目指す統合の姿」時事速報，2018年12月8日。
福永佳史（2016）「ASEAN経済共同体ビジョン2025」石川・清水・助川編所収。
ASEAN Secretariat（2017）, 'Assessment of the Implementation of the Master Plan on ASEAN Connectivity'.
Asian Development Bank（2017）, 'Meeting Asia's Infrastructure Needs'.

（石川幸一）

第9章

アジアの通商秩序と CPTPP

はじめに

　WTO（世界貿易機関）におけるグローバルな貿易投資の自由化及びルール形成が長きにわたり停滞する中，アジア地域[1]では FTA（自由貿易協定）や EPA（経済連携協定）の締結の動きが活発化した。その動きの中心は，2000年代には2国間 FTA であったが，ASEAN（東南アジア諸国連合）と主要周辺国の FTA が締結に至った2010年以降は，いわゆるメガ FTA へと移行した。現在では，域内の人口や経済規模が大きく，参加する国の数も多いメガ FTA が，同地域の通商秩序形成の主役となっている（第9-1図）。

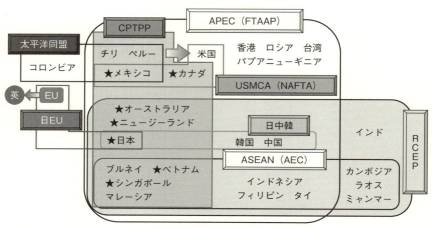

第9-1図　アジア太平洋地域における主要なメガ FTA

（注）　星印は CPTPP の効力が発生している国（2019年2月末現在）。
（出所）　筆者作成。

さらに，近年は，アジア地域における通商秩序の形成が多層化・複線化しつつある。TPP（環太平洋パートナーシップ）及びその後継であるCPTPP（環太平洋パートナーシップに関する包括的及び先進的な協定），現在交渉中のRCEP（東アジア地域包括的経済連携）といったメガFTAに加え，EU（欧州連合）が日本や韓国，シンガポール，ベトナムとFTAを締結し，ASEAN全体とのFTA締結にも動き出している。また，APEC（アジア太平洋経済協力）の枠組みにおいて，将来のFTAAP（アジア太平洋自由貿易圏）構築の土台として，CPTPP及びRCEPとともに位置付けられている太平洋同盟[2]には，アジア地域から韓国，シンガポール，オーストラリア，ニュージーランドが準加盟の申請をし，日本や中国，インド，タイ，インドネシアがオブザーバーとなっている。それぞれの自由化やルールの水準及び内容は，共通するものもあれば，異なるものもある。したがって，今後アジア地域では，貿易投資ルールの「ひな形」を巡る協調と競争の動きが生じるものとみられる[3]。アジアの経済統合も当然にこの動きの影響を受けることになるだろう。

　多層化・複線化しつつあるアジア地域における通商秩序の形成の動きにおいて，現在その中心に位置付けられるのがCPTPPである。RCEP交渉が未だ合意に至らぬ中，CPTPPは2018年12月30日に発効し[4]，新規加入国[5]を迎え入れる拡大プロセスも始まろうとしている。新規加入候補国には，タイやインドネシア，韓国等，多くのアジア諸国が含まれている。また，TPPを離脱した米国が，NAFTA（北米自由貿易協定）の見直し交渉の末にカナダ及びメキシコと署名した米墨加協定（USMCA）は，多くの点でTPPの規定を踏襲している。今後米国が日本を含むアジア諸国とFTAを締結する際には，USMCAを土台とした交渉を試みるとみられる[6]。この点からも，TPP及びそれを引き継いだCPTPPがアジア諸国を含むアジア太平洋地域において今後締結されるFTAの「ひな形」，あるいは「参照基準」となることが予想される。つまり，CPTPPがアジアの経済統合における制度的基盤の形成において土台としての役割を果たすことが考えられる。

　そこで本章では，アジア地域での通商秩序形成におけるCPTPPの意義を確認した上で，その概要を示すこととする[7]。

第1節　アジアの通商秩序形成における CPTPP の意義

　アジア地域における通商秩序形成という観点から CPTPP の意義を捉えると，①アジア地域ではこれまでにないほどに高い水準の自由化と高度なルールを有すること，② TPP 交渉において米国もその合意形成に関与した内容を踏襲しており，最終的に日本，シンガポール，ベトナムといった経済発展水準や人口・経済規模，経済構造，政治体制，文化等が異なる多様な国が合意した内容となっていること，③ 他のメガ FTA に先んじて発効に至ったこと，が挙げられる。

　CPTPP では，物品貿易（関税）だけでなく，サービス貿易，投資，政府調達に関して，これまでのアジア地域における FTA に比べて高い水準の自由化を実現している[8]。また，ルール面では，CPTPP は知的財産権，電子商取引，国有企業等，WTO 協定がすでに対象としている領域で WTO 協定上の既存の義務を上回る義務を課している規定（「WTO プラス」規定）や，現行の WTO 協定では規律されていない領域における義務を課している規定（「WTO エクストラ」規定）を盛り込んでいる（第9-1表）。CPTPP における自由化とルールは，WTO 発足以降の変化，例えば，工程間分業（サプライチェーン，バリューチェーン）のグローバル展開やデジタル貿易等にみられる技術革新，環境や労働に加え，世界経済において大きな存在となった国家資本主義といった経済社会上の新たな課題に対応するものであり，域内市場の一体化と活性化を促進することが期待されている。

　こうした高水準の自由化と高度なルールにアジア地域の多様な国が合意できたことは，CPTPP の拡大可能性を考えるときに重要な意味を持つ。CPTPP では，ベトナムやマレーシア等の新興国が合意できるよう，いくつかの「配慮」がなされている。それらを大別すれば，TPP 交渉の過程で米国を中心とする先進国が期待するルールの水準自体を引き下げ，新興国に歩み寄ったものと，ルールの水準は維持しつつ，新興国にその実施への猶予期間や例外を認めたものとに分けられる[9]。特に後者では，政府調達市場の開放や国有企業規律，電

第 9-1 表　TPP 協定の構成

1．冒頭の規定及び一般的定義	16．競争政策
2．内国民待遇及び物品の市場アクセス	17．国有企業及び指定独占企業
3．原産地規則及び原産地手続	18．知的財産
4．繊維及び繊維製品	19．労働
5．税関当局及び貿易円滑化	20．環境
6．貿易上の救済	21．協力及び能力開発
7．衛生植物検疫措置	22．競争力及びビジネスの円滑化
8．貿易の技術的障害	23．開発
9．投資	24．中小企業
10．国境を越えるサービスの貿易	25．規制の整合性
11．金融サービス	26．透明性及び腐敗行為の防止
12．ビジネス関係者の一時的な入国	27．運用及び制度に関する規定
13．電気通信	28．紛争解決
14．電子商取引	29．例外及び一般規定
15．政府調達	30．最終規定

（出所）　TPP 協定及び内閣官房 TPP 等政府対策本部資料より筆者作成。

子商取引ルール等において，新興諸国の個別の事情に応じた配慮がなされた[10]。これは，今後の CPTPP の拡大プロセスにおいて，新規加入国は原則として高水準の自由化と高度なルールを受け入れる義務を負う一方，自国の事情に応じた配慮がなされる余地があることを示しており，CPTPP への参加に関心を有する国が新規加入交渉に臨むことを促すことになるだろう。

　そして，こうした特徴を有する CPTPP が他のメガ FTA に先んじて発効に至ったことにより，今後のアジア地域及びアジア太平洋地域における FTA 交渉は CPTPP を「ひな形」あるいは「参照基準」として用いることになるだろう。前節で USMCA について触れたが，現在行われている RCEP 交渉においても，その自由化やルールの水準は CPTPP との比較によって評価されることが避けられないだろう。アジアの新興国中心の RCEP 交渉では，「TPP 並み」の自由化は難しいだろう，一部のルールについては「TPP マイナス」となることはやむを得ないのではないか，といった声はすでに聞かれている。

　では，今後のアジア地域における FTA 交渉の「ひな形」あるいは「参照基準」となる CPTPP ではどのような合意がなされたのか。その具体的内容を次節で検討したい。

第2節　CPTPP の概要[11]

　CPTPP は，米国の TPP 離脱を受け，残る 11 カ国が新たな協定として合意したものである。そのため，CPTPP は米国に関する規定を除き，基本的に TPP の規定を継承しているが，一部規定についてはこれを「凍結」（適用停止）した。

　TPP は，米国を含む 12 カ国の利害の均衡によって合意されたものであるため，米国の離脱によりその均衡は大きく崩れた。特に，ベトナムやマレーシア等にとっては，米国の離脱により米国への輸出拡大という最大のメリットを失う一方，その代償として受け入れた高水準の自由化や高度なルールを守る義務が残ることは受け入れ難いことであった。そこで，CPTPP では，米国が主に主張したものを中心に TPP の規定のうち 22 項目の適用が停止されることになった。

1. CPTPP 協定の構成

　CPTPP 協定は，前文と全 7 条から成る簡潔なものである。

　第 1 条で，CPTPP 協定に TPP 協定を組み込むことを規定している。その上で，第 2 条で TPP のうち特定した規定の適用を停止することを定めている。本条は，凍結項目を列挙した附属書とともに，CPTPP 協定の中核を成す規定となっている。

　第 3 条は，発効要件の規定である。発効要件は TPP にあった GDP 要件（全署名国の 85% 以上）が外され，11 カ国のうち少なくとも 6 カ国，あるいは署名国の少なくとも半数のいずれか少ない方の国が国内手続の完了を通知した 60 日後に発効するとされた。実際に署名したのは 11 カ国のため，6 カ国が国内手続の完了を通知した 2018 年 10 月 31 日の 60 日後となる同年 12 月 30 日に発効した。

　第 4 条は，脱退に関する規定である。脱退を望む締約国が書面によりその旨

を通告した後6カ月で脱退の効力が生ずる。

　第5条では，新規加入につき規定されており，「国又は独立の関税地域」が協定発効後に加入することができるとされている。

　第6条は，協定の見直しに関する規定である。通常の見直しの他に，「TPPの効力発生が差し迫っている場合又はTPPが効力を生ずる見込みがない場合には，いずれかの締約国の要請に応じ，」見直しが行われることが規定されている。

　CPTPPにおいて日本は，対米国別約束を除き，TPPにおいて約束した輸入枠やセーフガード発動基準等の一部農産物の市場アクセスについて凍結を求めなかった。これらの輸入枠等は，米国からの輸入分も含めた数量として規定されたものであったが，それらがそのままCPTPPに引き継がれた。そのため，日本国内には，米国がTPPに復帰せず，日米FTAの締結に至った場合，CPTPPにおける輸入枠に上乗せする形で日米FTAによる輸入が増えることになるのではないかとの懸念がある。この懸念への対応策として，日本政府は米国を含むTPPの発効が見込めなくなった場合に，輸入枠やセーフガード発動基準等につき再協議することを求め，交渉において他の署名国に受け入れられたと説明している。その根拠となるのが本条である。

　第7条は，正文を定める規定である。TPP同様，英語，スペイン語，フランス語が正文とされ，これらの間に相違がある場合には英語の本文によると定められている。

　この他，署名国間で2国間の合意事項を確認する書簡，いわゆるサイドレターが数多く取り交わされている。

2．凍結項目の概要

　凍結項目を概観すると，①市場アクセス（関税，サービス・投資，政府調達）に関する各国の約束（対米約束を除く）は維持されたこと，②凍結された全22項目のうち11項目が知的財産分野である等，米国が強く主張した項目が凍結項目の多くを占めていること，③交渉の過程では凍結対象となることが懸念されていた電子商取引や国有企業等に関する規定は凍結項目から外れてい

第9-2表　CPTPPにおけるTPP凍結項目

1. 急送少額貨物（5.7.1(f)の第2文）
2. ISDS（投資許可，投資合意）関連規定（第9章）
3. 急送便附属書（附属書10-B 5及び6）
4. 金融サービス最低基準待遇関連規定（11.2等）
5. 電気通信紛争解決（13.21.1(d)）
6. 政府調達（参加条件）（15.8.5）
7. 政府調達（追加的交渉）（15.24.2の一部）
8. 知的財産の内国民待遇（18.8（脚注4の第3-4文））
9. 特許対象事項（18.37.2，18.37.4の第2文）
10. 審査遅延に基づく特許期間延長（18.46）
11. 医薬承認審査に基づく特許期間延長（18.48）
12. 一般医薬品データ保護（18.50）
13. 生物製剤データ保護（18.51）
14. 著作権等の保護期間（18.63）
15. 技術的保護手段（18.68）
16. 権利管理情報（18.69）
17. 衛星・ケーブル信号の保護（18.79）
18. インターネット・サービス・プロバイダ（18.82，附属書18-E，附属書18-F）
19. 保存及び貿易（20.17.5の一部等）
20. 医薬品・医療機器に関する透明性（附属書26-A.3）
21. 国有企業章留保表（マレーシア，経過措置起算日）
22. サービス・投資章留保表（ブルネイ，石炭産業の経過措置起算日）

（注）　括弧内はTPPの該当する条文。
（出所）　CPTPP協定及び内閣官房TPP等政府対策本部資料より筆者作成。

ること，が特徴と言えるだろう（第9-2表）。

　各国の物品貿易における自由化約束については，日本が米国に対して設定したコメの輸入枠等，米国に対してのみ行われた約束は当然に除外されるが，それ以外はTPPにおける約束が維持された。TPPにおける最終的な関税撤廃率は，日本が95％，それ以外の10カ国はほぼ100％という高い水準になっていたが，CPTPPでもこれが維持された。ブルネイにつき，「投資・サービスに関する留保」（附属書Ⅱ）における石炭産業に関する約束が凍結項目に含まれているが，これは同国の約束（経過措置）の起算日がTPPの署名日（2016年2月4日）とされていたため，これをCPTPPが同国について効力を生ずる日へと修正するものであり，技術的な修正と言って良いだろう。

　ルールについては，生物製剤のデータ保護期間に関する規定（図表2・13，

少なくとも実質8年保護すること等），著作権等の保護期間に関する規定（図表2・14，著作者の死後少なくとも70年保護すること等）など，知的財産分野を中心に米国の強い主張で盛り込まれた項目が多く凍結された。これは，米国市場へのアクセス改善の代償としてこれらのルールを受け入れた国にとっては，協定の利害得失の均衡を図るものといえるだろう。同時に，これらのルールを凍結したことは，それらを実現したい米国がTPPに復帰する誘因ともなり得るとみられている。

また，投資分野における「投資家対国家の紛争解決（ISDS）」制度に関する規定の一部が凍結され，企業が同制度を利用することができる範囲が縮小された。例えば，天然資源（石油，天然ガス等）の採掘や販売等，また，発電・配電，浄水・配水，電気通信等のサービス，道路や橋等のインフラ整備に関する相手国政府との合意（契約）につき，相手国政府の合意違反により損失を被った企業は，相手国政府との紛争を同制度に付託することがTPPの下ではできたが，CPTPPではそれができなくなった。

その他の分野では，ルールの水準は概ね維持された。規定の凍結が懸念された電子商取引分野では，「TPP3原則」とも呼ばれる「電子的手段による情報の越境移転の自由の確保」（第14.11条），「コンピュータ関連設備の設置・利用要求の禁止」（第14.13条），「ソース・コードの移転又はアクセス要求の禁止」（第14.17条）は凍結項目に含まれなかった。

以上のように，CPTPPでは，TPPの規定の一部が凍結されてはいるが，自由化の面でもルールの面でも，TPPで合意された高い水準が概ね維持されていると評価することができる。CPTPPは，米国の不参加という点で，TPPに比べて他のFTA交渉に与える影響力は劣らざるを得ないが[12]，今後締結されるFTAの「ひな形」，あるいは「参照基準」として十分にその役割を果たし得る内容を維持しているといって良いだろう。

第3節　CPTPP の拡大

　CPTPP が今後のアジア地域における経済統合や通商秩序形成の動きにどのように，また，どの程度影響を及ぼすかを考える上で，CPTPP の拡大がどのように進むかという点は重要である。比較的早期に多くのアジア諸国が CPTPP に新規に参加するということになれば，CPTPP の影響力は大きくなるだろう。

　前節でみたように，CPTPP への新規加入については，具体的な手続は規定されていない（第5条）。この点については，CPTPP 発効が確定した直後から議論が進められ，2019年1月19日に開催された第1回 CPTPP 委員会（閣僚会合）[13]において，「CPTPP の加入手続に関する委員会決定」（以下，委員会決定）が合意された。具体的には，加入希望国は CPTPP の寄託国であるニュージーランドに加入手続の開始を要請し，CPTPP 委員会（以下，委員会）がコンセンサスによっての加入手続の開始を決定，加入交渉を行う作業部会を設置し，同作業部会はコンセンサスによって承認した加入条件を定めた報告書を委員会に提出，委員会が当該加入希望国の加入の可否をコンセンサスによって決定する。その後，①当該加入希望国が国内手続を完了し，加入書を寄託者に寄託した日，または，②すべての締約国が国内手続を完了し，その旨を寄託者に通報した日のいずれか遅い日の60日後に当該加入希望国は CPTPP 締約国となる。

　また，委員会決定では，「一又は二以上の締約国の承認手続において著しい遅延があった場合，委員会は異なる取決めを決定することができる。」とされている。ここでいう「異なる取決め」の意味するところは明らかではないが，承認手続を終えていない締約国を除き，他の締約国と当該加入希望国の間で CPTPP の効力を発生させること等が含まれるものと考えられる。拡大においては，その規模（新規加入国数）とともに，その速度も重要となるが，委員会決定において「異なる取決め」を可能としたことは，CPTPP の拡大の速度を早めることに役立つだろう。

さらに，委員会決定では，新規加入希望国は，「CPTPPに含まれる全ての既存のルールに従う手段を示さなければならず」，「物品，サービス，投資，金融サービス，政府調達，国有企業及びビジネス関係者の一時的な入国についての最も高い水準の市場アクセスのオファーを与えることを同意しなければならない。」，また，CPTPP原署名国による自由化約束が新規加入の「約束の水準の指針となるべき」とされている[14]。新規加入国は，原署名国と同様に，原則として高水準の自由化と高度なルールを受け入れる義務を負うことが明記されており，新規加入を希望するアジアの新興国にとっては越えるべきハードルは高いといえるだろう。

アジア地域では，これまでにタイやインドネシア，韓国等がCPTPPへの新規加入に関心を示している。未だ国内手続を終えていない原署名国であるマレーシアとブルネイがいつ国内手続を終えてCPTPPの効力が発生するかに加え，アジア諸国の新規加入がどのように進むかが今後注目される。高水準の自由化と高度なルールを備えた広域自由貿易圏が拡大すれば，それだけそれに加入することによって得られる経済的メリットはより大きくなり，それに加入するために高いハードルを越える誘因を高めることになる。

アジア地域の新興国にとっては，経済的に密接な関係にある，あるいは競合関係にある近隣国がCPTPPに加入することは，自らの加入を検討する大きな契機となるだろう。特に，ASEAN諸国にとっては，ASEAN域内の経済統合が進展している分，生産・輸出拠点として，あるいは市場としての自国の魅力を高める上で，域外の主要国との緊密な経済連携がより重要となる。より多くのASEAN諸国がCPTPPに加入することになれば，ASEAN域内の自由化及びルールの水準を引き上げることにつながることも考えられる[15]。

おわりに

このように，多層化・複線化しつつあるアジア地域における通商秩序の形成の動きにおいて，CPTPPは現時点ではその中心に位置しているといえるだろう。TPPを踏襲し，今後のアジア地域におけるFTA交渉の「ひな形」あるい

は「参照基準」として十分にその役割を果たし得る，高水準の自由化と高度なルールをCPTPPは備えている。しかし，今後RCEP交渉が妥結に至り，米国やEU，太平洋同盟等を中核とするFTAがアジア地域で構築されていくことになれば，CPTPPとは異なるルールが同地域に広がっていくことも考えられる。すでに締結されているUSMCAや，EUとASEAN諸国のFTAには，電子商取引や投資紛争解決手続等において，CPTPPとは異なるルールやCPTPPにはみられないルールが採用されている[16]。他方，CPTPPが早期に多くのアジア諸国の加入を得て拡大を実現すれば，CPTPPはアジア地域の経済統合における制度的基盤としての役割を果たすことになるだろう。

米国のTPP離脱後，CPTPPが早期に発効に至ったことは，アジア地域における通商秩序の形成において画期を成すものであり，大きな意義を持つといえる。

注
1) 本章では，RCEP（東アジア地域包括的経済連携）参加16カ国を特に念頭に置いている。
2) 太平洋同盟は，メキシコ，チリ，ペルー，コロンビアで構成され，2016年5月の枠組協定追加議定書の発効により，加盟国間の貿易品目92％の関税の即時撤廃を実現している（外務省中米カリブ課「太平洋同盟」2016年7月）。
3) 詳しくは，菅原（2018b）参照。
4) 日本，メキシコ，シンガポール，ニュージーランド，カナダ，オーストラリアの6カ国で発効し，2019年1月14日にベトナムについても効力が発生した。
5) 本章では，CPTPPへの加入に関して「国」という場合，APECにおける「エコノミー」を指し，独立関税地域を含む。
6) この点については，菅原（2019）参照。
7) なお，本章は2019年2月末時点の情報に基づいている。
8) その例外として，ASEAN域内の自由化が挙げられる。ただし，ASEAN域内では物品貿易の自由化は高い水準で実現されているが，例えば，ASEANにおけるサービス貿易の自由化においてネガティブ・リスト方式が採用されたのは2018年11月に合意された「ASEANサービス貿易協定（ATISA）」からであり，また，政府調達についてはASEAN域内での自由化は進められていない。
9) この点については，菅原（2016）参照。
10) 例えば，政府調達においてベトナムは，協定上対象となる調達である「建設・運営・移転に係る契約及び公共事業に関する特別の許可に係る契約」をすべて適用除外とすること等が認められている。また，協定発効後5年間は政府調達の章を紛争解決手続の対象としないことも認められている。前注参照。
11) 本節は，菅原（2018a）による。
12) 清水（2018）は，「アメリカのTPP離脱は，東アジア経済と経済統合にも大きな負の影響を与える。」としつつ，CPTPPが「AEC（ASEAN経済共同体）の深化とRCEP交渉の進展にも推進力となるであろう。」と評価している。

13) 日本においては，内閣官房 TPP 等政府対策本部が用いている「TPP 委員会」との呼称が一般的であるが，ここでは英文呼称に基づき，「CPTPP 委員会」とする。
14) 以上，CPTPP 新規加入手続につき，内閣官房 TPP 等政府対策本部「CPTPP の加入手続に関する委員会決定附属書」（仮訳）（2019 年 1 月 19 日）による。
15) 注 12，清水（2018）参照。
16) この点は，菅原（2018b）及び同（2019）を参照。

参考文献

清水一史（2016）「TPP と ASEAN」馬田啓一・浦田秀次郎・木村福成編著『TPP の期待と課題』文眞堂。
―――――（2018）「TPP11 署名と東アジア経済統合」『世界経済評論 IMPACT』No. 1030，2018 年 3 月 12 日，一般財団法人国際貿易投資研究所。
菅原淳一（2016）「メガ FTA の潮流と TPP」馬田啓一・浦田秀次郎・木村福成編著『TPP の期待と課題』文眞堂。
―――――（2018a）「CPTPP の戦略的意義と概要」『世界経済評論』2018 年 9/10 月号，Vol. 62 No. 5，一般財団法人国際貿易投資研究所。
―――――（2018b）「アジア太平洋における地域的な通商法秩序の構築に向けた動き」日本国際経済法学会編『日本国際経済法学会年報』第 27 号，法律文化社。
―――――（2019）「米国の『対日貿易交渉目的』の検討」『みずほリポート』2019 年 1 月 18 日，みずほ総合研究所。

（菅原淳一）

第10章

一帯一路建設の現状と課題
―― アジアの経済統合への示唆 ――

はじめに

　一帯一路構想については，その全容が明らかにされていない中で，毀誉褒貶が絶えない。筆者は，同構想は，世界第2位の経済力を備えるに至った中国が，先進国の仲間入りをし，グローバルガバナンスに関与する意図を示すものだと見ている。本章では，同構想の対外経済政策としての側面を中心に分析するが，そのアジアの経済統合に与える示唆についても考えてみたい。

　もともと習近平政権は，胡錦濤政権時代（2002〜12年）に停滞していた改革を対外開放分野からリードして再始動するスタンスを示していた。事実，2013年秋に改革の全面的再始動を宣言した「18期3中全会報告」[1]と並んで，自由貿易試験区と一帯一路構想という2つの対外開放施策が打ち出されたことがそれを象徴している。

　このうち前者では，対外開放が遅れていたサービス分野を中心に外資への規制を緩和しその導入を加速すること，国際的なFTA（自由貿易協定）の新潮流に対応すること，が意図されている。後者では，沿海地域と中部・内陸地域の経済格差を縮小することと併せて，本格化しつつある中国企業の対外開放に方向性を与え，中国主導の経済圏形成につなげることが意図されている。両者があいまって対外開放の新ステージを切り開き，いわゆる「中所得国の罠」[2]を克服することが期待されている。

　本章では，まず第1節で，一帯一路構想（以下，構想）が世界に与える影響が拡大している事実を検証する。続いて第2節では，構想に関する一種の「誤解」を分析し，構想の実像を整理し，それが中国経済に対し有している意義を

再確認する。第3節では，以上の議論を踏まえて構想の実施プロセスで発生してきた課題を整理したうえで，日中経済協力の新しい可能性について検討する。

第1節　建設段階の構想と経済的効果

2017年5月に北京で開催された「一帯一路国際協力サミットフォーラム」には，130カ国以上が参加し，うち29カ国は首脳を送り込んだ。習国家主席は，従来から示されてきた構想の基本的枠組み[3]を再確認したが，フォーラム期間中に締結された各種協定の調印リストをみると，全般的な協力覚書（12カ国）や経済貿易協力取り決め（30カ国）が主体を占める。その他は個別プロジェクトに関する取り決めである。同フォーラムを機に構想は「建設段階」に入ったというのが，中国国内の共通認識であるが，事実，上記したフォーラムの成果はその具体的方向性を示しており，この認識には一定の根拠があるといえる。

筆者の見るところ，構想の経済的効果には四つのフェーズがある。すなわち，(1)大規模インフラ建設と物流改善，(2)FTAネットワークの拡大，(3)中国の海外直接投資の拡大・本格化，(4)中国標準の浸透，である。これらによってアジアの経済統合は当然，大きな影響を受ける。以下で見ていこう。

1. 大規模インフラ建設と物流改善

構想といえば大規模インフラの建設がまず想起される。中国側の構想に関する公式サイト（一帯一路ネット https://www.yidaiyilu.gov.cn/）に列挙されている多数のプロジェクトを便宜的に分類して第10-1表に示した。特に金額の大きいエネルギー・交通・通信インフラの建設は，欧米の影響力が比較的に小さな中央アジア，南アジア，アフリカ等の諸国が多く，中国の国家安全保障への配慮が見て取れるが，これはアジアの経済統合の波がこれら地域にまで及ぶということでもある。

中でも最大規模を有するのが，中国パキスタン経済回廊（China-Pakistan Economic Corridor：CPEC）である。パキスタンは中国にとって南アジアで最

第 10-1 表　構想関連の主要プロジェクト

項目	プロジェクト例と所在国
1. エネルギー・交通インフラ	天然ガス・石油パイプライン（中央アジア，ミャンマー等） 港湾（ミャンマー，スリランカ，パキスタン，ケニア，ギリシャ等） 鉄道（中央アジア，ミャンマー，ラオス，タイ，インドネシア，ケニア，エチオピア＝ジブチ，ハンガリー＝セルビア） 高速道路（パキスタン） 橋梁（バングラデシュ）
2. 新交通ルート開設	中国・欧州直通貨物列車（中央アジア，モンゴル，ロシア，欧州） 直行便航空路開設（ASEAN，コーカサス諸国，東欧等）
3. 産業インフラ	発電所（ミャンマー，ベトナム，パキスタン，モロッコ） 光ファイバー網（タンザニア＝ケニア＝ウガンダ＝ルワンダ＝ブルンジ）
4. 投資園区建設	域外貿易合作区：36カ国（77カ所）。うち，構想関係国20カ国（56カ所）

（出所）　筆者作成。

重要な同盟国であり，支援も際立っている。その内容は，発電所21，高速道路5本，都市内鉄道4本，都市間鉄道3本，など基本的産業インフラに戦略的意味の強いグワダル港と関連施設・経済特区などを加え，全体で64プロジェクト，620億ドル（コミットメントベース，2017年末）という広範な内容である。中国にとって初めての「マスタープラン方式」による援助であり，今後の海外援助のモデルとなりうる点でも注目される。

　物流改善プロジェクトの代表例としては，中国・欧州直通貨物列車がある。実は同プロジェクトは，鉄道の新規建設を伴わない。発着回数の増加や輸送時間の短縮によって輸送コストが低減している点が最大のメリットである。しかし，発展は急速で，2017年には，中国全土＝欧州間で2,800列車が運行され，25万TEU（標準コンテナ）を輸送した。輸送に要する時間は開始当初の16～20日から13日程度へと短縮，輸送コストは1TEU当たり9,000米ドルから6,000米ドル前後に低下している（筆者の2016年7月のヒヤリング，日本通運現地調査による。ただし，一部現地政府の補助を含む）。これは海運の場合の2倍程度だが，空運の3分の1である。加えて，海運がほぼ40日，空運が2日程度の輸送日数を要するので，時間と費用の見合いで競合可能な水準になっていると考えられる。なお，中国政府は2020年に5,000列車の運行という計画を立てている。

海上輸送部分は構想に先行して進められてきた。すでに全世界の10大コンテナ港のうち6港が中国大陸部と香港に位置するが，これらと欧州・中東・アフリカを結ぶ航路上において中国の港湾投資が実施されてきた。イギリスの研究機関とFinancial Timesの共同研究によると，2010年以来，中国企業・香港企業が関与し，あるいは関与を公表している港湾プロジェクトは少なくとも40，総投資額は456億ドルに達している。この結果，全世界の海上コンテナ輸送の67％が，中国が所有ないし出資している港湾を経由していると見られる[4]。

2. FTAネットワークの拡大

今後の貿易・投資関係の基礎となる新たなFTA（自由貿易協定）締結も重視されている。第10-2表に中国が主導しているFTA網建設の現状を整理した。表中の網掛部分は，一帯一路構想「沿線国」（関係国。公式見解はないが，65カ国程度）である。今後，注目されるのは，RCEP（東アジア地域包括的経済連携）などの多国間FTAの実現如何である。多国間FTA網は，中国を中心とする経済圏の形成を意味するからである。

第10-2表　中国のFTA締結・交渉・検討状況

締結済みのFTA	交渉中のFTA	検討中のFTA
中国＝オーストラリア	東アジア地域包括的経済連携（RCEP）	中国＝インド
中国＝韓国	中国＝GCC	中国＝コロンビア
中国＝スイス	中日韓	中国＝モルドバ
中国＝アイスランド	中国＝スリランカ	中国＝フィジー
中国＝コスタリカ	中国＝パキスタン（第2段階）	中国＝ネパール
中国＝ペルー	中国＝モルディブ	中国＝モーリシャス
中国＝シンガポール	中国＝ジョージア	
中国＝ニュージーランド	中国＝イスラエル	
中国＝チリ	中国＝ノルウェー	
中国＝パキスタン		
中国＝ASEAN		
内地と香港・マカオのより緊密な経済貿易関係の構築に関する手配		
中国＝ASEANアップグレード		

（注）　ハイライトは一帯一路沿線国。
（出所）　中国自由貿易区サービス網 http://fta.mofcom.gov.cn/ より筆者作成。

ただし，これら FTA の内容には課題もある。ほとんどの FTA は関税の譲許を主体とした一世代前のタイプであり，今後は投資保護や知的財産権保護などの先進的内容を取り入れていくことが必要であろう。

3. 中国の海外直接投資の拡大，本格化

　中国は 2000 年代に入った後に海外直接投資を急拡大し，今や世界有数の投資出し手国である。近年では，その額が海外投資受入額を凌駕する年も多い。2017 年のフロー額は 1,200 億ドル（世界第 3 位），同年末累積額は 1 兆 8,090 億ドル（世界第 2 位）となっている。投資先別にみると，アジア（香港含む）が 63％ と圧倒的であり，租税回避地向け投資の増加を反映してラテンアメリカ向けが 21.4％ あるのを除くと，EU 向けが 6.1％，アメリカ向けが 4.8％ であった。

　このうち，構想「沿線国」向けの投資は，累積ベースで 1,543.98 億ドル（全体に占めるシェア 8.5％），フローベースで 201.7 億ドル（同 12.7％）[5]，2017 年は伸び率が 31.5％ に達した（第 10-1 図）。直接投資だけに年単位での増減幅は大きいが，平均すると一帯一路関係国向け投資額の伸びは，中国の海外投資総額の伸びを上回っている。この点では，海外直接投資を構想関係国に誘導するという政策意図は実現しているとみてよい。

　直接投資の効果としては，投資受け入れ国に産業集積が形成され，それに伴い雇用が増加することが最も重要である。この点では，中国式海外工業団地である「域外経済合作区」が注目される。主として商務部が主導して海外に建設されてきた同合作区は，2016 年末時点で 36 カ国に 77 カ所，約 242 億ドルの投資を吸収している。うち，構想関係国は 20 カ国，56 カ所，投資企業 1,082 社，約 186 億ドルと大きなシェアを占める。投資業種別の統計はないが，報道によれば，① 中国が比較優位を有する軽工業，家電，繊維，アパレルを中心に，② 中国で生産過剰となっている鉄鋼，電解アルミ，セメント，厚板ガラスなどの業種も進出している。全世界向けデータではあるが，2018 年までに合作区に投資した中国企業 933 社が 14.7 万人の雇用を産み出し，22.8 億ドル納税するなど受入国の経済に貢献している。

第 10 章　一帯一路建設の現状と課題　　147

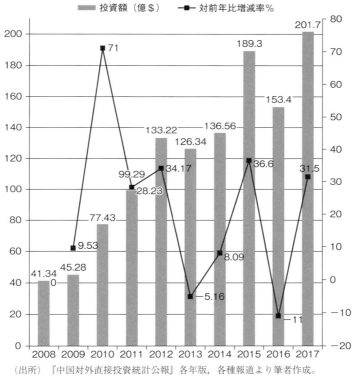

第10-1図　中国の一帯一路沿線国向けFDI推移

（出所）『中国対外直接投資統計公報』各年版，各種報道より筆者作成。

4．中国標準の浸透

　各種プロジェクトとともに中国標準が世界に浸透していることも注目される。例えば，中国がケニアで建設した高速鉄道（首都ナイロビ〜モンバサ港）では，中国のレール規格（幅 1,435mm）が採用された。また，NHK で報道された（クローズアップ現代 2018 年 4 月 10 日放送）ように，アフリカの複数の国で中国と同じ都市交通システムや安全管理システムが導入されている。また，アフリカや東南アジア，南アジアにおいて，中国の技術標準に基づく携帯電話が普及している。

　これと歩を一にして浸透しているのが，携帯電話上のサービス規格である。

たとえばSNSアプリのアリペイやWeChatは，決済サービスも提供していることがテコとなって普及している。同アプリは，紐づけされた銀行口座を経由した個人間，個人・企業間決済を可能とする。同アプリでの決済を認めることは中国に信用情報を知られることを意味するため，ベトナムでは使用が禁止されたが，複数の途上国では，導入が進んでいる。そして，中国自身，こうした現実を踏まえつつ「デジタル・シルクロードの建設」を掲げ，構想の同分野での展開を企図している。

第2節　一帯一路構想の実像と中国経済

1. 中国の対外経済協力の実像

　構想が提起された当初，その最大のメリットは途上国のインフラ建設への資金供給の拡大であると喧伝されたことは記憶に新しい。確かに，上述したようなインフラ建設，海外直接投資に伴って中国が提供する資金規模は大きいが，一方でそのかなりの部分は中国にとっては経済援助と位置付けられるものである。

　ここから，構想を巡る議論のすれ違いが生じていると筆者は考える。中国にしてみれば，従来から展開してきた経済協力の枠組みを保持しつつ構想を推進しているのだが，海外からは，中国が構想をテコに新たに外交的意図を達成しようとしているように見える。

　ここでは，まず第1に，中国の経済協力はOECD諸国のODA基準とは異なる部分が大きいことを確認する必要がある。中国政府が国家財政から支出する援助資金カテゴリー（ODAに相当）は小さく，「対外経済合作」（プロジェクトの建設請負，労務提供，設計コンサルティングを主内容とする）カテゴリーが大部分を占める。両者を（第10-2図）に示した。対外経済合作部分は，ODAに比すると返済条件は厳しいが，一般のビジネス案件とは異なり，中国政府が提供する優遇借款などを利用して実施される。ODAと市場取引の領域双方にまたがる内容を有している。そして，中国自身はこれを「南南合作」（発展途上

第10章　一帯一路建設の現状と課題　149

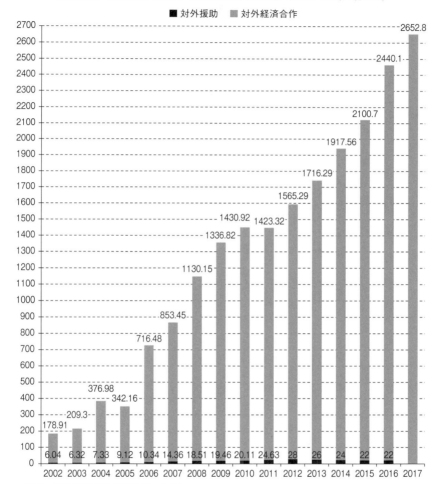

第10-2図　対外援助（ODA）と対外経済合作の推移（2002〜17年：億ドル）

（注）　2017年の対外援助はデータなし。
（出所）　『中国統計年鑑』各年版ほかより筆者作成。

国間協力）の方式と位置付けてきており，また，受け手国から見ても経済協力の一形態なのである。

　第2に，AIIB（アジアインフラ投資銀行）など，新規の融資ルートについては慎重な観察が必要である。当初，同銀行は，WB（世界銀行），ADB（アジア

開発銀行）等従来の国際金融機関と対抗し，中国外交を側面から支える動きをとるのではないか，との懸念が示されていた。しかし，実際の融資案件を見ると，そうした懸念は当たらなかったようだ。2018年末までにAIIBが実施した35案件のうち独自融資は14件にとどまり，残りは世界銀行やアジア開発銀行など既存国際金融機関との協調融資となっている。

　第3に，上記したように政府が関わる領域以外では，通常の商行為が展開されていることも見ておく必要がある。筆者の現地調査や日本貿易振興機構海外事務所による構想関連プロジェクトの実態調査（2017年秋に実施）でのヒヤリングで，中国の民間企業からは，「海外進出に対して政府が支援を提供してくれることはない」との声が多く聞かれた。多数の民間企業は純粋にビジネスベースで活動を進めているのである。

2. 構想と中国経済

　筆者のみるところ，構想の政策的意図は，対外経済ポジションの変化に対応すると同時に，長年の懸案である内陸部経済の振興を図ることにあった。対外経済分野における主な変化は，対外貿易の多角化や中国自身の対外投資の急増である。前者について国・地域別のシェア（2017年）をみると，EUが15％，アメリカが14.2％，ASEANが12.5％と多角化している。後者については，第1節で述べたように中国は海外直接投資の出し手国となっており，投資先はアジアを中心にラテンアメリカ，EU，北米に及んでいる。

　こうした変化に対応して，多国間でかつ投資分野をも包含するFTA（自由貿易協定）が推進されてきたが，それに加えて内陸地域経済振興策を含む構想が登場したと考えられる。すなわち構想は，対外開放の新段階「対外開放政策2.0」であると同時に，新たな内陸部振興策「西部大開発2.0」であり，両者相まって中国経済全体の構造改革，すなわち中進国の罠の克服を目指す施策なのである。

　事実，中国政府は構想と自由貿易試験区（現在11カ所）の統合運用を進めている。2016年9月から構想の中国＝欧州直通貨物列車ルートのうち「チャイナランドブリッジ」起点都市のうち5つ（鄭州，西安，武漢，重慶，成都）と大

連，舟山に自由貿易試験区が設立されており，内外企業は試験区の規制緩和措置を享受しつつ構想のもたらすメリットを享受できるようになっている。

第3節　構想の課題と日中協力の可能性

1．構想の直面する課題

　ここでは，構想提起以来の5年間で明らかになってきた課題について述べる。第1は，中国と関係国の外交摩擦である。構想を二国間レベルでみると，中国が資金等の出し手であり，関係国はそれを受け入れる立場にある。構想は外交政策と表裏一体であり，往々にして両者の思惑は食い違っている。特に重大なのは債務超過問題である。複数の関係国が身の丈を超えた中国資金を受け入れた結果，債務超過に陥っているが，この点を批判して「債務の罠」という言葉があるように中国の真意が疑われている。

　第2は，既存の多国間枠組みとの関係調整である。例えば，中央アジアにはロシアが構築してきた経済上，安全保障上の多国間機構が存在する。前者の代表はEAEU（ユーラシア経済連合：ロシア，ベラルーシ，カザフスタン，アルメニア，キルギス。候補国タジキスタン），後者の代表はCSTO（集団安全保障条約機構：ロシア，アルメニア，ベラルーシ，カザフスタン，キルギス，タジキスタン）である。中国はロシアを含むSCO（上海協力機構：ロシア，中国，カザフスタン，キルギス，タジキスタン，ウズベキスタン，インド，パキスタン）を重視してきたが，構想はその範囲を超え，かつ経済関係の緊密化を含んでいる。各機構の加盟国，特にロシアとの関係調整が必要だが，これは容易ではない。

　第3は，第2と関連するが，構想で国境（二国間，多国間）を越えたプロジェクトを建設・実施する場合の調整枠組・機構がないことだ。

　中国自身，こうした課題を自覚している。2018年8月に開催された「一帯一路建設任務5周年座談会」での習演説は，構想は「中国クラブ」でなく開かれたプラットフォームであると強調し，現地住民向けの民生プロジェクトを推進

し，中国企業が投資・経営において法を順守すること，環境保護や社会的責任を果たすよう指示している。同時に開催された記者会見において，一帯一路建設指導小組弁公室副主任は，「一帯一路は少なからぬリスクに直面」し，「一部の国に疑念が存在」し，「中国企業が投資・経営面で困難に直面している」との率直な認識を示した。

　こうした反省も踏まえ，第1の課題については，同年9月に開催された中国アフリカ協力フォーラム（FOCAC）において，援助方針の明示と資金供与の透明性を重視する姿勢が示された。前者については，「八大行動」（① 産業促進，② インフラの相互接続，③ 貿易円滑化，④ グリーン発展，⑤ 能力開発，⑥ 健康・衛生，⑦ 人的・文化的交流，⑧ 平和・安全保障）に基づく「中国アフリカフォーラム北京行動計画（2019～21）」が発表された。後者については，同期間に提供することが謳われた600億ドルについて，① 無償援助・無利息借款・優遇借款150億ドル，② 貸付限度額設定200億ドル，③ 中国アフリカ開発性金融特別基金支援100億ドル，④ 対アフリカ輸入貿易融資特別基金支援50億ドル，⑤ 中国企業の直接投資100億ドル，との内容説明がなされた。

　第2の課題については，すでに習国家主席がロシアを訪問した際（2017年7月）の共同声明において，「一帯一路とユーラシア経済連合との連携」が謳われている。もっとも連携の実現には，数年を要すると見込まれる。

　第3の課題についても同様で，現状では上海協力機構など既存の多国間枠組みの下に連絡調整機関が組織されているが，それがどの程度機能するかはいまだ未知数である。

2. 新しい発展モデルの模索

　一方，構想の評価には別の視点も必要ではないかと筆者は考えている。例えば，第1の問題に関する悪い例として挙げられるスリランカである。中国はコロンボ港で2つの投資を行っている。一つはコンテナヤードの大拡張投資であり，その効果により同港で積み替えされるコンテナ量は劇的に増えている。もう一つは同港の南側を埋め立てて造成されている「ポートシティー」である。これは工業だけではなく，商業施設やレジャー施設，将来的には金融企業も誘

致しようという発想に基づく。地下鉄網も整備して，国内の企業はもちろん海外からも企業を誘致して，シンガポール型の産業集積を産もうとしている。

　同国のケースは，今後の構想の行方を考える上での参考となる。確かに，同時進行の中国プロジェクトであるハンバントタ港やラジャパクサ空港の建設によって過剰債務を抱えることになったわけだが，同国政府としては，出来上がったインフラを使って自国の発展に結び付ける道を模索しているとも評価できるからだ[6]。

3. 日中協力の可能性

　最後に，構想を巡る日中協力の可能性について検討する。日本政府は構想に対するスタンスを2017年12月に転換し，「第三国において日中民間経済協力が進むことについては支援していく」と発表した。一帯一路という言葉は出てこないものの，構想で中国がプロジェクトを進める際に，民間の経済協力であれば日本も協力できる（してよい）との方針である。2018年10月の安倍首相訪中時には，日本企業・中国企業間を中心に52件，総額180億ドルの各種協議書が交わされた[7]。52件の多くは「協力協定」，「協議書」，「意向書」，「協力覚書」など方向性のみを示したものであるが，①新エネルギー自動車関連での充電規格での協力，②同，水素ステーション建設での協力，③東南アジアでの液化天然ガスプラント建設での協力などの注目プロジェクトも含まれている。

　また，金融分野での協力額は大きい。野村と中国投資との間で1,000億円のファンド設立が合意されたほか，日中政府レベルの通貨スワップ協定では3兆円という枠組みが設定された。

　今後の日中協力の可能性について，第1節で示した構想の4つのフェーズごとに検討してみよう。第1のインフラ建設については，主体はほとんど中国企業で参入は難しいと思われる。ただ，主契約者たる中国企業のサプライヤーとして日本企業が設備や技術，ノウハウを提供する役回りは可能である。

　第2のFTA網の建設については，中国自身が多国間FTAを必要としており，日中韓FTAやRCEPを含めて多国間枠組みを推進している。両者に関与している日本は，TPP型の高度なFTA，すなわち，サービス規制や政府規制

の緩和を含むFTAを参照して，日中韓FTAやRCEPをより高度なFTAに誘導するという形での協力が考えられる。

　第3の企業レベルの協力は最もチャンスが多いと考えられる。もともと日中企業は，様々な業種・レベルでサプライチェーンを築いている。どちらかの企業が契約者（メインコントラクター）となった際に他方がそれに関するサプライヤー（サブコントラクター）となる形での協力が想定できる。また，東南アジアには既に多数の日本企業が進出し，工業団地も造成されており，日中両国の工業団地の間での協力や相互乗り入れが考えられる。実際にそうした例も出てきている。

　第4の，中国標準の浸透への対応については，米中経済摩擦によって状況は複雑化した。すでに通信規格の5Gをめぐってはアメリカ側につくのか，中国の技術も使うのか，という難しい判断を迫られている状況にある。協力か否かという単純な選択肢ではなく，将来の技術標準をどうするのかという国策レベルの考慮が必要となっており，その議論は別の機会に譲りたい。

おわりに

　習政権は，第2期（〜2022年）を超える長期政権の基盤を固めたとの評価が定まりつつある。その取り組む経済課題は，国内的には新興産業の育成であり，対外経済分野では一帯一路構想の推進となろう。構想の推進によって中国と関係国間の貿易・投資関係は拡大・緊密化し，次第に中国を中心とする経済圏が形成されることが予想される。

　むろん，その前途には曲折も予想される。本章で「西部大開発2.0」と名付けた国内経済構造の改革は容易ではない。また，米中経済摩擦に代表されるように中国を取り巻く国際環境は厳しくなってきている。

　とはいえ，中国経済のプレゼンス拡大は続く。すでにアメリカと並ぶ貿易大国であり，海外投資大国であることから，今後とも一帯一路構想のような世界全体を俯瞰する戦略を展開していくことは不可避である。日本としては，中国が主導する新しい経済圏形成と，中国経済の構造変化を注意深く観察しつつ，

対中国政策と構想関係国への政策をリンクして構築していく必要があるだろう。本章執筆時点では不明だが，2019 年 4 月末に開催が見込まれる第 2 回一帯一路国際ハイレベルフォーラムにおいて，本章で見てきたような諸課題に中国がどのような「答案」を示すのかが，まずは注目される。

注
1） 「中共中央关于全面深化改革若干重要问题的决定」（中共中央文献研究室編 2014）。中国共産党第 18 期中央委員会第 3 回全体会議で採択。
2） World Bank, 2007 "An East Asian Reneissance: Ideas for Economic Growth" Washington, D.C., World Bank.
3） 中華人民共和国国家発改委，外交部，商務部 2015。
4） "How China rules the waves", Financial Times 2017.1.25.
5） 『2017 年度中国対外直接投資統計公報』による。
6） この点については，荒井悦代「スリランカと"一帯一路"―ハンバントタ総合開発事業の進展状況」（日本貿易振興機構アジア経済研究所編 2018 所収）が詳しく論じている。
7） 52 件のリストは，http://www.meti.go.jp/press/2018/10/20181026010/20181026010-1.pdf で得られる。

参考文献
日本語文献
日本貿易振興機構アジア経済研究所編（2018）『中国「一帯一路」構想の展開と日本』。
　　https://www.ide.go.jp/Japanese/Publish/Download/Seisaku/2017_1_10_001.html
大西康雄（2015）『習近平時代の中国経済』アジア経済研究所。
大西康雄編（2019）『習近平「新時代」の中国』アジア経済研究所。
英語文献
World Bank and Development Research Center of the State Council of the PRC,（2013）"China 2030: Building a Modern, Harmonious and Creative High-Income Society" Washington, D.C., World Bank.
中国語文献
中共中央文献研究室編（2014）『十八大以来重要文献選編（上）』北京，中央文献出版社。
中华人民共和国国家发改委，外交部，商务部（2015）「推动共建丝绸之路经济带和 21 世纪海上丝绸之路的愿景与行动」http://news.xinhuanet.com/gangao/2015-06/08/c_127890670.htm
中华人民共和国商务部・国家统计局・国家外汇管理局 2018『2017 年度中国対外直接投资统计公报』（中国商務部 HP）

（大西康雄）

第Ⅲ部

変容するアジアの経済相互依存

第11章

インドの貿易自由化政策と FTA

はじめに

インドは1991年の経済自由化政策への転換以降、ゆるやかに貿易自由化政策を進め、2000年代にはアジア諸国を中心に自由貿易協定（FTA）の締結も進めてきた。しかし、インドは、2013年から交渉されている東アジア地域包括的経済連携（RCEP）では交渉のブレーキ役となっている。こうした背景にはどのような要因があるのであろうか。本章では、第1節でインドの歴代政権の貿易政策の変遷を外資政策とともに確認し、第2節においてインドがこれまで締結したFTAの特徴を検討する。その上で、第3節ではモディ政権が交渉参加するRCEPの関税交渉の展望を行う。

第1節　インドの貿易・外資自由化政策の変遷

1. バジパイ、マンモハン・シン政権時代に貿易・外資自由化が加速

インドが、貿易・外資自由化政策へ大きく舵を切る契機となったのは、1991年である。独立後の社会主義型経済政策の展開を遠因に、湾岸戦争による原油価格の高騰を引き金として国際収支危機[1]に陥ったことを契機に、当時のラオ政権（国民会議派[2]）は、自由化路線に転じた。ラオ政権は、貿易面ではルピーの切り下げを断行するとともに、輸入数量規制の対象品目削減、関税率の引き下げを行い、外資政策ではそれまで全ての業種で外資出資比率が40％までに制限されていた中、一部の優先業種で過半数を超える出資を認めるとともに、そ

第 11-1 表　インドの歴代主要政権による主な貿易・外資政策

政権	年代	貿易政策	外資政策
ラオ政権	1991〜1996 年	✓ ルピー切り下げ ✓ 輸入数量規制の削減 ✓ 関税率の引き下げ	✓ 一部業種で過半数の外資出資比率を容認，政府個別認可のもと外資 100％出資容認
バジパイ政権	1998〜2004 年	✓ 消費財を中心とした 1,429 品目の輸入数量規制の撤廃 ✓ 関税率の引き下げ	✓ ネガティブリストの導入 ✓ 保険分野の外資開放（26％）
マンモハン・シン政権	2004〜2014 年	✓ 関税率の引き下げ	✓ 小売業の外資開放（出資比率上限，各種条件有り）
モディ政権	2014 年〜	✓ 関税率の引き上げ	✓ 保険分野，航空サービス（定期便）などで外資規制緩和

（出所）　椎野（2009），椎野（2019）から作成。

の後，政府認可取得のもと外資 100％出資[3]を容認するなど貿易・外資政策の大幅な緩和が行われた。その後，歴代政権によって緩やかに貿易・外資自由化が進められてきた（第 11-1 表）。

　ラオ政権に続くバジパイ政権（インド人民党[4]）も，「第 2 世代の経済改革」を掲げ，貿易・外資政策で自由化路線を堅持した。貿易面では関税の引き下げに取り組み，平均実行関税率を 1999 年の 33.9％から 2004 年には 23.5％まで引き下げたことが特筆される（第 11-1 図）。また，WTO で敗訴したことに拠るものの，消費財を中心とする計 1,429 品目の輸入数量規制[5]を撤廃した。外資政策では，外資出資が禁止されていた保険分野を外資に開放（外資出資比率上限 26％）したことに加え，ポジティブ・リスト方式（自動認可ルートの対象を明示）による外資規制を転換し，ネガティブ・リスト（政府認可ルートの対象を明示）の導入などを行った[6]。さらには，国有企業の民営化も推進し，スズキがインド子会社の経営権を獲得したこともバジパイ政権時代であった[7]。

　2004 年に政権に就いたマンモハン・シン政権（国民会議派）も，貿易・外資自由化政策を推進した。貿易面では，バジパイ政権と同様に関税引き下げに取り組み，平均実行関税率を 2004 年の 23.5％から 2007 年に 13.2％まで引き下げた。インドの平均実行関税率はバジパイ，シン政権期に約 20％も引き下げられ

第11-1図 インドの平均実行関税率の推移

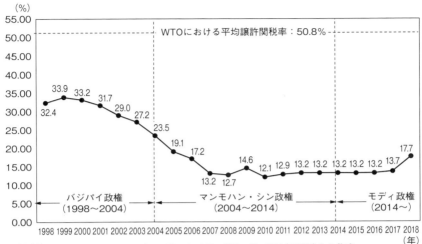

（資料）Tariff Analysis Online（WTO），WorldTariff Profile 2019（WTO）から作成。

たこととなる。また，後述するように，シン政権はアジア諸国とのFTAを相次いで締結した。

シン政権の外資政策面では，小売業の外資開放を実現したことが特筆される。小売業への外資規制は，インドでは最も政治的に敏感な分野である。インド国内にはパパママショップと呼ばれる多数の小規模小売事業者が存在する中，小売業への外資開放には政治的抵抗が強い。こうした中，マンモハン・シン政権は2006年に小売業の中でも「単一ブランド」の商品販売の場合に限り，政府認可取得を条件に51％までの外資出資を認め，2012年には政府認可取得を条件に外資100％まで出資可能に緩和した（但し，51％超の出資には調達額の30％を国内から行う義務）。さらに，2012年にはデパート，スーパーなど総合小売業を対象とする「複数ブランド」で，政府認可取得を条件に外資51％を上限に外資開放を行った。但し，総合小売業の外資開放への政治的反発は強く，最低投資額（1億ドル）や調達規制（調達額の30％を国内の小規模企業から調達）など厳しい要件が課されており，総合小売業への外資参入は進んでいないのが実態である。

2. 関税引き上げに転じたモディ政権

　モディ政権は 2014 年に 30 年ぶりに下院で単独過半数を有する政権として発足した。同政権は，2016 年以降，高額紙幣の使用禁止，物品・サービス税（GST）の導入，法人税の引き下げなど，積極的な経済政策を展開している。高額紙幣の廃止（2016 年）は不正蓄財対策とともにインド経済のキャッシュレス化を推進する要因となり，GST の導入（2017年）はインドの投資環境上の課題であった複雑な間接税の簡素化につながり，法人税は一定の売上高以下と条件付きながら，基本税率を 30％ から 25％ に引き下げている[8]。

　貿易・外資自由化政策をみると，外資政策面では，保険分野の外資出資比率上限を 26％ から 49％ に引き上げ，航空サービス（定期便）を同 49％ から 100％ に緩和（49％超は政府認可取得要），小売業（単一ブランド）を外資 100％ 出資まで自動認可対象とするなど一部業種で部分的に緩和を行っている。一方，関税政策では長期に渡り，引き下げられてきた関税政策を転換し，関税を引き上げる方針を打ち出し，2018 年度予算で国内の製造業振興を目的に加工食品，繊維製品，履物，電気製品，自動車部品などで関税の引き上げを断行した[9]。平均実行関税率も 2017 年の 13.7％ から 2018 年には 17.7％ に上昇している。インドは WTO 加盟後に大幅に関税引き下げを実施しており，WTO における平均譲許税率は 50.8％（農産品：113.1％，非農産品 36.0％）[10]と現在の平均実行関税率とは大きな差がある。そのため，インド政府は WTO のもとでは，実行関税率を引き上げることが可能となっており，モディ政権の今後の関税引き上げ政策を注視する必要がある。

　インドの貿易・外資自由化は，1991 年以降，着実に進展してきた。貿易面ではバジパイ，シン政権時代の関税引き下げによって，インドの平均実行関税率は，タイ（2017 年，13.0％），ベトナム（2018 年，11.9％），インドネシア（2017 年，10.1％），中国（2017 年，9.6％），フィリピン（2018 年，8.4％）など他のアジア諸国と同程度の水準まで引き下げられてきたが，モディ政権の関税引き上げによって差が拡大しつつある。

　外資政策では，製造業は自動認可ルート対象となっており，残された参入規制はサービス業である。経済協力開発機構（OECD）では，サービス貿易規制

第11-2表　サービス外資規制指数（非OECD加盟9カ国，2018年）

	外資規制指数の単純平均値
インドネシア	0.24
インド	0.23
中国	0.23
ロシア	0.18
マレーシア	0.15
ブラジル	0.14
南アフリカ	0.13
コロンビア	0.07
コスタリカ	0.06

（注）　STRI指数に掲載されている22業種の単純平均値。
（資料）　Services Trade Restrictiveness Index（OECD）から作成。

指数（STRI Index）を公表し，その中で各国のサービス業の外資規制水準（1に近い程規制が厳しい）を数値化している。同指数が公表されている45カ国（OECD加盟36カ国，非加盟9カ国）をみると，インドはインドネシアに次いで外資規制水準が高い位置付けにある（第11-2表）。

第2節　インドのFTA政策の展開

1．インドのFTAネットワークの現状とその特徴

　インドは，アジア諸国を中心にFTAを締結し，FTAを通じた貿易自由化も進めている。バジパイ，シン政権期に南アジア諸国，東アジア諸国を中心にFTAが締結されている。第11-3表はインドがこれまで締結した主要FTAであるが，南アジア諸国とは2000年にスリランカとFTAを発効させ，2006年には南アジア8カ国が参加する南アジア自由貿易地域（SAFTA）を発効させている。東アジア諸国とは，2004年に中国がASEANとのFTAを発効させ，さらに日本や韓国，オーストラリア，ニュージーランドとASEANとのFTA交渉が活発化する中で，インドもASEAN，東アジア諸国とのFTA交渉に乗り

164　第Ⅲ部　変容するアジアの経済相互依存

第 11-3 表　インドの発効済み主要 FTA と貿易比率（2018 年）

(単位：%)

	FTA	発効年月	政権	貿易比率	輸出比率	輸入比率
南アジア	インド・スリランカ	2000 年 3 月	バジパイ	0.7	1.4	0.2
	南アジア自由貿易地域（SAFTA）(注1)	2006 年 1 月	シン	3.1	7.6	0.7
東アジア	タイ・インド(注2)	2004 年 9 月	シン	1.5	1.4	1.5
	インド・シンガポール	2005 年 8 月	シン	2.9	3.2	2.7
	ASEAN・インド	2010 年 1 月	シン	11.2	11.2	11.2
	韓国・インド	2010 年 1 月	シン	2.6	1.5	3.2
	インド・マレーシア	2011 年 7 月	シン	2.1	2.0	2.1
	日本・インド	2011 年 8 月	シン	2.1	1.5	

（注1）　SAFTA はインド，パキスタン，バングラデシュ，スリランカ，ネパール，ブータン，モルジブ，アフガニスタンが加盟。
（注2）　タイ・インド FTA はアーリーハーベスト 83 品目のみ。
（資料）　インド商工省，UN Comtrade，ジェトロ（2018）から作成。

出した。2004 年にタイと FTA を発効したことを皮切りに，シンガポール（2005 年），ASEAN（2010 年），韓国（2010 年），日本（2011 年），マレーシア（2011 年）と FTA を発効させている。多くの FTA はシン政権時代に締結されている。

　インドがこれまで締結した FTA で，インド側の関税撤廃率は，南アジア諸国に対しては高い撤廃率を約束しているが，東アジア諸国との FTA では相対的に低い撤廃率となっていることが特徴である。インド・スリランカでは，インド側の関税撤廃品目（段階的撤廃品目を含む）は HS6 桁ベースで 4,227 品目，関税削減品目は 528 品目（繊維・縫製品），対象外品目は 431 品目となっており，関税撤廃率は 81.5％（関税削減品目を加えると 91.7％に及ぶ。SAFTA では，インドの対象外品目は 614 品目（域内 LDC[11]向けは 25 品目）で大半の品目は関税撤廃もしくは関税削減の対象となっている[12]。

　一方，インド・タイはアーリーハーベスト品目として 83 品目のみが対象となっており，インド・シンガポールではインド側の関税撤廃率は 26.7％（3,112 品目），関税削減品目（2,542 品目）を加えても 48.5％に留まり，過半は対象外品目となっている[13]。また，ASEAN・インド，韓国・インドのインド側の関税

撤廃率（品目ベース）はそれぞれ 74.2%（関税削減を加えると 89.3%），69.6%（同 83.7%）に留まり，日本・インドは 86.4%（同 86.4%）と高い水準にあるものの，大半の品目は 10 年かけて長期間で段階的に撤廃される品目となっている（菅原〔2011〕）[14]。インド・マレーシアは，ASEAN・インド FTA をベースに関税撤廃・削減スケジュールの早期化（3 カ月～1 年）と対象外品目を 73 品目縮小[15]している。

インドがこれまで締結した FTA は，厳しい原産地規則によっても特徴付けられる。インドが締結した FTA の原産地規則で特徴的なことは，併用型が採用されていることである。近年，世界で締結される FTA では複数の原産地規則の中から利用企業が規則を選択できる選択型の原産地規則が採用されることが多い。具体的には，関税分類変更基準（最終財の関税分類と非原産材料の関税分類が異なる場合に原産資格を付与）もしくは付加価値基準（FTA 締約国内で一定閾値以上の付加価値が賦課された場合に原産資格を付与）のいずれかを選択できるものである。しかし，インドがこれまで締結した主要 FTA ではいずれも併用型が全ての品目もしくは一部の品目で採用されており，関税分類変更基準と付加価値基準の双方を満たすことを求められている。結果として，活用する企業の事務コストを高めるとともに，原産地規則を満たせずに FTA が活用できなくなる可能性を高めている。

2．発効済み FTA に対する認識

インドは，2000 年代にアジア地域を中心に FTA ネットワークを着実に拡大させてきた。しかし，限定的な関税撤廃率に留まり，厳しい原産地規則を採用するとともに，近年は後述する RCEP 交渉でもブレーキ役となっているのが実態である。インドが FTA 交渉に対して慎重となる要因として，これまで発効済みの FTA がインドの輸出促進につながっていないとの認識が政府や産業界に存在することが指摘できる。

これまでインドが締結した FTA の貿易面に与えた効果を分析した Saraswat V. K. et al.（2018）によると，ASEAN・インド，ASEAN・韓国，ASEAN・日本，インド・スリランカの各 FTA について，スリランカに対しては発効後

第11-2図　インドの貿易収支（対南アジア，ASEAN，中国，日本，韓国）

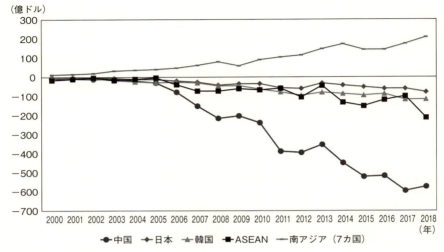

（資料）UN Comtrade から作成。

にインドの同国への輸出が輸入を上回ったものの，ASEAN，韓国，日本との間では輸出よりも輸入増加に結び付いていると結論付けている。

　インドの貿易収支をみると，インドと比較して相対的に製造業の集積が薄い南アジア諸国に対しては貿易黒字の拡大基調が続いている一方，ASEAN，日本，中国など東アジア諸国に対しては貿易赤字が拡大している（第11-2図）。ASEANや日本，韓国に対してFTA発効後にインドの貿易赤字が拡大していることは，インドの高成長などFTA以外の要因も寄与しているとみられるが，FTAが輸出よりも輸入増加に結び付いているとの認識をもたらす一因となっていると考えられる。

　こうした認識に大きな影響を与えたと考えられるのがインド・タイである。同FTAは83品目のみを対象としているものの，エアコンやテレビ，冷蔵庫など最終財の関税を相互に撤廃する一方，関連する部品には関税が課税されたままとなり，最終財と部品の関税逆転現象が生じたFTAである。同FTA発効後，タイからインドへの対象品目の輸出が増加した結果，2004年までインドはタイに対して貿易黒字であったものの，2005年以降，貿易赤字に陥った経緯が

ある。関税逆転現象に対しては，インド産業界から批判的な声が上がり，産業界のFTAに対する警戒感を高める結果となった[16]。インド・タイでは，アーリーハーベスト品目の関税撤廃後，その他の品目で関税撤廃交渉を行ったものの，妥結できずに今日に至っている。

第3節　RCEPとインド

1. インドにとってのRCEP関税交渉

　2013年から交渉が開始されたRCEP交渉は，当初，2015年までの妥結を目指し，2018年には妥結の機運が高まったものの，交渉妥結は2019年以降に持ち越されている。RCEP交渉の妥結が遅れる一因となっていると指摘されているのが，インドの存在である。インドは物品貿易分野で低い自由化率を求めていると指摘され，これがRCEP交渉の遅延の一因となっているというものだ。

　インドからRCEP交渉をみた場合，交渉相手となる15カ国の内，ASEAN10カ国，日本，韓国とは既にFTAが発効している。インドにとり，これら12カ国とは新たにどの程度まで追加的に譲許するかが課題となるが，既にFTAを発効させていることから，RCEPを締結しても新規に関税を引き下げる品目は限定的となる。

　しかし，インドは中国，オーストラリア，ニュージーランドとはFTAを締結しておらず，RCEPによって初めてFTAを締結することとなり，貿易面に与える影響が大きい[17]。中でも，インドがRCEP締結によって輸入増につながることを懸念しているのが中国である。インドはこの3カ国に対してはいずれも貿易赤字の状況にあるが，中国との貿易赤字額は572億ドル（2018年）と，インドの貿易赤字総額の3割を占める規模にあり，かつ赤字額は近年，拡大する傾向にある（第11-2図）。インドと中国の品目別の貿易収支をみると，インド側は鉱石など一次産品の輸出で黒字であるものの，機械機器，化学品，鉄鋼など工業製品では圧倒的なインドの貿易赤字にあり，特に電気機器や一般機械などでの貿易赤字が大きいことがわかる（第11-4表）。Make in Indiaをスロー

第11-4表　インドの対中国品目別貿易（2018年）

(単位：億ドル)

商品	HSコード	輸出額	輸入額	貿易収支
食料品類	1-11, 16-24	7	2	5
鉱石・鉱物性燃料	26-27	43	12	31
化学品	28-40	48	167	－119
繊維・衣類	50-63	18	29	－10
鉄鋼	72-73	4	31	－27
機械機器	84-91	16	409	－393
一般機械	84	8	136	－128
電気機器	85	5	232	－227
輸送機器	86-89	1	24	－23
計		164	736	－572

(注)　商品分類はジェトロ（2018）に基づく。
(出所)　UN Comtradeから作成。

ガンに製造業振興を掲げるモディ政権にとっては，RCEP締結によって対中国輸入が一段と拡大することを警戒している。

2．今後の展望

　RCEP交渉で，インドの最大の懸念要因は中国とのFTAであることであり，関税交渉では中国に対してどこまで関税撤廃・削減を約束するかが焦点となる。考えられる一つのシナリオは個別譲許方式を採用し，インドが中国を除くRCEP交渉国と中国に対して異なる譲許表で合意する可能性である[18]。RCEPでは，共通譲許で妥結できれば，インドは中国を含む15カ国に対して同一の譲許表のもと関税を削減・撤廃していくこととなるが，個別譲許方式を採用すればインドと中国間の関税撤廃率や削減率を他の締結国の比率よりも低めることができる。

　また，難しい論点は原産地規則である。前述の通り，インドはこれまで主要FTAで併用型を原産地規則として採用してきたが，アジアで発効済みのFTAでは多くの品目で選択型が採用されている。RCEP交渉において，インドが選

択型を許容できるかは論点となる。RCEPでは累積[19]ベースが16カ国に拡大することが見込まれ，ASEANなどで中国の部品などを組み込んだ製品が原産地規則を満たしやすくなることが想定されるため，インドとしては，原産地規則をより厳しいものとしたいと考えていると見込まれる。

2013年に交渉されたRCEPは既に交渉期間が6年に及び，2018年の首脳会議では，「2019年に妥結する決意である」と2019年中の妥結に向けて強い決意が示されている。製造業振興を目的に関税引き上げも行うモディ政権にとって，RCEP妥結へのハードルは高いが，インドがアジアの広域経済圏形成に残れるか，RCEP交渉は大きな試金石となる。

注
1) インドの1990年末の外貨準備高は15.2億ドルで，貿易・サービスの月平均輸入額（1990年）の0.6カ月分まで減少した。
2) 国民会議派は1885年に設立，独立を主導した政党で，初代首相のネルー元首相などが主導。ネルー元首相は独立後，国有企業の役割を重視した社会主義型経済政策を展開。
3) 1990年代半ばにソニー，YKK，現代などが，政府から個別認可を取得し，外資100％出資の現地法人の設立が認められている。（椎野〔2009〕181ページ）
4) インド人民党は1980年に結成，ヒンドゥー・ナショナリズムを掲げ，1980年代後半以降，党勢を拡大。バジパイ政権，モディ政権はインド人民党主導による政権。
5) インドはGATT18条（国際収支状況を理由にした貿易制限措置）を根拠と主張し，輸入数量規制を維持していた。WTOでの敗訴を受け，2000年4月1日に714品目，2001年4月1日に715品目の輸入数量規制を撤廃した。（椎野〔2009〕140ページ）
6) 自動認可ルートとは中央銀行の届け出のみで外資による直接投資が認可されるルートで，政府認可ルートは政府から個別に認可を得ることを求めるルートである。インド政府は，定期的に外資規制のガイドラインである「Consolidated FDI Policy」を公表しているが，この中でネガティブ・リスト方式で政府認可ルートの対象を明示している。
7) スズキのインド子会社への出資比率は，50％から54.2％に引き上げられ，経営権を取得した。
8) 2017年度は5億ルピー以下，2018年度は25億ルピー以下の企業が対象で2019年度は40億ルピー以下に対象拡大。インド政府によると40億ルピー以下の場合，インドの企業の99.3％が対象となるとしている。
9) 椎野（2019）17ページ。
10) WTO（2019）に拠る。
11) SAFTAではバングラデシュ，ネパール，ブータン，モルジブ，アフガニスタンがLDCと位置付けられている。
12) 対象外品目はスリランカ商業局に拠る。なお，インドはパキスタン関連勢力によるとみられるテロ攻撃に対して，2019年にパキスタン製品に対する関税率を200％に引き上げる制裁措置を発動している。
13) インド・シンガポールFTAの発効（2005年8月）時点では，関税撤廃率は23.2％（関税削減品目を加えると43.8％）であったが，発効後の両国間の交渉を経て2008年1月から撤廃・削減品目が追加された。

14) 菅原（2011）6ページ。HS8桁ベースで算出，日本・インドでは10年後に関税が撤廃される品目は全体の63.5％を占める。なお，Fukunaga/Kuno（2012）はHS6桁ベースでASEAN・インドFTAを含むASEAN＋1FTAの関税撤廃率を算出しているが，同算出結果によるとASEAN・インドFTAのインド側の関税撤廃率は78.8％，ASEAN・インドFTA全体では79.6％とっており，ASEAN・オーストラリア・ニュージーランド（95.6％），ASEAN・中国（94.3％），ASEAN・日本（92.6％），ASEAN・韓国（92.7）と比較してASEAN・インドの撤廃率が低いことを明らかにしている。
15) マレーシア通商産業省によると，インドのASEAN・インドFTAの対象外品目数は1,298品目であるのに対し，インド・マレーシアでは1,225品目に縮小。
16) 椎野（2009）156-160ページ。
17) 但し，中国とインド間には1976年にアジア太平洋貿易協定（APTA）が発効しており，限定的ながらも一部品目で相互に関税を撤廃・削減している。なお，APTAにはインド，中国の他に，韓国，バングラデシュ，ラオス，スリランカ，モンゴルが加盟している。
18) 椎野（2019）19ページ。
19) FTA締約国の原産品である原材料を，同一FTAに加盟する他のFTA締約国で利用する場合に原産材料として扱うルールで締約国が多くなる程，累積の適用範囲が広がり，原産地規則を満たしやすくなる。

参考文献
椎野幸平（2009）『インド経済の基礎知識第2版　新・経済大国の実態と政策』，ジェトロ。
椎野幸平（2019）「モディ政権の対外経済政策とRCEPの展望」，現代インド・フォーラム2019年冬季号　No. 39，日印協会。
ジェトロ（2018）『世界貿易投資報告2018年版』，ジェトロ。
菅原淳一（2011）「日本・インド包括的経済連携協定（日印EPA）〜その概要と韓印FTA・AIFTAとの比較〜」，みずほ総合研究所。
Department of Industrial Policy and Promotion, Ministry of Commerce and Industry (2017), "Consolidated FDI Policy".
Yoshifumi Fukunaga, Arata Kuno (2012), "Toward a Consolidated Preferential Tariff Structure in East Asia: Going beyond ASEAN＋1 FTAs", ERIA Policy Brief 2012-03.
V. K. Saraswat, Prachi Priya and Aniruddha Ghosh (2018), "A Note on Free Trade Agreements and Their Costs", National Institute for Transforming India.
WTO, ITC, UNCTAD (2019), "World Tariff Profiles 2019".

（椎野幸平）

第12章

メコン地域における連結性の強化
──道路交通インフラ改善と投資機会の拡大──

はじめに

　「陸のASEAN」と呼ばれることが多くなったインドシナ半島と大メコン圏（Greater Mekong Sub-region：GMS）の，域外との連結性は年々重要性を増していると言える。巨大な人口を擁する中国，インドおよびその他ASEAN各国との戦略的な位置関係から，メコン経済圏と域外の成長著しい新興国との連結が必然的に求められている。またメコン域内の交通インフラ整備を中心とした相互の国の連結性が，当初考えられていたより漸進的ではあるが次第に質が高まっていることから，これまで隘路と考えられてきた経路でサプライチェーン構築も可能となり，産業立地が始まる事例も見られるようになっている。

　ASEANの枠組みではASEAN経済共同体（AEC）が創設され，ASEAN域内における連結性の強化が進められている。ASEAN連結性マスタープラン（MPAC2010）およびブルネイ行動計画において，連結性を分類，定義し，交通インフラに関する優先プロジェクト・課題や，陸上輸送，航空，海上輸送，交通円滑化，の4セクターにおける具体的な目標などを示しさまざまな推進がなされた。2025年を目指すAEC2025ブループリントが出された後は，クアラルンプール交通戦略計画（KLTSP），ASEAN連結性マスタープラン2025（MPAC2025）がアップグレードされた次期計画の具体化に向けて示されている。また，アジア開発銀行（ADB）が推進したサブリージョナルなプロジェクトであるGMS経済回廊整備計画が約30年を経過し，フラッグシップの目的である陸路越境交通インフラが，企業の求めるレベルの物流として一部であるが機能し始めている。

こうしたASEAN・メコン地域における長期間の交通インフラへの取り組みの中ででもミャンマーにおける整備が最も遅れており，同国がグローバル・バリューチェーンへ参加ができていない状況が指摘されてきた。本章では，近年におけるミャンマーにおける交通インフラ整備と，ヤンゴン郊外で稼働が始まっているティラワ工業団地の状況を現地調査に基づいて報告し，ミャンマーと周辺国との連結性強化，各種インフラの改善が外資誘致にどのように寄与しているか見てゆくことにする。

第1節　ASEANとGMSサブリージョナル・イニシアティブとの協力

1. AEC2025における連結性

まずASEANの枠組みによる連結性への取り組みについて触れてみたい。AECは経済統合だけではなく広範囲な目標を含み，さまざまな分野別の実行計画が推進されている。AECはASEAN域内における「連結性」を強化することを目指してきており，創設10年後のAECを見据えて公表されたAEC2025ブループリントと統合戦略的行動計画（CSAP）では，柱の1つとして「C. 高度化した連結性と分野別協力」を新たに加え，AEC2015に比べて連結性については大幅に概念を拡大し，交通運輸に限らず広い分野となっている。具体的にはC. にあげられている分野（コア・エレメント）として，交通運輸，情報通信技術，電子商取引，エネルギー，食糧・農業・林業，観光，ヘルスケア，鉱物資源，科学技術），となっている[1]。これまで連結性の主要分野となっている交通・輸送分野に焦点を絞れば，2010年の連結性マスタープラン（MPAC2010）と2015年のAEC2025ブループリントによれば，対象となる協力は交通・輸送インフラ（ハードインフラ）と，それに関連する交通や貿易の手続きなどの円滑化（ソフトインフラ）が中心となっている。ASEANにおいての連結性強化の概念は，AECの成否にも直結するものとして重要視されるようになり，これはAFTAの関税削減・撤廃の成果と共に，インフラ整備を主とする連結性の強化が密度の高い生産ネットワークの構築を通じてASEAN

への外国投資を誘致する競争力強化の柱として考えられた。

これまでのASEAN2025の交通分野に関する主要な目標や計画の概要を時系列に整理しておくと，AECブループリント2025の後に発出された2015年12月のクアラルンプールASEAN交通戦略計画（KLTSP）で，①陸上輸送，②航空，③海上輸送，④交通円滑化，に加えて⑤持続可能な交通，が追加された。2016年9月の連結性マスタープラン2025（MPAC2025）では従前のMPAC2015に5つの戦略目標が追加された。5つの戦略目標としては，①持続可能なインフラ，②デジタルイノベーション，③シームレスな運輸，④規制の優越，⑤人の移動の5項目であるとし，MPAC2015で未完成の52イニシアティブを完了させることを示している。2017年2月のAEC2025統合戦略的行動計画（CSAP）で，C1交通運輸の内容をさらにみると①陸上輸送(23)，②航空輸送(10)，③海上輸送(22)，④輸送円滑化(12)，⑤持続可能な輸送(10)（カッコ内はCSAPの主要行動計画数）となっている。

2. ASEAN交通円滑化協定の進展

陸上交通に関しては，ソフトインフラが相対的に遅れているとされているが，越境道路網を整備した際，国境における通関，トランジット手続きや貨物の積み替えの必要など，円滑な越境交通を阻害する課題がある。ASEANでは，「通過貨物円滑化に関する枠組み協定（AFAFGIT）」が1998年12月にハノイで署名され，2000年10月には全加盟国で批准され発効している。但し越境交通路の指定など，その実施に必要な事項の詳細は9つの附属議定書（Protocol）において定めることとされている。

長らく最終化が遅れていたこのトランジット協定であるAFAFGITの9つの附属議定書であるが，この2年ほどで進展したのは，①Protocol 1（越境交通路の指定と施設）について全加盟国が批准し発効した，②Protocol 2（国境交易所・事務所）について2018年5月に加盟国の署名がされた，③Protocol 7（トランジット通関）について批准国が9カ国となった，ことである。Protocol 2は，隣国との国境交易所・事務所が隣り合うことで，貨物検査などを合理的，円滑に行えるよう努めることとしている。Protocol 3は，自国内で越境運送を

第 12-1 表　ASEAN 交通円滑化協定の署名・批准状況

附属議定書		署名	批准・発効
AFAFGIT	（通過貨物円滑化に関する枠組み協定）	1998 年 12 月署名	2000 年 10 月発効
Protocol 1	Designation of Transit Transport Routes and Facilities（越境交通路の指定と施設）（輸送）	2007 年 2 月署名	全加盟国が批准 2018 年発効
Protocol 2	Designation of Frontier Posts（国境交易所・事務所）（通関）	2018 年 5 月署名	──
Protocol 3	Types and Quantity of Road Vehicles（道路運送車両の種別及び数）（輸送）	1999 年 5 月署名	全加盟国が批准 2010 年 4 月発効
Protocol 4	Technical Requirements of Vehicles（車両の技術的要件）（輸送）	1999 年 5 月署名	全加盟国が批准 2010 年 4 月発効
Protocol 5	ASEAN Scheme of Compulsory Motor Vehicle Insurance（強制車両保険）（輸送）	2001 年 4 月署名	全加盟国が批准 2003 年 10 月発効
Protocol 6	Railways Border and Interchange Stations（鉄道の国境駅・積替え駅）（ACTS パイロット除外）	2011 年 4 月署名	ブルネイ，インドネシア，ラオス，マレーシア，フィリピンが未批准
Protocol 7	Customs Transit System（トランジット通関）（輸送）	2015 年 2 月署名	9 カ国が批准
Protocol 8	Sanitary and Phyto-sanitary Measures（衛生植物検疫措置）（ACTS パイロット除外）	2000 年 10 月署名	全加盟国が批准 2011 年 1 月発効
Protocol 9	Dangerous Goods（危険物）（ACTS パイロット除外）	2002 年 9 月署名	マレーシアが未批准
AFAMT	（マルチモード輸送に関する枠組み協定）	2005 年 11 月署名	ブルネイ，マレーシア，シンガポールが未批准 2008 年 8 月発効
AFAFIST	（国際輸送円滑化に関する枠組み協定）	2009 年 12 月署名	マレーシアなど 4 カ国が未批准 2011 年 12 月発効

（注）　2018 年 5 月現在。ACTS パイロットフェーズはタイ，マレーシア，シンガポールの間で 2016 年 11 月～2017 年 4 月まで実施。
（出所）　ASEAN 事務局など。

行うことを認めるべきことが定められており，その際に使用できる道路運送車両の種別及び数を定めている。Protocol 7 は，トランジット越境時の税関システムを定めるとしている。これによって，AFAFGIT の基本的な輸送に関する附属議定書（Protocol 1，3，4，5）がすべて署名，批准，発効が完了したことになる。

こうした AFAFGIT に代表される ASEAN 交通円滑化協定の進展を受けて，ASEAN 税関貨物通過システム（ACTS）の構築を目指している。ACTS 開発計画はフェーズ 1 とフェーズ 2 に分かれているが，フェーズ 1 は南北経済回廊を延伸したタイ，マレーシア，シンガポールのルートであり，フェーズ 2 は東西経済回廊を延伸したベトナム，カンボジア，ラオス，ミャンマーのルートが想定されている。試験運用を兼ねてパイロットフェーズが 2016 年 11 月から 2017 年 4 月の 6 カ月間であるが，タイ，マレーシア，シンガポールの 3 カ国間で実施された。但し，パイロットフェーズでは Protocol 6，8，9 は運用の対象外とされた[2]。

3. GMS プログラムと経済回廊ルート見直し

大メコン圏（GMS）における経済協力を目的とした GMS プログラムは，1992 年タイ，カンボジア，ラオス，ミャンマー，ベトナム，中国（雲南省のちに広西チワン自治区も参加）の地域 6 カ国でスタートした。アジア開発銀行（ADB）のイニシアティブが大きく，ADB は多くの開発資金の投入と事務局としての役割を果たした。GMS プログラムにおける主要プロジェクトは道路インフラ整備であり，沿海部の開発も含まれてはいるが基本的に内陸部の開発に主眼をおいている。そして参加国の積み出し港につながる 3 大経済回廊が中心となって整備されてきた。こうした GMS 経済回廊による道路開発と地域へのインパクトについては，藤村（2016），石田（2019）において詳述されている。

サブリージョナル・イニシアティブである GMS プログラムと ASEAN との関係では，GMS 第 1 回首脳会議が 2002 年 11 月にプノンペンで開催されたが，同会合の直前に開かれた ASEAN 首脳会合，ASEAN ＋日中韓（ASEAN＋3）首脳会合においては，「ASEAN 統合のための GMS 計画との協調」が表明され

第12-1図　新GMS経済回廊ネットワーク路線図

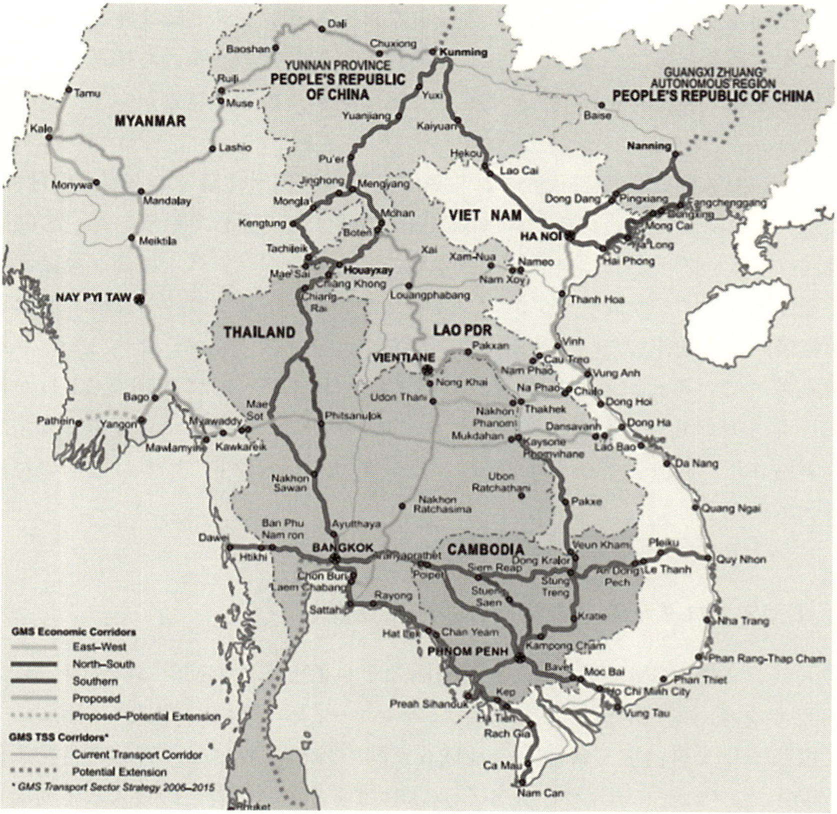

（出所）　ADB（2018）。

た。これによってGMSプログラムで進められてきたインフラ整備が，ASEAN統合のための要素として融合される流れとなり，これ以降AECの交通・運輸に関する目標・計画においても包含されることになる。近年においては，2017年9月のGMS閣僚会議で採択されたハノイ行動計画（HAP）（対象期間2018-2022年）において，2018年以降の主要な取り組みの方向性を再定義したが，ASEANとの連携強化などをめざし，総額635億ドル，222事業からなるRIF2022が定められた[3]。ここではAEC2025に向けて進められている統合措置

第12章　メコン地域における連結性の強化　177

第12-2表　南北経済回廊（NSEC）および南部経済回廊（SEC）ルートの見直し

	新名称	ルート
1	NSEC 1	昆明—ラオスおよびミャンマールート—チェンライ—バンコク
2	NSEC 2	昆明—ボーテン—ルアンパバン—バンビエン—ビエンチャン—ノンカイ—ウドンタニ—ナコンラチャシマ—レムチャバン
3	NSEC 3	昆明—ハノイ—ハイフォン
4	NSEC 4	南寧—ハノイ
5	NSEC 5	昆明—ムセ—マンダレー—ヤンゴン—ティラワ
6	NSEC 6	マンダレー—タムー
7	NSEC 7	レムチャバン—バンコク—ナコンラチャシマ—ウドンタニ—ナコンパノム—タケーク—ナーパオ—ヴンアン—ハノイ
8	NSEC 8	ビエンチャン—パクサン—ヴィン—ハノイ
9	SEC 1	ダウェイ—バンコク—プノンペン—ホーチミン—ヴンタウ
10	SEC 2	バンコク—シエムリアプ—ストゥントレン—プレイク—クイニョン
11	SEC 3	バンコク—トラート—カムポット—ハーティエン—ナムカン
12	SEC 4	シハヌークビル—プノンペン—ストゥントレン—パクセー—サワナケート

（注）　下線は新たに設定された区間。
（出所）　ADB（2018）。

と連携を深めつつ，個別案件を実施する事務局機能を強化する，とされている。

　これまで整備対象のGMS経済回廊の路線は何回にも渡って見直されており，当初計画に比べると支線の増加と延伸が反映されてきている。2018年3月のハノイで開催された第6回GMSサミットを経て，これまで名称を含めて複雑化していた路線の見直しがGMS経済回廊CBTA指定ルートの呼称変更と拡大として承認された。

　GMS経済回廊には，これまでの「南北経済回廊」と「南部経済回廊」以外の支線にもさまざまな名称が付けられていたが，それらをナンバリングしたのが特徴である。南北経済回廊（NSEC）では，中国国境からの延伸が主なものになっている。雲南省昆明からラオスに入るR3Aルートがあるが，これをビエンチャンからタイ・ノンカイに渡り，レムチャバン港までに至るルートをNSEC2号線として設定するなど，ルートを整理，再構築している。またGMS経済回廊で，フラッグシップ路線とされてきた東西経済回廊（EWEC）についてはミャンマー区間で延伸されている。これまでEWECの西端であった港町であ

るモーラミャインから，モーラミャイン―バゴー―ヤンゴン―パテイン区間が追加された。

4. GMS 越境協定の見直しと GMS 各国の通関制度・手続き状況

　GMS の越境交通協定（CBTA）は，サブリージョナルな枠組みにおいて1999年11月にタイ・ラオス・ベトナム3カ国で結ばれた越境交通協定がベースとなり，その後 GMS 参加6カ国すべての多国間合意まで拡大され，2015年にタイ，ミャンマーが批准したことで効力をもつことになった。2007年3月に署名されたこの CBTA は，欧州の交通協定をベースとした条文に添付資料が加わった膨大な協定書となっている。これによって ASEAN でも GMS 域内においては，同様の目的のための2つの越境交通協定が併存することになった。両協定を比較すると以下のようになる。
　ASEAN 交通円滑化協定類は，基本的に「ASEAN マイナス X」方式を採用している。これに対して CBTA は，国境措置の詳細については国境ごとに2国間（あるいは3カ国）の覚書（MoU）が結ばれ，デンサワン（ラオス）＝ラオバオ（ベトナム）国境，サバナケット（ラオス）＝ムクダハン（タイ）国境，河口（中国）＝ラオチャイ（ベトナム）国境で現在 MoU が結ばれている。これによって CBTA 実現における課題の1つである越境手続きの簡素化の取り組みについて，出国時・入国時と2回必要であった手続きを2カ国が共同で検査を行うことで入国側での1回の手続き，すなわちシングルストップ検査（SSI）で通過すること，さらに出入国・税関・検疫（CIQ）の手続きを複数の窓口から1つの窓口に集約するシングルウィンドウ化，相互の貨物，乗用車の乗り入れ台数などについて定めることになっている。
　CBTA の内容の一部が古くなり，実態に合わなくなり始めているということからオーストラリア国際開発庁（AusAID）の支援を得て，現状の CBTA を CBTA2.0 への全面的な改定を進めており 2019 年実施を目標としている。
　暫定的に相互乗り入れることのできる車両の台数を増やす CBTA のアーリーハーベスト措置の導入がはかられているが，現状交通権の交換は2国間，3国間協定で実施されている。しかし関係国の交通権交換によるライセンス発

給数が複雑であり，いわば「スパゲティボウル」状態とも言える。このアーリーハーベスト措置は，2016年12月に開催された第5回越境交通協定合同委員会で採択され，車両の一時的進入措置については，各国500台を上限に，ミャンマーを除く加盟国間で，「一時許可書類（TAD）」と呼ばれる書類を携行することで車両の一時輸入という形で相互通行が可能となるというものである[4]。ミャンマーのみ暫定的に100台で合意している。また既存の2国間，3国間の交通権交換協定は有効であり，アーリーハーベスト措置の効果は限定的なものであろう。

中国を除くGMS5カ国の通関制度や手続きの概要については，第12-3表の様になる。例えば，輸出入を行うにあたって貿易手続きに多くの省力化をもたらす電子通関申告システムは，タイが自国で開発した以外は，ベトナム，ミャンマーが日本のシステムを元にした無償援助，ラオス，カンボジアはオープンソースのASYCUDAを使うなど，各国で状況が異なっている。また陸上の国

第12-3表　GMS諸国の通関制度・手続きの導入状況概要

	タイ	ベトナム	ラオス	カンボジア	ミャンマー
電子通関申告システム	E-Customs 導入済み	VNACCS（日本無償援助）	ASYCUDA（UNCTAD）	ASYCUDA（UNCTAD）	MACCS（日本無償援助）
電子通関導入ポイント	全国	全国	11カ所（2018年）	67カ所（2018年）	2港湾とヤンゴン空港（2018）
NSW	あり	あり 2020年全省庁導入予定	一部のみ（税関-銀行間）	実質なし	実質なし
ASW	試験運用中	試験運用中	接続未実施	接続未実施	接続未実施
港湾EDI	導入済み	導入済み	（港湾なし）	シハヌークビルに導入計画	ヤンゴン港に導入実施中
陸上SSI	メーソット＝ミャワディで検討中＋ラオス参照	ラオバオ＝デンサワンでCCA実施中＋ラオス参照	サバナケット＝ムクダハンでCCA実施中	ポイペト＝アランヤプラテートで実施準備中	ミャワディ＝メーソットにて検討中
AEO制度	あり	類似制度あり	不明	類似制度あり	2018年に導入の通達あり

（注）NSW：ナショナル・シングルウィンドウ，ASW：アセアン・シングルウィンドウ，SSI：シングル・ストップ検査（CCA共同検査），AEO：Authorized Economic Operator（認定事業者）。
（出所）JICA（2018），大和総研（2017）その他資料から筆者作成。

境におけるシングルストップ検査（SSI）は，CBTA に基づいて CCA で輸出側・輸入側両国の係官が共同で貨物を検査するという仕組みであり，国境通過の通関手続きの簡素化・短時間化につながる極めて効果的な手段と考えられているが実施への移行が遅れている。GMS において CCA を用いた共同検査をともなう SSI が実施されているのは，前述のデンサワン＝ラオバオ，サバナケット＝ムクダハンの 2 国境の他は，メーソット（タイ）＝ミャワディ（ミャンマー），ポイペト（カンボジア）＝アランヤプラテート（タイ）の 2 国境が準備・検討中であるだけで，陸上交通円滑化については SSI の実施の遅れが目立っている。

5. コールドチェーン物流に見る ASEAN・メコン交通円滑化の新しい流れ

　日系企業がコールドチェーン・低温食品物流事業への参入が近年多くなっている。これは ASEAN 各国が経済成長によって中所得層が厚みを増し，それに伴う消費市場拡大によりコールドチェーン物流の重要性が高まりつつあることが背景にある。これまで ASEAN 各国では，地場の食品メーカーや小売業者，地場財閥グループなどが低温物流網を構築してきたが，配送・保管時の温度指定や湿度管理の徹底といった低温物流の高度化のニーズへの対応が不十分であるとの指摘があった。2018 年の「日 ASEAN コールドチェーン物流ガイドライン」は日本の支援により，コールドチェーン物流に要求される倉庫事業や輸送事業の質を上げることを目指している。ガイドラインでは，基本的に B to B を対象とした冷蔵・冷凍保管と保冷輸送を行う際の技術的内容や，各国のコールドチェーン物流に関する法制度やインフラ整備等を行う際の事項が入っている。同ガイドラインの日本側のカウンターパートである国土交通省は，ここまで ASEAN 域内における低温保冷輸送の実証実験として，メコン地域におけるクロスボーダーでの複合一貫（トラック＋鉄道）冷温輸送などのパイロット事業の実証運行をおこなってきた[5]。

　また日本主導の小口保冷配送サービスの国際規格が PAS1018 として認定されており，今後は国際標準化機構（ISO）などにおけるサービス規格化の流れの中に入ってくる可能性がある。昨今の e コマース（EC）市場の急拡大は，日

本で一般化している小口保冷配送(クール宅急便など)の新興国における需要を押し上げる効果があり,PAS1018 の対象領域としては B to C も含んでいる[6]。こうした規格面における動きも,ASEAN における高品質な物流基準の普及にも影響を与えると考えられる。ASEAN の拡大する消費財市場の中で,低温食品物流などの新しい事業の展開はこれまでやや停滞していた ASEAN・メコン地域の交通円滑化措置の高度化の後押しにもなることが期待される。

第 2 節　ミャンマーの道路インフラ整備と日系企業の動向

1. ミャンマーの道路インフラ改善と周辺国との連結性強化

　ミャンマーにおける道路インフラ整備の遅れが長らく指摘されてきた。GMS 東西経済回廊(EWEC)の延伸部を含む,ミャワディ―ヤンゴン―マンダレー―タムーのルートで,道路インフラを中心に 2018 年 8 月に現地調査をおこなった。モーラミャイン以遠の延伸によりヤンゴンに到達し,ミャンマーとタイの間で連結性がより強化されつつある。

① ミャワディ―モーラミャイン区間

　ミャワディはミャンマーとタイとの国境であり,両国間の国境貿易では最大となっている[7]。モエイ川をはさんだメーソット＝ミャワディ国境は 1 つの経済圏を形成している。タイ政府によってターク経済特区が SEZ 指定されており,ミャンマーからの出稼ぎ労働者は経済特区内で一定期間働くことができる。ムスリム人口も多く,メーソットのタイ人の公式人口 12 万人に対して,ミャンマー人の定住者は非合法滞在者を加えて 30 万人に達すると言われている。

　モエイ川にかかる第 1 友好橋が国境となるが,この橋は老朽化し重量制限のため大型トラックが通過できない。しかしながら同地点がタイ―ミャンマー間の最大の国境であり[8],その北に,タイ政府によって貨物専用の第 2 友好橋が建設されている。すでにアクセス道路とタイ側国境ゲート,第 2 友好橋の主要

橋脚がほぼ完成している。ミャンマー側の工事が遅れているが 2019 年には完成し，貨物の通過が分離される予定となっている。

ミャワディから 85 号線で西に向かうと，ドーナ山脈を越えるため片側交互通行を余儀なくされた山岳の難所があったが，これを避けるためコーカレイ・バイパスが 2015 年にタイ政府によって完成し，これまでのボトルネックが 1 つ解消されている。しかしながら，当初計画で建設が予定されていたトンネルはなく，すべて急峻な地形を切り通しで道路を通しているため，すでに法面からの土砂や石の落下が見られており，このバイパス道路のメンテナンスについては懸念がある。

ミャワディから約 90km 地点でジャイン・コーカレイ橋があるが，老朽化による重量制限のため，この橋と平行して仮設の浮き橋が設置されており，貨物車などは 1 車線のみの浮き橋を交互に通過しなくてはならない。コーカレイ問題が解消された現在では，この橋の通過がこの路線で最大のボトルネックであろう[9]。

発表された GMS 東西経済回廊延伸ルートによれば，85 号線からパアンに向かい 8 号線の通っているタトンに達する計画であり，これまで東西経済回廊の西端であったモーラミャインをショートカットする形になる。しかしながら，今回の走行調査時は雨期のため特にひどい冠水であったこともあり，本来の道路でパアンに向けて北に向かえず川沿いの迂回路を通った。モーラミャインに向かうが，ジャイン・ザタピエン橋とアトラン橋を通過する[10]。どちらの橋も老朽化が進んでおり，通過速度が制限されている。

② モーラミャイン―ヤンゴン区間

モーラミャインから北に向かうと，2005 年完成のタルウィン（モーラミャイン）橋を渡る。この橋はミャンマー最長の橋で重量制限は 60t となっており，鉄道橋が併設されている。この橋ができたことによって 8 号線の南北の連結性が大きく向上した。新しい東西経済回廊延伸ルートが 8 号線と合流するのは，85 号線との分岐点でもあるタトンである。この地域の道路状況は比較的良好であり，タトンから北へ向かうと道路の舗装状況はさらに良くなる。

国道 8 号線は北上しながら西に回り込むようにヤンゴンに向かい，ミャン

マー三大河川のシッタン川に架かるシッタン橋を通過するが，JICAによれば新シッタン橋の建設を支援する予定である[11]。ヤンゴンから120kmの地点から国道1号線になり道路は大幅に広くなる。それにともない交通量が多くなり，バゴー市街を通過すると片側3車線となる。バゴーにはハンタワディ新空港の計画があり，現在ヤンゴン市街に近い現空港の移転が構想されていたが，現時点ではこの計画は棚上げされている。国道1号線をヤンゴン方面へ南下すると，ネーピードー・マンダレー方面への高速道路との分岐がある。ヤンゴン市内に入ると，幹線道路の高架化で市街の渋滞は若干緩和されているが，基本的に道路インフラと公共交通機関の整備は自動車の増加に追いついていない。

2. ティラワ経済特区に見られる外国投資拡大の兆し

　ティラワ経済特区（SEZ）はミャンマー初の本格的なSEZであり，日本が官民をあげて開発支援し完成した。ヤンゴン市街から南東約25kmに位置し，2014年1月設立のMyanmar Japan Thilawa Development Ltd.（MJTD社）が運営している。同社の出資構成は日本連合49%，ミャンマー側51%（SEZ法による）であるが，日本側出資明細としては民間出資が39%，政府出資が10%（JICA）となっている。同SEZに指定された総面積約2,400haのうち，Zone-A（405ha）が完売，開発済みであり，Zone-B（262ha）が造成中となっている。2018年9月時点の企業進出状況として，契約締結済94社，操業開始済55社，輸出志向型35社，国内市場型58社。国籍別では日系48社，タイ14社，韓国6社，台湾5社などとなっている（その後2019年1月時点として予約含む契約締結済み101社との発表あり）。

① ティラワSEZ周辺のインフラ整備状況

　ティラワSEZはヤンゴンの市街から距離的には非常に近接しているが，SEZに通じるアクセスの道路インフラ整備が遅れており，既存の中国支援による1993年完成のタンリン橋は片側1車線であり老朽化し重量制限がある。2018年時点で，タンリン地区の渋滞や悪路もあり，ヤンゴンから車で1時間以上かかる状況にある。このためタンリン橋の下流に並行した片側2車線の新バゴー橋

を建設しており，円借款を利用し2021年完成予定となっている。これによって最大75tの車両が通過可能になるとされ，SEZに通じるアクセス道路も片側1車線から2車線に拡張される。

電力はSEZ内に50MWのガス火力発電所と変電所が建設され，配電網が整備されている。水はヤンゴン市内では地下水汲み上げのため地盤沈下が問題となっており，約40km北のラグンビンダム（ヤンゴン管区南ダゴン郡区）浄水場からダゴン橋経由でSEZまで給水ラインが確保された。

港湾はSEZ西側の河川港のコンテナターミナル港整備が行われており，2018年12月に新たなコンテナターミナルの第1期が円借款により完成し，住友商事と豊田通商が運営に参画すると報道されている[12]。同ターミナルは，2019年4月からの運営開始を予定しており，2万載貨重量トン（DWT）の船舶が接岸可能で，取扱能力は年間約20万〜24万TEUとされる。さらに拡張を進め第2，3期が完成すれば，現在のミャンマー全体の貨物取扱量に相当する100万TEUに達する見通しとされる。この背景として，ミャンマーはコンテナ貨物取扱量が年率20％ペースで伸びているが，現時点で約90％の貨物量を取り扱うヤンゴン港は，拡張余地が限られ水深も浅いため，水深がより深く大型船の着岸可能なティラワ港へのシフトが必要となっている。

② ティラワSEZに操業する日系企業事例

現時点でティラワSEZへ進出をした日系企業は，ASEAN各国の発展段階で見られた輸出志向型企業が先行するパターンではなく，ミャンマー国内市場（内需）を優先するビジネスモデルが多くなっている。このうちスズキはティラワSEZにおいてミャンマーで2カ所目になる現地生産をおこなっている。2012年に20万m^2の敷地を取得，2018年から軽トラック（Carry），ミニSUV（Eltiga），セダン（Ciaz）の3車種のセミノックダウン（SKD）生産を開始した。主要部品はタイ，インドの自社工場からほぼ全量輸入していると考えられる。中古車輸入制限政策もあり，ノックダウンではあるが現地生産が有利になり，ミャンマーにおける2018年1-12月のスズキの販売は10,330台を記録し，新車総販売台数17,500台に占めるシェアは60％近い驚異的な数字になった[13]。スズキのティラワSEZの工場はすでにフル生産が続いており，この状況受けて

スズキは工場の拡張を表明し，タイから自動車部品メーカーの誘致を促しているとされる。

注
1) ASEAN Secretariat（2017）．
2) ASEAN Customs Transit System（ACTS）　https://acts.asean.org/を参照。
3) JETRO ビジネス短信　2017 年 10 月 5 日。RIF とは「GMS 地域投資枠組み」（Regional Investment Framework：RIF）。
4) JETRO ビジネス短信　2017 年 9 月 26 日。
5) 国土交通省「日 ASEAN コールドチェーン物流プロジェクト。http://www.maff.go.jp/j/kokusai/kokkyo/food_value_chain/attach/pdf/1130haifu_gfvc-6.pdf
6) 「日刊 CARGO」2018 年 3 月 30 日付け。
7) 直近の報道では，2018 年 10 月 1 日〜19 年 1 月 18 日の同国境における貿易額が 10 億ドルを超え，前年同期 4 億 5,590 万ドルから倍増している。（NNA 2019 年 2 月 5 日）。
8) タイ―ミャンマーは 1,800km にわたって国境を接し，税関事務所を置いているのは 10 カ所。
9) ジャイン・コーカレイ橋は完成 1999 年，重量制限 30t，全長 400m，方式は吊橋。
10) ジャイン（ザタピエン）橋は，完成 1999 年，重量制限 30t，全長 884m，方式は吊橋。アトラン橋は完成 1998 年，重量制限 30t，全長 433m，方式は斜長橋。
11) JICA ミャンマー事務所，2018 年 8 月。
12) NNA 2019 年 1 月 31 日。
13) NNA 2019 年 1 月 24 日。

参考文献
石川幸一（2017）「AEC2025 と ASEAN の新たな挑戦」ITI　調査研究シリーズ No. 61，国際貿易投資研究所（ITI）。
石川幸一・清水一史・助川成也（2016）『ASEAN 経済共同体の創設と日本』文眞堂。
石田正美（2019）「メコン地域 3 つの経済回廊の道路インフラ」トラン・ヴァン・トゥ／刈込俊二『メコン地域開発とアジアダイナミズム』文眞堂。
春日尚雄（2014）『ASEAN シフトが進む日系企業―統合一体化するメコン地域』文眞堂。
―――（2018）「ティラワ SEZ の現状と課題」ITI ミャンマー研究会現地出張報告（5），国際貿易投資研究所，フラッシュ：399。http://www.iti.or.jp/flash399.htm
―――（2019）「ASEAN 低温物流市場の拡大」世界経済評論 IMPACT　No. 1315。http://www.world-economic-review.jp/impact/article1315.html
JETRO（2012）「タイ東西経済回廊と周辺開発の現状と課題」JETRO 海外調査部アジア大洋州課。
JICA（2014）「ミャンマー国　全国運輸交通プログラム形成準備調査　東西経済回廊関連道路事業ファイナルレポート」JICA。
―――（2018）「ミャンマー国連結性強化に係る情報収集・確認調査ファイナルレポート」JICA。
大和総研（2017）「アセアン経済共同体における生産・流通・投資環境調査報告書（農林水産省委託報告書）」大和総研アジア事業開発本部。
藤村学（2016）「メコン地域における経済回廊と日系企業の展開」『季刊国際貿易と投資』2016 年春号，国際貿易投資研究所（ITI）。
Asian Development Bank（ADB）（2018）"Review of Configuration of the GMS Economic Corridors" Manila. https://www.adb.org/documents/review-configuration-gms-corridors

ASEAN Secretariat (2010), *Master Plan on ASEAN Connectivity*, ASEAN Secretariat.
ASEAN Secretariat (2015a), *ASEAN2025: Forging ahead Together*, Jakarta.
ASEAN Secretariat (2015b), *Kuala Lumpur Transport Strategic Plan (ASEAN Transport Strategic Plan 2016-2025)*, Jakarta.
ASEAN Secretariat (2016), *Master Plan on ASEAN Connectivity2025*, ASEAN Secretariat.
ASEAN Secretariat (2017), *ASEAN Economic Community 2025 Consolidated Strategic Action Plan*.

（春日尚雄）

第13章

韓国の対日・対中経済関係の変容

はじめに

　北東アジアの主要国である日本，中国，韓国は経済の相互依存度を高めてきた。かつては三カ国間で産業の発展段階の格差がみられ，例えば，日本を中心にみると，日本から韓国，中国に原材料や生産設備を輸出し，韓国，中国で組み立て，第三国に輸出する垂直分業が主流だった。しかし，その後，韓国，中国が雁行形態的に経済発展し，現在では日中韓では同一産業内で輸出入が行われる水平分業に移行してきた。直接投資もかつては日本企業が韓国，中国に進出する「一方通行」であったが，近年は韓国，中国から日本への直接投資もみられ，相互に直接投資を行うかたちに変わってきている。

　日中韓の二国間関係は3とおりであるが，本章では韓国を軸に日韓，中韓の2つの経済関係を概観する。第1節では韓国の貿易・対内直接投資における日中のプレゼンスを確認する。第2節では日韓の貿易・直接投資の推移を概観する。日韓貿易については韓国の原材料や生産設備の対日依存度の低下，水平分業への転換などに言及する。日韓直接投資については日本企業の対韓直接投資ブームの終焉，限定的な韓国企業の対日直接投資とその中での投資目的の変遷について言及する。第3節では中韓の貿易・直接投資の推移を概観する。中韓貿易については韓国の対中輸出の増加基調からの転換とその理由，中韓貿易の水平分業への転換などに言及する。中韓直接投資については韓国の対中直接投資の伸び悩みと投資目的の変化，中国の対韓直接投資の業種や投資目的の変遷について言及する。最後に韓国の対日・対中経済関係の今後について論点を提示する。なお，本章は拙稿（2018）を加筆修正，再構成したものである。

第1節　韓国経済における日本の重要性低下と中国の重要性上昇

　韓国経済はかつて日本への依存度が高く，日本は韓国の高度経済成長に大きく貢献してきた。韓国は輸出主導型の経済発展を遂げたが，輸出品の生産に必要な原材料，生産設備の多くを日本からの輸入に依存した。その結果，韓国の総輸入に占める対日輸入の割合はピーク時の1967年には44.5％に達した。対内直接投資全体に占める日本からの直接投資の割合（実行ベース）もピーク時の1974年に98.9％に達するなど，かつて韓国は貿易・直接投資において日本のプレゼンスは非常に大きかった。当時，韓国経済の「対日従属」状況を否定的に捉え，韓国経済の将来を悲観する見方すらあった。

　ところが，その後，韓国経済の対日依存度は低下し，代わって対中依存度が上昇した。例えば，総輸出に占める対日輸出比率は低下が続いた半面で，総輸出に占める対中輸出比率は2010年頃まで上昇が続き，それ以降も25％前後で高止まりしている。輸入でも日本からの輸入比率が低下し，代わって中国からの輸入比率が上昇している。対内直接投資総額に占める日本からの投資額の割合と中国からのそれを比べても，従来は前者が後者を大きく上回っていたが，両者の格差は縮小，2015年には逆転している。このように，韓国経済に対する日本の重要性低下と中国の重要性上昇が同時進行してきた。

第2節　日韓経済関係の推移と現状

1. 2010年代初頭を境に変容した日韓貿易——対日貿易赤字は拡大局面から転換

　韓国の対日輸出は1980年代後半に立ち上がり，1988年に120億ドルと初めて100億ドルを突破した。その後も対日輸出の拡大が続いたが，2011年に397億ドルのピークを記録した後，2016年まで減少が続いた（第13-1図）。対日輸出を品目別[1]にみると，1988年時点では衣類が最も多いなど，労働集約型品目

第 13 章　韓国の対日・対中経済関係の変容　189

第 13-1 図　韓国の対日貿易の推移

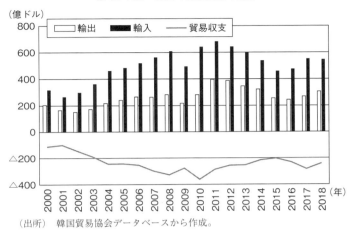

（出所）　韓国貿易協会データベースから作成。

や天然資源が多かったが，2018 年時点では多い順に石油製品，鉄鋼板，半導体の順になるなど，資本・技術集約型製品が上位を占め，また，対日輸入の品目構造と類似化し，日韓貿易は先進国間でみられる水平貿易に転換している。

　韓国の対日輸入は 2011 年まで増加傾向にあったが，2012 年に減少に転じている。主な輸入品目は従来から原資材や生産設備である。これは当初，韓国が輸出主導型の経済成長を追求した際，韓国国内でフルセット型の製造業の育成を行うのではなく，日本などから原資材や生産設備を輸入し，それを組み立て・加工し，輸出する戦略を取ったことに起因し，韓国の輸出が拡大すると対日輸入が誘発される構造にあった。しかし，近年，韓国の輸出が増加しても対日輸入が増えにくい構造に変化しつつある。例えば，貿易総額でみた粗い議論であるが，韓国の対世界輸出の対前年増減率と対日輸入のそれとの相関係数は 2001～10 年の 0.969 から 2011～18 年には 0.719 に低下している。これは両者の相関関係がやや弱まったことを示唆しているともいえよう。原資材などの国産化の進展を中心に，日本企業の韓国進出や輸入先の日本から第三国への転換によって，日本からの輸入が一部，代替されたと解釈できる。

　韓国の原材料，生産設備の対日依存度が高かったため，韓国の対日貿易収支は構造的に赤字が続いてきた。赤字額は年々増加し，2010 年に 361 億ドルで

ピークを付けた。ただし，韓国経済に対するインパクトをみるべく対日貿易赤字額の名目 GDP 比を算出すると，むしろ過去に遡るほど値が高く，1968 年に 11.5％のピークを記録した後，1990 年頃まで低下傾向が続き，それ以降は 2％前後の一定の範囲で推移してきた。さらに，貿易赤字額自体も 2011～15 年に減少が続き，足元でもそれほど拡大していない。

かつて韓国は日本に対して対日貿易赤字を問題提起していたが，近年はさほどでもない。その理由として，対日貿易赤字の増加に歯止めがかかったことに加え，かつて赤字基調だった韓国の対世界貿易収支が黒字基調に転換した上に黒字額が大幅に増加したため，逆に韓国が海外から貿易黒字削減圧力を受ける立場に変わったことが挙げられる。

2. ブームが終焉した日本の対韓直接投資――韓国企業向け販売機会の行方がカギ

日本の対韓直接投資（実行ベース）は過去 5 回のブームがあった。1 回目のブームは 1973 年前後で，日本の人件費上昇や人手不足を受けて労働集約型の中小企業が大挙して韓国に進出した。2 回目のブームは 1980 年代後半で，1988 年のソウル・オリンピック需要を狙ったホテル投資や 1985 年のプラザ合意後の円高を受けた韓国への生産移転の事例が見られた。3 回目のブームは 1990 年代末で，アジア通貨・経済危機で経営が悪化した韓国側合弁パートナー企業を支援すべくパートナー企業の持ち分を引き受ける事例が散見された。

2000 年代に入ってからは，2000 年代半ばと 2010 年代前半の 2 回，対韓直接投資ブームがあった（第 13-2 図）。2 つのブームは韓国企業向け販売機会の獲得が大きな投資誘因になった点で共通している。

4 回目のブームに当たる 2000 年代半ばは液晶関連分野の対韓直接投資が目立った。韓国が世界的な液晶生産拠点になるに従い，韓国企業の需要を獲得するために韓国に進出した液晶関連企業の事例が多かった。2010 年頃から始まった 5 回目のブームはさらに幅広い分野に拡大した。

直近の 5 回目のブームとそれ以降の動向について整理すると，次のとおりである。

5 回目のブーム時の日本企業の主な狙いは「韓国企業向け需要の獲得」「韓国

第13-2図　日本の対韓直接投資の推移（実行ベース）

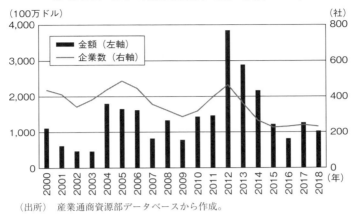

（出所）　産業通商資源部データベースから作成。

の消費市場の獲得」「コスト削減」「韓国企業が保有する技術・顧客基盤の獲得」などに類型化できるが，その中でも最大の狙いは「韓国企業向け需要の獲得」であった。韓国のセットメーカーは半導体，液晶パネル，携帯電話，自動車などの世界市場で急成長した。これら韓国企業に原材料や生産設備を販売すべく，韓国に生産・販売・開発拠点を新増設する動きが広がった。業種別には従来の電気・電子に加えて化学が急増したのが特徴で，特に東レ，住友化学は大規模な対韓直接投資を行った。

2015年以降，対韓直接投資ブームは一段落している。これは投資の一巡とともに，一時の韓国企業の勢いが鈍化し，「韓国企業向け需要獲得」を狙った新たな投資が下火になってきたことが影響している。近年でも電気自動車用リチウムイオン二次電池や有機ELパネルなどの原材料の生産拠点を韓国に新増設する動きがみられたが，かつてのブームのような大きな投資規模にはなっていない。

このように考えると，今後の日本企業の対韓直接投資を考える上での最大のポイントは韓国企業向け需要が今後，どれだけ拡大するか，言い換えると，世界市場で韓国企業が躍進できるかどうか，韓国企業が生産・開発・調達機能をどれだけ韓国国内に維持するかであるといえよう。

3. 狙いが多様化した韓国の対日直接投資

　韓国の対日直接投資（実行ベース）は2003年まではおおむね1億ドルにも満たなかった（第13-3図）。2004年以降は投資水準が高まり，また，緩やかに増加しているとみることもできるが，それでも直接投資規模は大きいとはいいがたい。2018年末の対日直接投資累計額は90億ドル，韓国にとって日本は第12位の直接投資先で，対外直接投資累計額全体に占める割合は2.0％に過ぎない。ちなみに，日本側の統計（財務省・日銀「本邦対外資産負債残高統計」をジェトロがドル換算）をみても同様で，2018年末の韓国の対日直接投資残高は67億ドル強，韓国は第11位の対日直接投資国にとどまっている。

　韓国企業の対日直接投資事例をみると，1990年代まではサムスン，現代自動車，LG，ポスコなどの財閥企業の日本市場における販売拠点設立，さらにR&D拠点や加工拠点を設立するケースが多かった。2000年代に入ると韓国の対日直接投資は多様化してきた。まず，IT関連企業やゲーム企業の対日進出が相次いだ。このころ，韓国のIT産業の競争力が一気に高まり，韓国で開発したシステムを日本市場に投入する事例が増えたためである。ついで，2004年ごろからは増加する訪日韓国人観光客需要獲得のために韓国資本が九州を中心に日本国内のゴルフ場を買収する事例が相次いだ。この流れは旅行会社の進出，

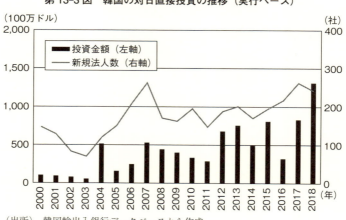

第13-3図　韓国の対日直接投資の推移（実行ベース）

（出所）　韓国輸出入銀行データベースから作成。

ホテル買収，LCC の日本拠点設立などにつながっている。さらに，日本事業の拡大，日本企業のブランド・技術の獲得などを狙った韓国企業の日本企業買収が散見されるようになってきた。例えば，LG 生活健康は 2012 年以降，銀座ステファニー化粧品，エバーライフ，R&Y（当時），エイボン・プロダクツ，エバメール化粧品を次々と買収している。

韓国の対日直接投資は足元の 2017 年，2018 年と 2 年連続して過去最高を更新したが，そのけん引役は不動産分野への投資であった。なお，2018 年には SK ハイニックスの東芝メモリへの出資（3,950 億円）という大型案件があったが，ケイマン諸島経由の直接投資であるため，第 13-3 図には反映されていない。

第 3 節　中韓経済関係の推移と現状

1. 構造変化を迎えた中韓貿易——今後は楽観視できない対中輸出

韓国の対中輸出は 1992 年の中韓国交樹立を契機に立ち上がり，2013 年まではほぼ一貫して増加してきた（第 13-4 図）。特に 2002 年頃からの増加が目立

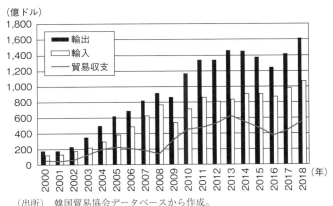

第 13-4 図　韓国の対中貿易の推移

（出所）　韓国貿易協会データベースから作成。

つ。当時，韓国の対中直接投資が急増したが，生産に必要な原材料を韓国から輸入する割合が比較的高かった。対中輸出の急増は韓国企業の中国進出ラッシュによって誘発された側面が強かった。

その後，韓国の対中直接投資は一段落し，在中韓国系企業が現地調達化を進めたため，対中直接投資の対中輸出誘発効果は低下した。それにもかかわらず，対中輸出は増加し続けた。これは中国地場企業向け輸出の増加が大きく寄与したものと考えられる。中国地場企業が韓国製の中間財を組み込んだ最終財を輸出，または中国国内で販売したわけである。

ところが，韓国の対中輸出は伸びが次第に鈍化し，2014～16年は前年比減となった。その理由として，① 世界経済の成長率低下などによる中国の輸出鈍化，② 資源価格下落に伴う製品価格下落，③ 中国国内市場の成長鈍化，④ 中国国内生産による対韓輸入代替の進展が指摘できよう。このうち，①～③ は景気循環的な側面もあるが，④ は不可逆な構造変化である。品目別には液晶ディスプレイ，石油化学，石油製品，鉄鋼といった韓国の主力分野で中国企業が技術力を高め，生産能力を拡大してきた結果，韓国の対中輸出が減少に転じた。これには韓国企業の中国現地生産が対中輸出を代替した分も含まれる。2017～18年は一転して輸出増になったが，これは半導体輸出増が大きく寄与した結果である。しかし，半導体輸出増は半導体価格の上昇によるもので，輸出数量増加によるものではなかった。よって，2017～18年の対中輸出増加をもって対中輸出が増加基調に回帰したとみることはできない。

他方，韓国の対中輸入は増加基調が続いてきた。品目別にみると中韓貿易が本格的に拡大する前の2000年時点では衣類の輸入が最も多く，石炭が第3位になるなど，労働集約型品目や資源も輸入上位品目に入っていた。しかし，2018年は多い順に半導体，コンピュータ，精密化学原料となるなど，資本集約型品目が上位を占めた。このように中韓貿易は水平分業へ移行しつつあるとみることができる。

2. 頭打ちの韓国の対中直接投資——低コスト生産拠点確保から内需獲得に転換

韓国の対中直接投資もまた両国の国交樹立を機に立ち上がってきた。当初は

第13章 韓国の対日・対中経済関係の変容 195

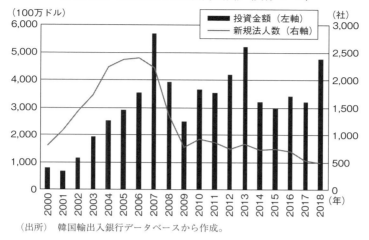

第13-5図 韓国の対中直接投資の推移（実行ベース）

（出所）韓国輸出入銀行データベースから作成。

中国の低廉な労働力の活用が主目的で，中小企業による労働集約的な分野での直接投資が多かった。2000年代に入ると，エレクトロニクスや自動車をはじめとした大企業による大規模生産拠点の建設が相次ぎ，対中直接投資額が急増，2007年にピークに達した（第13-5図）。しかし，2008年以降は中国の人件費高騰などで韓国の対中直接投資は頭打ちになっている[2]。

2008年以降，投資目的も大きく変化した。低コスト生産拠点確保を求めて中国に進出する韓国企業の割合は急減し，代わって，中国市場の獲得を狙った対中直接投資が主流になった。その典型例がサムスン電子の半導体メモリ工場建設である。報道によると当初の投資総額は70億ドルに達し，その後，追加投資も行われた。ちなみに，同社はプレスリリース（2014年5月9日）で中国市場の取り込みと製品の安定供給体制の構築の2点を投資目的として挙げ，前者については「中国は世界のIT企業の生産拠点であり，世界のNAND型フラッシュメモリ需要の50％を占めている」とした上で，需要地で生産する意義を強調している。

このような中国企業の需要を獲得するために中国に生産拠点を構築する動きは現在まで幅広い分野で続いており，これが韓国の対中直接投資を下支えしている。さらに，外食，小売りなど，中国の消費者をターゲットにした中国進出

も続いている。

　在中韓国系企業の業績はどうであろうか。全体として業績は悪くはないものとみられる[3]。ただし，一般消費者向けに財・サービスを提供する在中韓国系企業の中には中国地場企業との競争激化で苦戦している企業も散見される。例えば，北京汽車と合弁会社を設立した現代自動車は当初，コストパフォーマンスの高さなどが受け入れられ，中国市場で販売シェアを伸ばしたが，2010年代半ばになると中国市場のSUV化への対応の遅れや中国地場企業の競争力向上により販売が伸び悩むようになった。特に，自動車市場の伸びが鈍化した2017年は地上配備型ミサイル迎撃システム（THAAD）配備問題も重なり，販売が大幅に減少した[4]。また，サムスン電子のスマホは好調だった頃は中国市場でシェア20％台を記録していたが，その後の中国地場企業の伸長によりシェアは1％程度に低下したもようである。さらに，大型スーパーのイーマートは一旦は中国で店舗網を拡大したものの，業績不振により店舗網を縮小，残った店舗をタイ・CPグループに売却して中国から撤退している。

3. 存在感が増した中国の対韓直接投資――進出分野は不動産・観光から多様化

　中国の対韓直接投資（実行ベース）の推移をみると，上海汽車集団による双竜自動車買収といった大型M&A案件のあった2004～05年を除くと2011年頃まで低調だったが，その後は徐々に立ち上がった（第13-6図）。当初は済州島の不動産・観光関連への投資が多かったが，これは中国人の所得水準向上と共に2008年以降，中国人個人旅行者の済州島へのビザなしでの渡航が可能になったことや，2010年に一定金額以上の不動産投資を行った外国人に対して居住資格を与える「不動産投資移民制度」の対象に済州島が指定されたことで，済州島を訪問する中国人観光客や済州島に不動産投資する中国人が急増したことに起因する。

　2015年頃からは不動産・観光関連が減少する一方で，ゲーム，アパレル，食品，エンターテインメントなど，不動産・観光以外の分野での中国企業の韓国進出案件が報じられるようになってきた。資金力や流通網を有する中国企業が自国市場で韓国商品を投入するために韓国企業に出資したケースが多かった。

第13-6図　中国の対韓直接投資の推移（実行ベース）

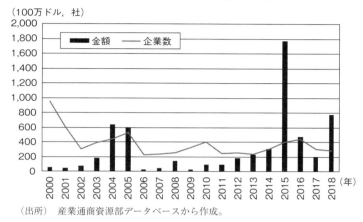

(出所)　産業通商資源部データベースから作成。

騰訊控股（テンセント）によるCJゲームズ（現・ネットマーブル）への出資や，迪尚集団による女性用カジュアルファッション企業アビスタの買収が初期の事例である。さらに，安邦保険集団による東洋生命買収など，金融・保険分野での大型M&Aがあった2015年，2018年は直接投資が一気に増えた。このように中国の対韓直接投資は，かつての投資が低調な局面から，訪韓中国人観光客需要の取り込みを狙った不動産・観光分野への投資，さらには，中国市場に投入する韓国製品の確保目的や投資収益獲得目的の韓国企業への出資というように，直接投資の狙いが比較的短期間に変遷している。

今では韓国にとって中国は主要な対内直接投資国の一角を占めている。ちなみに，2018年は国・地域別で中国が8位（香港は5位），香港を含めた中国からの直接投資額は対内直接投資額全体の1割強を占めた。韓国政府は中国で投資誘致セミナーを定期的に開催するなど，中国からの投資誘致に積極的に動いている。

おわりに

以上，日韓・中韓経済関係を概観したが，最後に今後の展開について考え方

を提示したい。

　日韓経済関係を巡っては，日韓貿易は同一分野内の貿易が中心となっているが，例えば，半導体関連では韓国が半導体メモリを日本に輸出し，日本がイメージセンサーや半導体製造装置を韓国に輸出するといったように，グローバル競争を生き抜いた両国の強い企業が相手国に輸出する形態が主流になりつつある。言い換えれば，相手国企業の高い競争力を持つ製品を輸入することで，自社の競争力をさらに高めるウィンウィンの関係が定着してきたわけである。直接投資でも相手国に進出した日韓企業は相手国市場において現地企業と競争する側面よりは，相手国の顧客と協力して共に成長していく側面が強い。つまり，日韓間では相互補完的にお互いの強みを生かして手を組んでグローバル市場に挑むかたちになってきている。

　中韓経済関係を巡っては，中国に代わる巨大経済が見当たらないことからも，対中依存度が高い構造は今後とも大きく変わらないであろう。一方，韓国の対中輸出の伸び悩みや一部の在中韓国系企業の苦戦が象徴するように，貿易でも直接投資でも中韓関係は競争の側面が強まってきた感もある。それでも，韓国企業が中国経済・企業の成長の果実を取り込んでいくには，中国企業にない独自の強みを磨き上げ，中韓企業が互いの強みを生かしてグローバル競争を勝ち抜くウィンウィンの関係を構築しなければならない。両国間の貿易・直接投資の行方はその成否によって大きく変わろう。

注

1）　本稿における貿易統計の品目区分は韓国独自コードのMTI（Ministry of Trade and Industry）3桁ベースに基づく。
2）　ただし，2013年はサムスン電子の陝西省西安市の半導体メモリ工場建設，2018年は同案件の追加投資やSKハイニックスの江蘇省無錫市のアナログ半導体受託生産工場建設，LGディスプレイの広東省広州市の有機EL工場建設といった大型案件があり，投資額が増加した。
3）　ちなみに，韓国輸出入銀行（2018）184ページによると，2017年の在中韓国系企業，在外韓国系企業全体の売上高営業利益率はそれぞれ3.8％，3.0％で，在中韓国系企業の収益性は在外韓国系企業全体を上回っている。
4）　在韓米軍へのTHAAD配備に強く反対した中国は2016年7月頃から韓国に対する「報復」措置を本格的に講じ始めた（なお，中国側は一連の措置を「報復」と明言したわけではない）。当初は，韓国人アーティストの中国での活動や韓国ドラマ・K-POPなどの中国での流通を規制する「限韓令」から「報復」が始まり，訪韓団体観光の規制，THAAD配備の敷地を提供したロッテグループに対する「報復」（中国国内のロッテマートの多くの店舗の営業停止措置など）などに拡大した。これらの「報復」措置は2017年10月に中韓が「双方は韓中間の交流強化が両国の共同利益に合致す

ることに共感し,すべての分野の交流協力を正常な発展軌道に速やかに回復させることで合意した」(韓国・外交部)ことを転機に緩和に転じた。ただし,その後の「報復」措置の緩和速度は緩やかである。

参考文献
韓国輸出入銀行(2018)「2017　会計年度海外直接投資経営分析」(韓国語)。
百本和弘(2018)「韓国の対日,対中経済関係の変容〜緊密化の中で構造変化を遂げた韓国経済〜」,『季刊　国際貿易と投資』No. 111,国際貿易投資研究所。

(百本和弘)

第14章

日中韓台の相互貿易の発展と日本の対中貿易依存リスク

はじめに

　日中韓の貿易依存度の推移から相互依存関係をみると，80年代は中韓の対日貿易依存が高かったが，2010年以降では，日本が中国に依存する形での非対称的な相互依存関係に変容した。そこに対中貿易に過度に依存するリスクがある。

　日中間には，歴史認識や領土問題に係わる地政学的なリスクが存在する。地政学的なリスクが存在する限り，中国は政治的目的を遂げるために，貿易の非対称性を利用する状況は続くと考えてよい。こうした地政学的なリスクを最小限にとどめるために，非対称的な対中貿易依存関係を是正する取り組みが必要となろう。

第1節　貿易を通じた日中韓台の経済的相互依存関係の始まり

1．日中韓台の相互貿易

　世界貿易に占める日中韓台（日本・中国・韓国・台湾）の相互間の貿易シェア（世界貿易に占めるシェア，以下同じ）は，1990年の4.7％，2000年に6.7％，2016年で8.8％へと拡大している[1]。これは東アジア貿易（日中韓台＋ASEAN）の約半分を占めている（第14-1図—①）。かつては，世界貿易をリードしていた米欧間の貿易シェア金額（2016年で4.2％）を上回っている。

　日中韓台の最大の輸出先は，米国であるが，そのシェアは2016年には4.2％に低下している。輸入先も1990年には米国であったが，2016年ではASEAN

第 14 章　日中韓台の相互貿易の発展と日本の対中貿易依存リスク　201

第 14-1 図　日・中・韓・台（貿易）の世界貿易に占めるシェア（％）

①日・中・韓・台と米国，EU，ASEAN貿易　　②日・中・韓・台の相互貿易（輸出＋輸入）

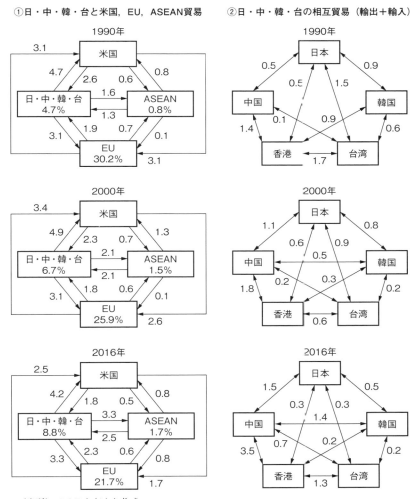

（出所）　DOT などより作成。

に代わっている。日中韓台の貿易相手先としては，ASEAN が成長している。日中韓台と ASEAN の貿易シェアは，往復（輸出＋輸入）で 1990 年の 2.9％から 2016 年には 5.8％へと倍増している。

　日中韓台の相互間の貿易（第 14-1 図―②）は，1980，90 年代では日本が牽

第 14-1 表 世界の主要国地域間の貿易成長率（2000-2016 年，輸出ベース）

（単位：%）

輸出国＼輸出先	日本	韓国	中国	香港	台湾	小計	ASEAN10	米国	EU	World
日本	—	2.6	8.6	1.3	0.6	4.0	2.1	−0.6	−0.6	1.9
韓国	1.1	—	12.7	7.2	2.6	7.9	8.6	3.6	4.0	6.8
中国	7.4	14.3	—	12.5	14.0	11.2	18.6	13.4	14.2	14.4
香港	1.9	3.8	8.3	—	4.0	7.4	6.6	−0.7	1.9	5.3
台湾	0.0	7.1	18.9	0.6	—	5.4	6.1	−0.5	0.1	4.5
小計	4.6	7.6	9.9	8.1	4.0	7.7	8.7	4.7	6.2	7.6
ASEAN10	3.4	6.9	14.6	7.8	2.7	7.1	6.6	3.1	4.6	6.4
米国	−0.1	2.8	13.2	5.6	0.6	4.2	3.0	—	3.0	4.0
EU	2.7	7.5	13.8	4.5	2.6	7.5	5.8	3.9	4.6	5.0
World	3.0	6.0	13.0	6.1	n.a.	8.1	7.1	3.6	4.7	5.8

（注）　WORLD の網掛け部分は，各国の輸入総額より算出。
（出所）　IMF; Direction of Trade Statistics（DOT）．

引役であった。日中韓台の相互間の貿易における日本のシェア（往復貿易）は，1990 年に 3.4%，2000 年では 3.4% を占めていたが，2016 年に 2.6% に縮小している。中国は，同じく 2.0%，3.6%，7.1% と 2000 年代に入り急拡大し，日中のポジションが逆転した。

2000 年から 2016 年間の日中韓台の相互間の貿易成長率は，7.7%，世界平均の 5.8%，ASEAN 域内貿易の 6.6% を上回る成長地域であった。その成長を牽引したのが対中貿易である。日韓台ともに対中貿易が大きく伸び，対日貿易は低成長であった（第 14-1 表）。

2．日中韓台の相互貿易発展の要因

日中韓台の相互貿易が発展している背景には次の要因が挙げられる。

80 年代初めのドル高とアジア NIES の台頭

まず，第 1 は，拡大のきっかけを作ったのが，80 年代初めのレーガン政権下のドル高と後半の日本の円高である。80 年代初頭のドル高によって，米企業は

価格競争力が低下し，電機産業を中心にアジア NIES（韓国，台湾，香港，シンガポール）に生産拠点を移転させた。アジア NIES 企業は，対米輸出拡大のチャンスを得て，アジア NIES は輸出を軸として工業化が進んだ。日本は，アジア NIES に対して，輸出産業に必要な部品や資本財を供給あるいは技術を提供した。ここに，日本が部品，資本財をアジア NIES に輸出し，アジア NIES は製品を米国市場に輸出するモデルが出来上がった。

国交正常化と改革・開放策

　第 2 は，中国と日本，韓国の国交正常化及び中国の改革・開放策（1978 年），鄧小平の南巡講話（1992 年）である。中国が日本と国交を正常化したのが 1972 年，その年の日中貿易は，輸出入の往復額で 11 億ドルに過ぎなかったが，改革・開放策直後の 81 年に 104 億ドルと初めて 100 億ドルを超えた。しかし，1989 年の天安門事件の後，改革・開放策にはブレーキがかかり，国内における混乱と経済制裁の影響を受けて経済成長が停滞した。しかし，1992 年の鄧小平の南巡講話を契機に改革・開放政策が再び積極的に推進され，中国の産業化が急速に進展し，消費水準も急激に高まっていった。

　中国が韓国と国交正常化したのは，盧泰愚政権時代の 1992 年 8 月である。その背景には，天安門事件で鄧小平が始めた改革開放政策が灰燼と帰したため，中国は韓国を必要としていたことが指摘できる。

　中国は台湾に対しては，改革・開放政策の導入に伴い「一国二制度」構想を打ち出して，「三通（通信，通航，通商の直接的往来）」要求を含めた中台間の経済交流の拡大を呼びかけた。これに対して，台湾は強い警戒感を示したが，中台間の直接交流は認可しないものの，香港など第 3 地を経由した間接的な人的交流・経済交流を認めることにした[2]。それ以降，中台間の貿易規模，台湾の対中投資額は急拡大してきている。貿易面では，台湾は 87 年に，台湾人の中国訪問を解禁したのに続き，88 年 4 月には，初めて台湾と中国との間接貿易を認可した。

対中投資の開始

　第 3 は対中投資の開始である。改革・開放の初期，中国に投資している多国

籍企業の殆どは，香港，台湾及び他の東アジア地域の中小企業であった。特に香港，台湾企業の役割が大きい。台湾は90年に，対中国の間接投資・技術提携を解禁した後，92年9月に，中国への投資を公式に認可した。これを受けて，93年には，台湾の対中投資の件数と金額（契約ベース）がともに急増した。94年以降は，中国と台湾との緊張関係などにより台湾の対中投資が調整時期に入ったが，その後，中台の緊張関係が改善するのに伴って対中投資ブームが再燃した。中国のWTO加盟以降には，台湾の電子・電機産業の中国進出が加速化して，中国の電子・電機製品輸出を牽引するとともに，台湾企業は中国生産を梃子として世界的な企業へと成長している。

　日本の対中投資が始まったのは，中国が外国企業の投資受け入れのため合弁企業法を制定した1979年以降のことである。日本側統計によると，当初少なかった投資は84〜85年の第1次対中投資ブーム期には1億ドル台，85年度には件数が100件を超えた。87年から89年春にかけて第2次投資ブームとなり，3〜4億ドル台に増加した。第3次ブーム（2000年〜2005年頃）は中国のWTO加盟（2001年）が契機となって生じた。2006年から2010年にかけてほぼ横ばいで推移してブームが去ったが，リーマンショック後に中国の先行きに対する期待が盛り上がって第4次ブームが始まった。

　韓国の対中投資は，労働コストの高騰に苦しむ中小企業が，山東省を中心に，生産コスト削減を目的に現地生産を始めて，90年代半ばに第1次ブームが起きた。中国のWTO加盟後に，サムスン電子などのエレクトロニクス産業が江蘇省など華東地域を中心に生産拠点を構築し始めた。

3．日中韓の貿易依存関係の変容

　1990年代における日中韓台の経済関係は，中国が国際分業に参入するための基盤，産業構造と輸出構造の高度化に必要な基盤を構築する上で大きく貢献した。特に，対中投資が日中韓台の相互貿易の発展に大きく寄与している。日中韓台の相互貿易の発展で，最大の利益を得たのが中国である。しかし，中国のみが唯一，受益者となったわけではない。日韓台も対中貿易の拡大により恩恵を受けている。貿易による経済的利益を互に享受している。

第14章 日中韓台の相互貿易の発展と日本の対中貿易依存リスク　205

第14-2表　日・中・韓貿易の輸出・輸入シェア（平均）

日本・中国の貿易に占める日中貿易のシェア

	シェアの平均				シェア（％）				
	1980-1990	1990-2000	2000-2010	2010-2016	1980	1990	2000	2010	2016
日本の対中輸出	3.8	4.6	13.3	18.4	3.9	2.1	6.3	19.4	17.7
日本の対中輸入	4.5	10.3	19.6	22.8	3.1	5.1	14.5	22.1	25.8
中国の対日輸出	19.1	16.7	11.6	6.8	22.2	14.7	16.7	7.6	6.1
中国の対日輸入	24.8	19.5	15.6	9.8	26.5	14.2	18.4	12.6	9.2

日本・韓国の貿易に占める日韓貿易のシェア

	シェアの平均				シェア（％）				
	1980-1990	1990-2000	2000-2010	2010-2016	1980	1990	2000	2010	2016
日本の対韓輸出	4.8	5.9	7.4	7.6	4.1	6.1	6.4	8.1	7.2
日本の対韓輸入	3.9	4.9	4.6	4.3	2.2	5.0	5.4	4.1	4.1
韓国の対日輸出	17.1	13.1	8.4	6.0	17.4	18.6	11.9	6.0	4.9
韓国の対日輸入	27.0	22.2	17.7	12.1	26.6	25.0	19.8	15.1	11.7

中国・韓国の貿易に占める中韓貿易のシェア

	シェアの平均				シェア（％）				
	1980-1990	1990-2000	2000-2010	2010-2016	1980	1990	2000	2010	2016
中国の対韓輸出	—	3.6	4.6	4.3	—	0.7	4.5	4.4	4.5
中国の対韓輸入	—	6.9	10.5	9.8	—	0.4	10.3	9.9	10.0
韓国の対中輸出	—	—	19.2	25.2	—	—	10.7	25.1	25.1
韓国の対中輸入	—	—	14.0	17.7	—	—	8.0	16.8	21.4

（出所）　DOTより作成。

日中韓の経済的相互依存関係を，日中韓の貿易依存度（輸出・輸入に占める日中韓のシェア）で見たのが第14-2表である。

1980年代は，韓国，中国の対日貿易依存度が，輸出，輸入ともに平均で20%前後と高い一方で，日本の対中，対韓貿易依存度は5%以下と低かった。非対称的な関係であったといえよう。

1990年代にはいると，中・韓の対日貿易依存は低下して，日本の対中・韓貿易依存度が高まってきている。ただし，日本が中韓貿易に依存する比率よりは，中韓が対日貿易に依存する比率の方が高かった。

2000年代にはいると，日本の対中・韓貿易依存度が高まり，2010年には日本の対中貿易依存度は，輸出で19.4%，輸入は22.1%と2割前後に上昇した。同じく日本の対韓貿易存度は，輸出で8.1%，輸入で4.1%，輸出では依存度が上昇，輸入は減少に転じている。

一方，中国，韓国の対日貿易依存度は，輸出，輸入ともに下落している。2010年では，中国の対日貿易依存度は，輸出が7.6%，輸入が12.6%に低下して，日本の対中貿易依存度と中国の対日貿易依存度が逆転している。韓国の対日貿易依存度も，同様に，輸出，輸入ともに2000年と比べて低下している。

この30年間で日中韓の貿易依存度は，日本に一方的に依存する非対称的な関係が，90年代には徐々に是正されて相互依存的な関係に移行し，2000年代以降には，中国に依存する非対称的な関係に変容している。

第2節　日本の対中・韓・台貿易分業構造の変化

2000年代に日中韓の貿易依存関係を変容させた要因は何か。①財別業種別貿易構成，②財別業種別貿易存度，③財別貿易収支を2000，2010，2016年の3時点で比較して，日本の対中・韓・台貿易構造変化の要因を探る。

日本の対中・韓・台貿易構造は，2000年代に次のような変化を遂げている。

第1は，中間財の相互取引の拡大である。2000年代に入って，日本の対中貿易は，日本が中間財，資本財を輸出して，中国から最終財とりわけ消費財（主にアパレル）を輸入する棲み分けが崩れた。2000年と2016年の財別構成を比

較すると，中間財，資本財を相互に取り引きする水平分業に移行していることがわかる。日本の対中輸出に占める加工品のシェアは低下し，部品輸出も伸び悩んでいる一方，対中輸入では，消費財のシェが低下し，加工品，部品，資本財の輸入シェアが高まっている（第14-3表）。

　日本の対韓，対台湾貿易でも同じような傾向がみられる。対韓貿易の財別構成比は，2000年に輸出で中間財が66.5％，輸入は中間財が59.8％，消費財が21.9％と中間財取引が貿易の柱となっていた。しかし，2016年には輸出は中間財が66.8％，輸入は中間財が68.8％と対韓輸入に占める消費財のシェアが低下して，中間財取引主体の貿易構造を強めた。

　対韓貿易で拡大している中間財の業種は，輸出，輸入と共に化学品（加工品）が伸びている。2000年では，中間財取引の中心は，部品の電機であった。エレクトロニクス産業における，日韓の企業競争力の変化を反映したものである。

　対台湾貿易では，電機部品の輸入が大きく拡大して，2016年では44.9％を占めている。対中・韓・台貿易に共通しているのが中間財の相互取引の拡大である。2000年と比較して中間財の中身が変わっている。日本の電機部品の輸出シェアが低下する一方で，輸入シェアが拡大していること，化学品の相互取引が大きく伸びていることである。

　第2は，貿易依存度（日本の財別業種別の輸入に占める対中輸入のシェア）の高まりである。2000年と2016年を比較すると，対中貿易で高まり，対韓，対台は横ばいか，微減となっている。

　日本の対中貿易依存が急上昇したのは輸入である。財別輸入依存度は，資本財が2000年の25.9％から2016年に51.9％と過半を超えた。これは，コンピュータに加えて携帯電話（スマートフォン）の対中輸入依存度が高まったためである。部品は10.4％から31.6％に上昇，このうち自動車部品（車両），電機がそれぞれ30％を上回っている。加工品も8.6％から19.0％に依存度を上げている。逆に，最大の輸入品である消費財は，横這いで推移している。これまで，中国は日本に部品輸入を依存していたのが，日本が中国から部品輸入を依存する変化を遂げている。現地進出の日本企業による対日輸出と共に中国地場企業による対日輸出が始まっている。

208　第Ⅲ部　変容するアジアの経済相互依存

第14-3表　日本の対中国，韓国，台湾，米国貿易（財別・業種別構成比）

(単位：%)

相手国	中国 輸出 2000	中国 輸出 2016	中国 輸入 2000	中国 輸入 2016	韓国 輸出 2000	韓国 輸出 2016	韓国 輸入 2000	韓国 輸入 2016	台湾 輸出 2000	台湾 輸出 2016	台湾 輸入 2000	台湾 輸入 2016	米国 輸出 2000	米国 輸出 2016	米国 輸入 2000	米国 輸入 2016
加工品 ガラス	1.6	0.7	0.2	0.4	0.9	1.3	0.5	0.9	1.3	1.0	0.6	1.0	0.3	0.2	0.6	0.5
がん具・運動用具	0.0	0.0	0.0	1.0	0.0	0.1	0.0	0.0	0.0	0.0	0.0	0.1	0.0	0.0	0.0	0.0
化学品	14.2	15.3	3.5	6.4	15.2	22.1	6.3	13.2	14.4	19.4	5.9	9.4	4.9	5.8	9.9	14.3
宝石・貴金属等	0.1	0.3	0.1	0.1	0.2	1.1	0.2	4.1	0.7	2.1	0.1	0.3	0.2	0.8	0.4	1.5
光学機器等	1.1	1.0	0.5	0.6	2.6	2.6	0.2	0.3	1.4	1.4	0.4	0.9	0.9	0.3	1.1	2.3
鉱物性燃料等	0.7	1.9	0.9	0.4	2.6	4.3	16.7	9.2	1.4	1.0	0.4	0.9	0.3	0.3	1.0	1.4
繊維	9.4	1.9	1.4	1.0	1.4	0.6	1.5	1.2	0.2	0.2	1.2	1.3	1.3	0.4	0.3	2.6
鉄鋼	7.7	4.7	2.0	2.6	8.6	8.5	7.3	11.1	4.2	3.9	3.3	4.0	1.6	2.2	0.6	0.7
非鉄金属（鉄鋼を除く）	1.4	0.8	1.2	1.2	0.8	0.5	0.5	0.8	0.4	0.6	0.5	0.3	0.7	0.5	0.9	0.3
（鉄鋼を除く）	2.4	2.7	1.4	1.7	2.9	1.8	1.1	1.7	2.8	3.7	1.4	1.8	0.5	0.6	0.9	1.5
加工品　計	41.3	31.0	15.0	19.4	35.2	44.8	36.1	45.0	27.6	35.1	15.0	20.5	10.8	12.4	19.3	25.1
部品 一般機械	7.5	8.8	3.7	5.8	5.7	9.0	4.5	7.0	8.5	6.0	12.6	4.0	9.4	10.7	9.0	10.3
光学機器	1.7	1.1	0.5	0.6	0.9	0.9	0.3	0.3	1.2	0.9	0.3	0.7	2.0	1.2	1.5	1.5
航空機等	0.0	0.0	0.0	0.0	0.0	0.0	0.0	0.0	0.0	0.0	0.0	0.4	0.8	3.2	1.2	2.3
車両	1.9	5.5	0.4	1.9	1.8	1.7	0.6	3.0	2.6	1.7	1.2	1.1	5.6	6.3	1.1	0.8
電機	19.0	15.9	5.8	9.4	22.3	9.7	17.8	11.3	15.8	18.4	21.6	44.9	11.5	6.9	12.4	7.4
部品　計	30.9	32.4	10.6	18.2	31.3	22.0	23.7	23.8	28.7	27.7	36.0	51.8	30.6	29.9	25.6	22.6
資本財 一般機械	12.0	12.7	2.9	10.4	14.1	12.4	10.9	6.2	19.2	15.6	21.4	3.6	11.7	11.5	7.3	4.7
光学機器	2.8	5.7	1.5	1.4	5.8	3.8	2.3	1.0	10.4	2.7	1.8	0.8	4.6	3.0	5.3	5.9
航空機等	—	—	0.0	—	—	—	—	0.0	—	—	—	0.0	0.0	—	2.2	4.9
船舶	0.5	0.0	0.0	0.1	0.1	0.1	0.0	0.2	0.6	0.7	0.0	0.0	0.9	1.2	0.1	0.1
鉄道	0.0	0.0	0.0	0.0	0.1	0.0	0.0	0.0	0.0	0.0	0.0	0.0	0.0	—	0.0	0.0
電機	0.0	0.0	0.1	0.0	0.1	0.0	0.1	0.1	0.1	0.1	0.1	0.1	0.0	0.0	0.0	0.0
資本財　計	5.1	4.0	5.8	15.9	5.6	3.2	2.3	4.2	4.4	2.2	3.2	3.5	5.6	3.8	4.9	2.8
消費財 がん具・運動用具	20.5	22.6	10.9	28.6	26.0	19.8	15.7	12.1	35.4	21.5	28.4	9.0	23.4	19.6	20.6	18.6
化学品	0.1	0.1	3.0	2.3	0.3	0.6	0.6	0.2	0.2	0.2	1.8	0.7	0.6	0.3	0.6	0.2
光学機器	0.8	1.5	1.0	1.7	0.7	1.6	0.9	2.5	1.1	2.0	1.4	1.2	0.9	1.4	1.5	3.6
雑品	0.0	0.0	0.5	0.1	0.1	0.1	0.1	0.2	0.1	0.3	0.2	1.0	0.2	0.1	1.0	1.8
車両	0.0	0.0	0.3	0.3	0.1	0.2	0.2	0.2	0.1	0.3	0.3	0.1	0.3	0.2	0.0	0.0
食機	1.4	4.3	0.5	0.5	0.1	1.1	0.1	0.2	0.6	4.2	1.2	0.9	23.7	31.0	1.5	1.4
電機	0.4	0.5	10.0	4.6	0.7	0.8	8.1	6.9	0.9	1.7	5.4	3.2	0.3	0.6	14.0	12.0
申金属（鉄鋼を除く）	0.2	1.0	2.3	2.8	0.8	0.5	2.7	1.6	0.7	0.6	1.8	3.5	4.2	1.4	0.8	0.5
雑製品	0.1	0.1	0.2	0.3	0.1	0.1	0.6	0.3	0.3	0.6	0.5	0.1	0.1	0.1	0.6	0.3
履物	0.2	0.1	27.8	12.3	0.2	0.1	4.2	0.3	0.4	0.0	0.3	0.3	0.1	0.1	0.2	0.2
その他	0.0	0.0	3.5	1.9	0.0	0.0	0.9	0.1	0.0	0.0	0.3	0.1	0.0	0.0	0.1	0.1
消費財　計	3.6	9.0	57.3	34.4	3.4	5.6	21.9	13.5	4.8	10.0	16.2	12.3	31.4	36.2	21.9	22.0
総額	100.0	100.0	100.0	100.0	100.0	100.0	100.0	100.0	100.0	100.0	100.0	100.0	100.0	100.0	100.0	100.0

(注)　「総額」は，「素材」を含む。
(出所)　貿易統計より作成。

第 14 章　日中韓台の相互貿易の発展と日本の対中貿易依存リスク　209

第14-4表　日本の財・業種貿易に占める中国、韓国、台湾、米国のシェア（貿易依存度）

(単位：%)

分類名	HS2_2	中国 輸出 2000	中国 輸出 2016	中国 輸入 2000	中国 輸入 2016	韓国 輸出 2000	韓国 輸出 2016	韓国 輸入 2000	韓国 輸入 2016	台湾 輸出 2000	台湾 輸出 2016	台湾 輸入 2000	台湾 輸入 2016	米国 輸出 2000	米国 輸出 2016	米国 輸入 2000	米国 輸入 2016
加工品	ガラス	18.6	27.6	9.0	32.2	11.0	20.4	9.5	11.2	17.6	13.7	9.3	11.1	15.8	10.5	40.0	16.5
	がん具・運動用具	33.6	7.7	53.5	80.2	—	18.4	1.2	0.5	2.5	9.4	0.1	1.5	8.3	15.1	24.3	0.4
	化学品	11.0	26.1	8.0	20.7	11.9	15.3	5.3	6.8	13.2	11.5	4.4	4.4	17.7	11.4	29.6	19.9
	貴石・貴金属等	2.1	3.0	0.9	2.1	4.8	5.0	0.7	19.4	15.7	8.2	0.3	1.5	17.5	3.8	5.3	2.3
	鉱物性燃料等	6.4	28.9	12.8	24.4	15.2	16.2	2.2	1.9	9.5	7.4	3.0	5.0	25.2	13.3	36.3	23.7
	繊維	14.2	11.6	1.8	1.3	18.0	21.4	12.5	5.2	4.4	1.3	0.1	0.1	26.0	4.2	2.7	4.0
	鉄鋼	38.6	32.8	25.7	36.8	5.9	4.0	10.2	7.6	3.3	4.9	7.2	7.5	7.3	7.3	7.9	4.3
	電機	13.2	17.1	21.6	35.5	14.9	12.5	29.3	24.4	8.5	3.7	11.5	8.1	13.0	9.2	7.9	4.2
	卑金属（鉄鋼を除く）	11.9	24.1	43.1	56.3	6.8	5.6	6.1	5.8	3.9	3.7	6.2	2.4	26.1	17.1	17.7	5.5
		12.2	30.0	8.6	22.2	15.2	8.2	2.5	3.5	17.5	14.0	2.7	3.4	12.5	7.7	7.2	8.3
加工品	計	13.5	22.2	8.6	19.0	11.7	13.0	7.7	7.0	10.7	8.7	2.8	2.9	16.6	10.2	14.5	10.6
部品	一般機械	5.5	17.5	11.9	33.0	4.2	7.3	5.3	6.4	7.4	4.1	13.0	3.3	32.6	24.4	37.4	25.2
	光学機械	7.4	20.9	11.8	23.7	4.0	7.1	3.4	2.1	5.9	5.9	2.6	4.0	39.1	25.6	51.7	27.2
	航空機	0.9	0.2	0.1	0.5	0.1	0.1	0.5	9.9	0.1	0.1	0.1	4.1	79.3	87.0	82.3	63.1
	車両	3.1	18.5	9.6	36.4	3.0	2.3	5.2	9.2	4.9	2.0	9.4	3.2	42.0	24.1	34.4	6.2
	電機	7.5	25.8	10.3	32.4	8.9	6.4	11.8	6.2	7.4	10.3	12.5	22.6	21.3	12.8	28.8	10.9
部品	計	6.2	20.3	10.6	31.6	6.3	5.6	8.8	6.6	6.8	6.0	11.7	13.1	28.7	21.4	33.6	16.9
資本財	一般機械	6.1	19.9	6.6	53.0	7.3	7.9	9.3	5.0	11.6	8.4	16.0	1.5	28.0	20.5	21.8	10.3
	光学機器	4.1	29.5	10.3	18.8	8.7	8.0	5.9	2.1	18.1	4.8	4.0	0.0	31.4	17.5	48.0	33.1
	航空機	—	—	0.0	—	0.3	1.2	0.0	0.0	—	0.0	—	0.0	28.6	1.5	81.8	78.3
	船舶	1.8	0.4	8.3	15.6	0.4	0.5	0.9	4.9	2.5	1.4	3.9	0.6	16.2	11.5	28.2	7.5
	鉄道	0.0	0.0	71.5	8.8	0.3	0.3	4.8	6.5	0.1	5.2	0.1	0.5	0.3	—	0.3	0.3
	電機	0.1	1.1	14.0	42.8	1.1	0.2	13.1	8.3	0.9	3.5	0.1	0.1	0.9	4.6	12.2	7.1
		6.0	19.7	25.9	69.5	6.6	6.3	3.8	3.0	6.2	4.6	4.6	2.2	30.9	21.4	28.6	5.2
資本財	計	4.9	17.6	12.5	51.9	6.3	6.3	6.6	3.5	10.0	5.8	10.5	2.4	26.3	17.5	30.7	14.5
消費財	がん具・運動用具	2.3	5.9	53.0	76.4	5.4	17.1	4.1	0.8	3.6	3.7	10.2	3.3	49.7	23.2	13.6	3.1
	化学品	6.2	19.1	9.8	11.0	5.3	8.4	3.3	2.5	10.3	9.1	4.3	1.2	33.9	21.3	18.7	9.8
	光学機器	0.6	7.6	13.5	5.1	2.6	8.5	1.5	1.2	1.3	1.5	3.0	5.4	42.1	46.8	38.2	28.7
	雑品	0.4	46.1	37.4	52.1	1.6	3.6	10.6	6.0	3.9	5.6	8.4	2.7	44.0	9.0	10.1	2.3
	車両	0.7	5.2	3.9	7.2	0.1	0.5	0.3	0.1	0.4	1.7	2.7	1.8	54.3	42.7	13.6	7.9
	食糧	6.5	11.2	14.5	15.2	11.8	6.7	4.4	3.7	18.1	13.0	2.6	1.5	20.1	14.8	26.7	17.2
	電機	0.5	18.7	23.4	49.9	1.8	3.8	10.4	4.6	1.9	3.4	6.0	9.0	42.9	27.7	10.7	3.9
	卑金属（鉄鋼を除く）	3.2	15.4	28.0	54.4	10.4	7.5	27.8	9.2	5.6	9.2	5.7	1.8	29.5	20.0	14.7	5.3
	履製品	11.2	17.6	76.2	65.9	10.4	10.3	4.3	0.4	28.0	11.3	0.5	0.2	13.8	9.2	2.3	0.5
		12.8	23.8	65.0	54.5	6.2	10.8	6.0	0.6	18.9	9.2	1.6	0.4	3.1	3.5	2.9	0.7
消費財	計	1.2	8.1	31.6	33.2	1.1	2.0	4.5	2.1	1.9	3.1	2.9	1.7	49.6	37.0	15.8	9.2
総額		6.3	17.7	14.5	25.8	6.4	7.2	5.4	4.1	7.5	6.1	4.7	3.8	29.7	20.2	19.0	11.1

（注）「総額」は、「素材」を含む。日本の当該業種の総輸出、または総輸入に占める割合
（出所）貿易統計より作成。

日本の対中輸出依存度は，部品の輸出依存度が6.2%から20.3%に拡大している。航空機を除く主な機械産業の部品が2割前後まで拡大し，資本財や消費財でも高くなっている。主要業種のほとんどで対中輸出依存度が上昇している。

　他方，これまで日本にとって最大の輸出先である対米貿易では，依然として自動車を中心に消費財の輸出依存度は高い水準にある。対中輸出依存度と比較すると，部品や資本財では中国と同じ水準，加工品は中国が高いが，消費財は米国が大きい。個別業種を比較すると，対中輸出依存度よりは対米輸出依存度のほうが高い業種が多い（第14-3表）。輸出の米国頼みは変わっていない。

　第3は，貿易収支から見た日本の対中韓台貿易の比較優位と劣位である。日本の対中貿易収支は，2000年では，加工品，部品，資本財は黒字，消費財が赤字であった。2016年には，加工品と部品が黒字，資本財が赤字に転じ，消費財は，縫製品の赤字が拡大したことから赤字幅が膨らんでいる。部品の黒字は，新たに自動車部品の黒字幅が拡大していることによる。資本財には，コンピュータや携帯電話（スマートフォン）が含まれており，これらが赤字の原因である。

　対韓貿易収支は，2000年と比べて黒字幅は倍増，加工品（化学品）の黒字が拡大している。部品収支は，依然として黒字基調であるが，電機部品の黒字幅が半減したため，赤字が減っている。対台湾貿易収支は，電機部品で赤字を計上するようになった。この結果，部品貿易収支は赤字に転じている。

　日本の電機部品は，貿易黒字創出力が低下しており，対韓，対台湾で競争力の優位性が失われている。力をつけているのは化学品（加工品）であるが，対中，韓，台では黒字を出しているが，欧米に対しては赤字である。

　日中韓台の相互依存関係を深化させた要因の一つは，コンピュータやスマートフォンなどのIT（情報通信）機器貿易である。日中韓台のIT機器・部品の生産が貿易で結びつき，中国を最終財生産拠点として世界市場にIT機器が輸出されている。日中韓台の相互依存関係が機能している要因は，エレクトロニクスを中心とするサプライチェーンが機能していることにある。さらに，日中韓台の貿易収支の黒字が，サプライチェーンの持続可能性を支えている。しかし，日中韓台の相互依存関係の基盤であるIT機器のサプライチェーンが，米中貿易戦争で崩れようとしている。米国対中貿易赤字の一因は，対中IT機器

第 14 章　日中韓台の相互貿易の発展と日本の対中貿易依存リスク　211

第 14-5 表　日本の対中国，韓国，台湾，米国貿易収支

(単位：100 万ドル)

分類名	HS2.2	中国 2000	中国 2016	韓国 2000	韓国 2016	台湾 2000	台湾 2016	米国 2000	米国 2016	EU28 2000	EU28 2016
加工品	ガラス	379	163	174	384	351	181	−56	−28	108	37
	かん具・運動用具	−7	−1,589	0	26	0	−11	−3	20	0	−44
	化学品	2,374	7,359	3,386	6,945	4,107	5,498	−210	−2,046	−1,684	−4,602
	貴石・貴金属等	−18	187	38	−524	226	737	−19	259	−702	2,361
	光学機器等	57	1,188	757	1,149	437	356	535	44	336	609
	鉱物性燃料等	−278	525	−3,140	−303	37	378	−338	−1,383	−4	−177
	繊維	2,107	637	141	−53	36	−217	310	301	96	155
	鉄鋼	1,238	1,320	1,141	1,160	915	626	1,888	2,399	403	501
	電機	−241	−902	148	28	42	68	657	495	258	140
	卑金属（鉄鋼を除く）	−51	421	664	433	778	1,048	83	−201	−187	−178
加工品	計	4,294	4,911	3,427	9,448	7,241	9,114	1,539	−764	−2,776	−3,092
部品	一般機械	212	900	817	2,397	790	1,447	6,965	6,953	5,750	4,105
	光学機器	278	357	215	345	369	203	1,697	508	1,439	−182
	航空機	13	−3	−5	−240	−0	−98	309	2,626	−96	−132
	車両	366	3,292	448	25	717	408	7,139	7,707	2,390	3,753
	電機	2,553	3,333	3,184	1,663	1,804	1	7,403	4,008	8,876	3,719
部品	計	3,565	8,310	4,762	4,210	3,880	−1,001	25,122	23,647	19,032	11,955
資本財	一般機械	2,050	−1,710	2,108	4,183	3,076	5,304	11,429	11,748	8,067	6,008
	光学機器	28	4,242	1,330	1,513	3,425	892	2,693	−142	2,387	824
	航空機	−0	0	0	3	—	—	−1,568	−3,268	−294	−579
	車両	119	−90	31	19	192	264	1,250	1,481	817	52
	船舶	−38	−54	28	−4	140	−4	33	−2	927	1,152
	鉄道	−13	−72	−10	−14	13	31	−9	27	9	615
	電機	−1,648	−20,296	1,246	396	1,030	86	4,460	3,091	4,408	2,152
資本財	計	200	−19,138	4,772	6,144	7,628	6,375	18,513	12,935	16,559	10,077
消費財	かん具・運動用具	−1,618	−3,520	−38	232	−259	−97	398	221	12	163
	化学品	−324	−1,066	16	108	162	499	256	−565	−2,301	−11,395
	光学品	−254	−198	−11	−24	−48	−228	−453	−1,101	−272	−1,503
	雑品	−160	516	−30	20	2	100	394	181	130	51
	車両	123	4,066	11	505	22	1,437	32,697	39,339	6,051	3,633
	食糧	−5,400	−6,535	−1,442	−1,379	−634	−38	−9,755	−7,281	−4,151	−6,830
	電機	−1,175	−3,265	−297	−167	−54	−585	5,415	1,422	3,759	499
	卑金属（鉄鋼を除く）	−115	−418	−96	−51	−11	21	11	33	−33	−137
	繊維製品	−15,254	−19,185	−814	−65	43	8	−400	−88	−1,365	−1,247
	履物	−1,932	−2,932	−175	−24	−39	−14	−83	−37	−441	−548
消費財	計	−30,477	−43,519	−3,448	−798	−1,171	1,110	28,850	32,284	−1,313	−20,944
総額		−24,765	−42,742	10,244	21,197	18,038	16,404	70,275	62,644	32,692	−1,563

(注)「総額」は「素材」を含む。
(出所) 貿易統計より作成。

貿易収支で巨額の赤字を計上していることにある。そこをトランプ大統領が問題視しているためである。米紙（ウォールストリートジャーナル紙）は，米中貿易戦争の影響は当事国のはるか先のところにあるとして，アジアのサプライチェーンで繋がっている米国の盟友や同盟国は早い段階で巻き添えを食うだろうと指摘していた[3]。米中貿易戦争が，サプライチェーンを基盤とした日中韓台の相互依存関係に亀裂をもたらすことになろう。

第3節　日本の対中貿易依存リスクの顕在化と対応策

　日中韓の経済的相互依存関係は，貿易を通じた生産分業の進展という視点で見れば，緊密度が増している。しかし，貿易依存度の視点でみると，前述したように，2000年代に日韓ともに中国依存度を高めて，非対称的な関係へと変容している。

　第14-2図は，日本と中国の貿易依存度（対GDP比）を比較したものである。リーマンショック前後に，日本の貿易が中国に依存する逆転現象が起きた。

　まず，2007年に日本の対中輸入依存度が中国の対日輸出依存度を上回った（第14-2図-①）。日本の対中輸入依存度は，1990年代で1％以下，2000年に1％を超えてから上昇トレンドに入り2008年には2.9％に達した。リーマンショック後の2009年には2.3％に落ち込んだが，再度上昇し2014年には3.7％を超えた。一方，中国の対日輸出依存度は，1994年に一挙に3.8％まで上昇してから2006年までほぼ3％台を維持していた。しかし，2007年に3％を割り込んでから，低下傾向が続き，2016年には1.3％に急落している。中国の輸出にとって，日本市場の重要性は薄らいだが，日本の対中輸入依存度が高まった。

　2012年には，日本の対中輸出依存度が中国の対日輸入依存度を上回り逆転した（第14-2図-②）。日本の対中輸出依存度は，1999年まで1％以下，2000年に1.1％と1％台を超え，2004年に2％を超え，2016年では3.2％にまで上昇している。

　他方，中国の対日輸入依存度は，1990年代では低いときには2％台，高いときには4％超と変動していた。2000年代でも，2003年から2006年間では4％を

第14章　日中韓台の相互貿易の発展と日本の対中貿易依存リスク　213

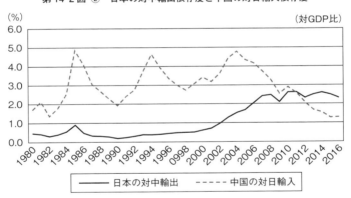

第14-2図-①　日本の対中輸入依存度と中国の対日輸出依存度

第14-2図-②　日本の対中輸出依存度と中国の対日輸入依存度

超えていたが，リーマンショック後に急激に減少し始め，2016年には1.3％にまで低下している。

　日本の対中貿易依存度は，対GDP比で輸出，輸入ともに3％を超えているが，中国の対日貿易依存度は1％台に低下している。中国が日本に依存していた時代から，日本が中国に依存する時代に転じたところで，日本の対中貿易依存リスクが現実のものとなった。2010年9月7日，沖縄県の尖閣諸島沖で海上保安庁の巡視船に中国漁船が衝突する事件が起きた。海上保安庁は，船長を公務執行妨害の容疑で逮捕した。尖閣諸島を「自国の領土」と主張する中国は強く反

214　第Ⅲ部　変容するアジアの経済相互依存

第14-3図　日本のレアアース（HS2805.30）輸入

発し，レアアース（希土類）の対日輸出を事実上，制限する事態に発展した[4]。レアアースは，ハイテク産業のビタミンとして欠かすことができない資源である。日本は，ほぼ中国からの輸入に依存していた（第14-3図）。中国はレアアースを外交カードとして利用した。

　さらに，2012年9月11日に日本政府は尖閣諸島の魚釣島，北小島，南小島を国有化した。国有化が行われると，中国の数多くの都市で大規模な反日デモが動員され，デモ隊の一部は日本企業のスーパー・マーケット，百貨店，工場さらに日本料理店などを襲撃し，破壊，放火，略奪を行った。被害を受けていない日本企業も，中国での営業・操業を一部あるいは全面的に停止するに至った。2012年の反日デモ動員は，2005年の反日デモの動員よりも，日本企業を震撼させた。日本企業にとって，中国事業は社運を掛けた「生命線」となっていた[5]。

　2012年の反日デモの後遺症は，発生2年後にも消えなかった。日本貿易振興機構（ジェトロ）調査によれば，政府調達や自動車販売で深刻な影響は改善したが，中国の消費者による日本製品買い控えは依然，継続していた。

　相互依存関係とは「相互に影響を受け合う状態」と定義されている。対中貿易依存度を高めた日本にとって，その影響は相対的に日本で大きく，中国は相対的に小さくなる。反日デモ当時の中国の対日論調の中には，「対日経済制裁

を視野に」入れるべきとの主張がされていた[6]。日中間の経済相互依存関係の非対称性を念頭に置いた発言であった。しかし，日本政府は，人口13億の巨大市場という目先の利益と政治的遠慮から従来から中国に対して貿易紛争を回避しようとする姿勢が目立っていた。

日中間には，歴史認識や領土問題に係わる地政学的なリスクが存在する。地政学的なリスクが存在する限り，中国は政治的目的を遂げるために，貿易の非対称性が利用されることがこうしたリスクを最小限にとどめるために，非対称的な対中貿易依存関係を是正する取り組みが必要となろう。

第1は，貿易面では，対中依存度の引き下げであろう。日本のレアース輸入は，中国の輸出制限を契機にして，新規輸入先の開発を進め，中国に代わりベトナムが最大の輸入国となった。レアアースのような重要な資源については，輸入先の多角化が必須となる。

第2は，WTOの紛争解決ルールの活用である。日本政府は，2012年3月に中国のレアアース輸出規制についてWTOに提訴した。中国は，WTO提訴を受けてWTOプロセスに則り適切に処理することを表明し，2014年4月のWTO敗訴を受けて輸出枠，輸出税を撤廃した。

第3は，中国のような大国に1国で対応することには限界がある。複数の国が集まることで協力して対抗することが賢明な方策である。TPP11やRCEPなどの地域経済統合を進めることが，中国に対抗する楯となる。

2012年の反日デモ当時，シンガポール華字紙・聯合早報は記事「経済を損なう日本製品ボイコット＝中国官僚の意見も分かれる」を掲載した[7]。当時の中国で，地方政府と商務部が政治と経済は別物だとして経済制裁に反対していた。中国経済が鈍化する中，1,000万人弱を雇用している日系企業を叩くことに不安を感じていたためである。また，中国が輸入している日本製品は代替がきかないハイエンド品が多いのに対し，日本が輸入している中国製品は代わりが見つかるローエンド品が多い。経済制裁が予定した効果をあげられるかは疑問視していた。

中国の対日貿易依存度が低下したとはいえ，日本の対中輸出，中国での現地生産と現地販売の大部分は，部品，中間財および素材であり，しかも中国で生産できないものが多く，中国企業との差別化が図られていた。しかし，IT産業

における中国企業のキャッチアップは目覚ましいものがある。今や，中国企業は，ローエンドばかりを生産しているのではなく，基幹部品の生産にも着手している。中国市場も規模が拡大している。日本の対中経済依存関係は，一層，非対称性を強めている。前述した通商政策による対抗措置に依存することなく，日本経済の成長力を高めることがもっとも重要な方策である。

注
1) 香港の再輸出を除くと比率は低下する。
2) 2000年に台湾政府は本格的な「三通」実現に向けてのモデルケースとして，「小三通」（離島地区における中国大陸との直航）を実現させる新たな政策を打ち出した。具体的には，中国大陸と最も近い島である金門島，馬祖諸島，澎湖諸島における中国大陸との直航を認めることである。2008年6月19日，離島の金門，馬祖両島と対岸の中国福建省の直接往来を限定的に認める「小三通」（通商，通航，通信）を利用できる対象を全住民に拡大した。
3) 「迫る米中貿易戦争の足音，有利なのはどちらか」WSJ，2018年1月17日。
4) 「2010年9月7日 尖閣沖で中国漁船衝突事件」 日本経済新聞 2015年9月7日。
5) 田代秀敏「中国による対日経済制裁を抑止するには」世界経済評論IMPACT 2012.10.1。
6) 中国共産党の機関紙，国営英字新聞チャイナデーリー（中国日報）は，日本への対抗措置として対日経済制裁の発動を提案する論説を掲載した。「仮に中国が対日経済制裁を発動すれば日本経済はひどい苦境に陥るが，中国側の損失は比較的少ない」（中国商務省系列のシンクタンクに勤めるアナリスト，ジン・バイソン氏）WSJ 2012年9月18日。
7) レコードチャイナ 2012年10月10日。

参考文献
今井理巳（2003）「様変わりする日中貿易」ITI『国際貿易と投資』NO. 49。
大木博巳編（2008）『東アジア国際分業の拡大と日本』ジェトロ。
大木博巳（2018）「日中韓台の相互貿易の発展と対中依存リスク」ITI『国際貿易と投資』NO. 111。
関谷裕介・保田明子（2012）「対中国貿易投資の変遷」貿易会月報。
塚越康記（2015）「日本のレアアース政策とWTO提訴」海幹校戦略研究。

（大木博巳）

索　引

【数字・アルファベット】

5G　24
21世紀型FTA　4, 70
AEC（ASEAN経済共同体）　4, 54, 57, 112, 171
AEC2015　112
AEC2025　57, 60, 112, 172
AECブループリント　55, 113
AECブループリント2025　58, 114
AFTA（ASEAN自由貿易地域）　4, 54, 112
AIIB（アジアインフラ投資銀行）　149
APEC（アジア太平洋経済協力会議）　3, 70
APEC首脳会議　11
ASEAN＋1FTA　96, 101, 105, 113
ASEAN＋3　56
ASEAN＋6　56
ASEAN協和宣言　55
　　第2──　55
ASEANシングルウインドウ（ASW）　58, 60, 113, 125
ASEAN中心性　11, 63, 114, 128
ASEAN統合戦略的行動計画（CASP）　60
ASEANプラス　101
CEPEA（東アジア包括的経済連携）　57, 70, 98, 100
CFIUS　26
CLMV　57, 123-124
CPTPP（環太平洋パートナーシップに関する包括的及び先進的な協定）　6, 13, 31, 62, 88, 104, 131
　　──委員会　138
　　──協定　134
EAFTA（東アジア自由貿易地域）　57, 70, 98, 100
e-コマース　121
FTA（自由貿易協定）　3, 130, 159
　　──カバー率　94
　　──ネットワーク　145, 163
　　──のミッシングリンク　96
　　日中韓──　102
　　米韓──　44
FTAAP（アジア太平洋自由貿易圏）　4, 5, 70, 102, 131
GAFA　41
GMS（大メコン圏）　175
GMS経済回廊　177
GMSプログラム　175
NAFTA（北米自由貿易協定）　81, 88, 131
ODA基準　148
RCEP（東アジア地域包括的経済連携）　4, 54, 62, 87, 98, 131
　　──交渉　103, 167-168
SAFTA（南アジア自由貿易地域）　163
SCO（上海協力機構）　151
TPP（環太平洋経済連携協定）　4, 54, 69, 102, 131
　　──離脱　6, 58
TPP11　6, 13, 62
TRIM（貿易関連投資措置）協定　126
TRIPS　80
UNCTAD（国連貿易開発会議）　35, 88
USMCA（米墨加貿易協定）　10, 13, 32, 81, 88, 131
WTO（世界貿易機関）　3, 15, 130
　　──協定　132
　　──プラス　132
ZTEショック　23

【ア行】

アウトソーシング　30, 34, 42
アジアNIES　203
アジア通貨危機　4
アメリカ・ファースト　30, 42
域外経済合作区　146
域内貿易比率　90, 94
一国二制度　203
一帯一路　66
　　──国際協力サミットフォーラム　143

一帯一路構想　10, 33, 142
移民政策　42
インキュベーター　4
インダストリー 4.0　126
インド太平洋構想　10
インフラ整備　122
沿線国　145-146
エンティティー・リスト　18

【カ行】

海外生産比率　92
海外直接投資　146
改革開放政策　15
華為技術（ファーウェイ）　10, 18, 25
外国投資リスク審査近代化法（FIRRMA）　26
外資政策　159, 162
過剰債務　153
関税逆転現象　166
関税分類変更基準　165
完全累積　118
──基準　107
環太平洋経済連携協定 → TPP
環太平洋パートナーシップに関する包括的及び先進的な協定 → CPTPP
技術移転　17, 20, 32
競争政策　78, 118
組み合わせ型（モジュラー型）　35
グローバリズム　42
グローバル革新新薬　50
グローバルガバナンス　142
グローバル・サプライチェーン（供給網）　3, 9, 12
グローバル新薬　50
グローバル・バリューチェーン（GVC）　27, 116, 123
原産地規則　32, 50, 107, 118, 165
原産地証明　125
原糸基準（ヤーンフォワード・ルール）　50, 52
コア技術　23
工程間分業　132
国際仲裁機関　47
国際ビジネスモデル　42
国防権限法　25-26
国有企業　73, 78, 132

国家資本主義　4, 6, 9, 132
個別譲許方式　168

【サ行】

サービス委託　35
最恵国待遇（MFN）　117
──条項　47-48
サイドレター　135
サイバー攻撃　17
債務の罠　151
サプライチェーン　28, 43, 98, 107, 132, 210
産業高度化　21
産業集積　146, 153
産業の空洞化　40
自己証明制度　118, 125
市場アクセス　135
自動車安全基準　47
集団的外資依存輸出指向型工業化　64
──戦略　55
自由で公正かつ互恵的な貿易取引のための協議（FFR）　33
自由貿易協定 → FTA
自由貿易試験区　150
自力更生　29
シングルアンダーテイキング（一括妥結方式）　109
新興・基盤技術　27
新冷戦　27
垂直統合型　34
ステークホルダー　122
スパゲティ・ボウル現象　106-107
スマイル・カーブ　34
すり合わせ型（インテグラル型）　35
生産ネットワーク　105-106
税制改革　42
製造委託　35
製造強国　20
製造大国　20
西部大開発 2.0　150
政府調達　25, 73
政令 116 号　61
世界貿易機関 → WTO

索　引　219

【タ行】

第 4 次産業革命　126, 128
対外経済合作　148
対中貿易依存リスク　212
対米外国投資委員会　26
大メコン圏 → GMS
チキンレース　7
知的財産権　7, 17, 32, 73, 75, 132
チャイナ・プラス・ワン　13
中興通訊（ZTE）　23
中国クラブ　151
中国製造 2025　8, 15, 20, 75
中国の夢　28
中国パキスタン経済回廊　143
中所得国のわな　21
通商秩序　3, 130
デカップリング　13
デジタル貿易　121
鉄のカーテン　9
電子商取引　120, 126, 132
凍結項目　135
統合戦略的行動計画（CSAP）　114
投資家対国家の紛争解決（ISDS）　45, 47, 105, 137
投資協定　48-49
ドーハ・ラウンド交渉　3
トランプ・リスク　3, 12

【ナ行】

南巡講話　203
南南合作　148
日米経済対話　33
ネガティブリスト　160

【ハ行】

反グローバリズム　3
東アジア共同体（EAC）　4
東アジア経済圏構想　98
東アジア自由貿易地域 → EAFTA
東アジア地域包括的経済連携 → RCEP
東アジア包括的経済連携 → CEPEA
非市場経済国　10

ビッグデータ　121
付加価値基準　165
不公正貿易慣行　32
物品貿易協定（TAG）　34
プラザ合意　55, 91
ブワーホワイト　41
紛争処理条項　47
米国第一主義　7
米中経済摩擦　69
米中新冷戦　9
米中戦略経済対話　4
米中貿易交渉　32
米中貿易戦争　16, 23
米通商拡大法 232 条　8, 41, 59
米通商代表部（USTR）　16, 33
米通商法 301 条　7, 16, 32, 59
米墨加協定 → USMCA
北京ロードマップ　5
ペンス演説　9
貿易依存度　206-207
貿易円滑化　125
貿易戦争　15
貿易促進権限法（TPA）　33
ボゴール目標　3
保護主義　54, 58-60, 65, 105
ポジティブ・リスト方式　160

【マ行】

マイナス X 方式　109
マスタープラン方式　144
南アジア自由貿易地域 → SAFTA
ミニ WTO 化　104

【ヤ行】

薬価優待制度　50
ユーラシア経済連合　152
輸出管理改革法（ECRA）　26
横浜ビジョン　5

【ラ行】

陸の ASEAN　171
レアアース輸出規制　215
ローカルコンテント要求　126

執筆者紹介 （執筆順）　＊は編著者

＊馬田　啓一	杏林大学名誉教授	（第1章）
真家　陽一	名古屋外国語大学外国語学部教授	（第2章）
高橋　俊樹	国際貿易投資研究所研究主幹	（第3章）
高安　雄一	大東文化大学経済学部教授	（第4章）
＊清水　一史	九州大学大学院経済学研究院教授	（第5章）
中島　朋義	環日本海経済研究所調査研究部主任研究員	（第6章）
助川　成也	国士舘大学政経学部准教授	（第7章）
＊石川　幸一	亜細亜大学アジア研究所特別研究員	（第8章）
菅原　淳一	みずほ総合研究所政策調査部主席研究員	（第9章）
大西　康雄	日本貿易振興機構（ジェトロ）・アジア経済研究所　新領域研究センター上席主任調査研究員	（第10章）
椎野　幸平	拓殖大学国際学部准教授	（第11章）
春日　尚雄	都留文科大学地域社会学科教授	（第12章）
百本　和弘	中曽根平和研究所主任研究員	（第13章）
大木　博巳	国際貿易投資研究所研究主幹	（第14章）

編著者紹介

石川　幸一（いしかわ　こういち）
1949年生まれ。東京外国語大学外国語学科卒業。ジェトロ国際経済課長，国際貿易投資研究所研究主幹，亜細亜大学アジア研究所所長・教授を経て，現在，アジア研究所特別研究員。国際貿易投資研究所客員研究員。主要著書に，『現代ASEAN経済論』（共編著，文眞堂，2015年），『アジアの開発と地域統合』（共編著，日本評論社，2015年），『新・アジア経済論』（共編著，文眞堂，2016年），『メガFTAと世界経済秩序』（共編著，勁草書房，2016年）など多数。

馬田　啓一（うまだ　けいいち）
1949年生まれ。慶應義塾大学大学院経済学研究科博士課程修了。杏林大学総合政策学部教授，客員教授を経て，現在，杏林大学名誉教授。（一財）国際貿易投資研究所理事・客員研究員。主要著書に，『アジア太平洋の新通商秩序』（共編著，勁草書房，2013年），『FTA戦略の潮流』（共編著，文眞堂，2015年），『メガFTA時代の新通商戦略』（共編著，文眞堂，2015年），『TPPの期待と課題』（共編著，文眞堂，2016年）など多数。

清水　一史（しみず　かずし）
1962年生まれ。北海道大学大学院経済学研究科博士課程修了。博士（経済学）。現在，九州大学大学院経済学研究院教授。国際貿易投資研究所客員研究員。主要著書に，『ASEAN域内経済協力の政治経済学』（ミネルヴァ書房，1998年），『ASEAN経済共同体』（共編著，ジェトロ，2009年），『ASEAN経済共同体と日本』（共編著，文眞堂，2013年），『ASEAN経済共同体の創設と日本』（共編著，文眞堂，2016年）など多数。

アジアの経済統合と保護主義
——変わる通商秩序の構図——

2019年11月10日　第1版第1刷発行			検印省略
	編著者	石　川　幸　一	
		馬　田　啓　一	
		清　水　一　史	
	発行者	前　野　　　隆	
	発行所	株式会社 文眞堂	

東京都新宿区早稲田鶴巻町533
電　話　03（3202）8480
FAX　03（3203）2638
http://www.bunshin-do.co.jp/
〒162-0041　振替00120-2-96437

製作・美研プリンティング
©2019
定価はカバー裏に表示してあります
ISBN978-4-8309-5052-0　C3033

【新刊】

気鋭の専門家による「一帯一路」研究の決定版！

一帯一路の政治経済学 　中国は新たなフロンティアを創出するか

平川 均・町田一兵・真家陽一・石川幸一 編著

ISBN978-4-8309-5046-9　A5判・268頁　本体3400円＋税

　中国の提唱する「一帯一路」構想は参加国が70を超え，マレーシアは中止プロジェクトを再開し，EUからはイタリアが参加を決めた。だが「債務の罠」など強い批判もある。壮大な「一帯一路」構想の全体像を，ASEAN，南アジア，欧州，アフリカなどの沿線国の現状，課題を含めて総合的に把握する。新たなフロンティアであるインド太平洋構想も考察。

最新の動向を見極める！

米中激突 中国ビジネスの行方 　日本企業は激動期をどう勝ち抜くか

服部健治・湯浅健司・日本経済研究センター 編

ISBN978-4-8309-5057-5　A5判・182頁　本体2800円＋税

　激動する中国情勢の行方を見極めるのは非常に困難だが，イノベーション主導の経済発展や一帯一路等，今後も座視することの出来ない成長ポイントが数多くある。本書はこれらのポイントをビジネスチャンスと捉え，長期化する米中対立，好転する日中関係も踏まえ，今後の中国において日本企業が進むべき道を多角的に検証する。

【好評既刊】

アジアの死角は何か！ 展望を徹底検証！

検証・アジア経済 　深化する相互依存と経済連携

石川幸一・馬田啓一・清水一史 編著

ISBN978-4-8309-4944-9　A5判・294頁　本体2800円＋税

　アジアは今，どのような構造的課題に直面しているのか。トランプ・ショックはアジアの新たなリスクとなるのか。深化する相互依存と地域協力，経済連携に潜むアジアの死角は何か。今後のアジア経済の変化をどう読み解くべきか。アジア経済の現状と課題，今後の展望について，マクロ経済，貿易・投資，通貨・金融，経済連携の視点から徹底検証。

ASEAN経済共同体研究の決定版！

ASEAN経済共同体の創設と日本

石川幸一・清水一史・助川成也 編著

ISBN978-4-8309-4917-3　A5判・379頁　本体2800円＋税

　創設50周年を迎えるASEANは経済統合でも新たな段階を迎えた。AECによりレベルの高いFTAを実現。2025年を次の目標年次としてサービス貿易，投資，熟練労働者の移動の自由化により統合の深化を進めるとともにRCEPにより東アジアの経済統合を主導する。日本経済にもきわめて重要なASEANの経済統合の現状と課題を専門家が詳述。